Practice Makes Perfect!

펴낸이   김기훈 김진희

펴낸곳   ㈜쎄듀/서울시 강남구 논현로 305 (역삼동)

발행일   2021년 10월 18일 초판 1쇄

내용 문의 www.cedubook.com

구입 문의 콘텐츠 마케팅 사업본부

            Tel. 02-6241-2007

            Fax. 02-2058-0209

등록번호 제22-2472호

ISBN   978-89-6806-235-3

            978-89-6806-233-9(세트)

500 SENTENCES
MASTER

천일문 완성 문제집

Training Book

저자

김기훈

現 ㈜쎄듀 대표이사
現 메가스터디 영어영역 대표강사
前 서울특별시 교육청 외국어 교육정책자문위원회 위원
저서 | 천일문 / 천일문 Training Book / 천일문 GRAMMAR
첫단추 BASIC / 어법끝 / 문법의 골든룰 101
어휘끝 / 쎄듀 본영어 / 절대평가 PLAN A / 독해가 된다
The 리딩플레이어 / 빈칸백서 / 오답백서
첫단추 / 파워업 / ALL씀 서술형 / 수능영어 절대유형 / 수능실감 등

쎄듀 영어교육연구센터

쎄듀 영어교육센터는 영어 콘텐츠에 대한 전문지식과 경험을 바탕으로 최고의 교육 콘텐츠를 만들고자 최선의 노력을 다하는 전문가 집단입니다.

오혜정 센터장 · 한예희 책임연구원 · 구민지 전임연구원 · 김진경 전임연구원 · 이누리

검토에 도움을 주신 분들

안상현 선생님(수원시 권선구) · 조시후 선생님(SI어학원) · 황성현 선생님(서문여자고등학교) · 김명열 선생님(대치명인학원) · 민승규 선생님(민승규영어학원)

안명은 선생님(아우름영어) · 이민지 선생님(세종 마스터잉글리쉬) · 박고은 선생님(스테듀입시학원) · 박혜진 선생님(박혜진영어연구소) · 안미영 선생님(스카이플러스학원)

마케팅	콘텐츠 마케팅 사업본부
영업	문병구
제작	정승호
인디자인 편집	올댓에디팅
디자인	유은아 · 윤혜영
영문교열	Stephen Daniel White

Foreword

본 교재는 〈천일문 완성〉편에서 학습한 구문의 개념을 확실히 이해했는지를 확인하고 이를
다른 예문들에 적용시켜볼 수 있도록 하기 위한 집중 훈련 문제집입니다.

〈천일문 완성〉편과 같은 순서로 구성되어 있으므로 병행 학습하여 복습 및 반복 학습
의 효과를 최대한으로 높일 수 있습니다. 학교나 학원에서는 자습 과제로도 활용이 가능할 것
입니다.

〈천일문 완성〉편은 우리말 설명을 최소화하고 예문을 중심으로 직독직해 위주의 학습이 진행
됩니다. 본 교재에서는 구문 적용 문제 및 어법, 해석, TOPIC · SUMMARY · FILL-IN 등
의 다양한 유형으로 적용하는 능동적 과정을 제공하므로, 구문에 대한 이해가 깊어지고 학습 내
용을 자기 것으로 온전히 만들 수 있게 해줍니다. 또한 내신이나 수능에 직접적으로 도움이 되
는 문제들도 접할 수 있습니다.

문장을 정확하고 순발력 있게 이해하기 위해서는 양질의 다양한 예문으로 꾸준히 연습하는
활동이 반드시 필요합니다. 구문의 핵심을 꿰뚫는 유형으로 구성되도록 혼신의 힘을 다하였으
므로 〈천일문 완성〉편의 학습을 충실히 보조해주리라 믿어 의심치 않습니다.

본 교재를 통해 정확한 해석력과 적용력을 튼튼히 길러, 어떤 문장이라도 호기롭고 자신감 있게
대처할 수 있게 될 것입니다. 학생 여러분의 무한한 발전과 성공을 기원합니다.

저자

Preview

Overall Inside Preview

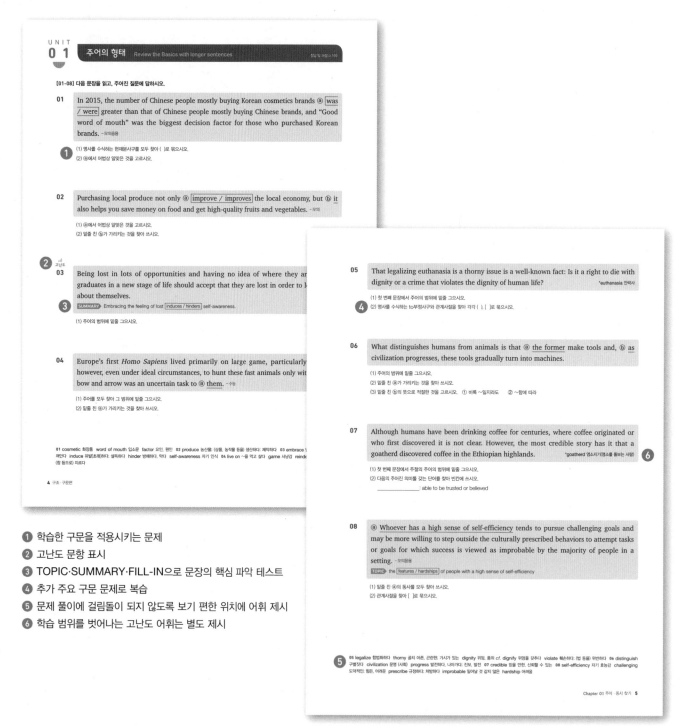

❶ 학습한 구문을 적용시키는 문제
❷ 고난도 문항 표시
❸ TOPIC·SUMMARY·FILL-IN으로 문장의 핵심 파악 테스트
❹ 추가 주요 구문 문제로 복습
❺ 문제 풀이에 걸림돌이 되지 않도록 보기 편한 위치에 어휘 제시
❻ 학습 범위를 벗어나는 고난도 어휘는 별도 제시

어휘 무료 부가 서비스   어휘리스트&어휘테스트   www.cedubook.com에서 다운로드 가능합니다.

4

More Detailed Inside Preview

❶ 구문 이해 확인에 특화된 다양한 문제

04 Europe's first *Homo Sapiens* lived primarily on large however, even under ideal circumstances, to hunt these f bow and arrow was an uncertain task to ⓐ them. -수능

(1) 주어를 모두 찾아 그 범위에 밑줄 그으시오.
(2) 밑줄 친 ⓐ가 가리키는 것을 찾아 쓰시오.

04 ⓐ Many who have experienced a major loss often go on t spite of their hardships, because they focus on wha circumstance ⓑ rather than on what they have lost. -모의

(1) 밑줄 친 ⓐ를 수식하는 부분을 [ ]로 묶으시오.
(2) 밑줄 친 ⓑ로 연결되어 병렬을 이루는 어구를 찾아 각각 밑줄을 그으시오.

❷ TOPIC·SUMMARY·FILL-IN 문제

08 ⓐ Whoever has a high sense of self-efficiency tends to p may be more willing to step outside the culturally prescrib or goals for which success is viewed as improbable by setting. -모의응용

TOPIC the features / hardships of people with a high sense of self-efficiency

고난도 03 Being lost in lots of opportunities and having no idea graduates in a new stage of life should accept that they a about themselves.

SUMMARY Embracing the feeling of lost induces / hinders self-awareness.

01 According to research, what separates innovators from "_____": the ability to successfully connect seem problems, or ideas from different fields. -모의응용

FILL-IN ① prioritizing ② associating

❸ 추가 주요 구문 적용 문제

05 That legalizing euthanasia is a thorny issue is a well-known dignity or a crime that violates the dignity of human life?

(1) 첫 번째 문장에서 주어의 범위에 밑줄 그으시오.
(2) 명사를 수식하는 to부정사구와 관계사절을 찾아 각각 ( ), [ ]로 묶으시오.

What distinguishes humans from animals is that ⓐ the former civilization progresses, these tools gradually turn into machines.

(1) 주어의 범위에 밑줄 그으시오.
(2) 밑줄 친 ⓐ가 가리키는 것을 찾아 쓰시오.
(3) 밑줄 친 ⓑ의 뜻으로 적절한 것을 고르시오. ① 비록 ~일지라도 ② ~함에 따라

❹ 어법 문제

02 For innovation to be less challenging, the link conne community, the producer and the user, should be tighter, rapid feedback ⓐ is / are a source of good ideas.

(1) 주절의 동사를 찾아 쓰시오.
(2) ⓐ에서 어법상 알맞은 것을 고르시오.

Modern biology is as important as it is inspiring, with exciting break ⓐ changing / changed our very society; biology has even entered investigations, with terms such as DNA fingerprinting now ⓑ (be) par vocabulary.

(1) ⓐ에서 어법상 알맞은 것을 고르시오.
(2) ⓑ에서 주어진 단어를 어법상 알맞은 형태로 쓰시오.
(3) 다음의 주어진 의미를 갖는 단어를 찾아 빈칸에 쓰시오.
_____: a discovery or achievement that comes after a lot of hard work

❺ 주요 내용 이해와 관련된 문제 (밑줄 친 단어 의미/해석/어휘 영영 정의 등)

05 ⓐ Throughout the last two decades many developing countries tourism market as part of globalization processes, but these cou negative public and media image which made ⓑ it challenging over tourists with countries with strong and familiar brands. -모

TOPIC the difficulty of developing countries in losing / taking the initiative in the global t

(1) 밑줄 친 ⓐ에서 주어와 동사를 찾아 쓰시오.
(2) 밑줄 친 ⓑ가 가리키는 것을 찾아 밑줄 그으시오.
(3) 밑줄 친 ⓒ가 가리키는 것을 찾아 쓰시오.

07 Although humans have been drinking coffee for centuries, whe who first discovered it is not clear. However, the most credi goatherd discovered coffee in the Ethiopian highlands.

(1) 첫 번째 문장에서 주절의 주어의 범위에 밑줄 그으시오.
(2) 다음의 주어진 의미를 갖는 단어를 찾아 빈칸에 쓰시오.
_____: able to be trusted or believed

Contents

See the Trees
구조 · 구문편 | 나무를 보라

Move Forward
구조 · 구문편 | 길고 복잡한 문장에 대처하라

See the Trees

구조 · 구문편 | 나무를 보라

CHAPTER

01

주어 · 동사 찾기

[01-07] 다음 문장을 읽고, 주어진 질문에 답하시오.

01 In 2015, the number of Chinese people mostly buying Korean cosmetics brands ⓐ was / were greater than that of Chinese people mostly buying Chinese brands, and "Good word of mouth" was the biggest decision factor for those who purchased Korean brands. −모의응용

(1) 명사를 수식하는 현재분사구를 <u>모두</u> 찾아 ( )로 묶으시오.
(2) ⓐ에서 어법상 알맞은 것을 고르시오.

02 Purchasing local produce not only ⓐ improve / improves the local economy, but ⓑ it also helps you save money on food and get high-quality fruits and vegetables. −모의

(1) ⓐ에서 어법상 알맞은 것을 고르시오.
(2) 밑줄 친 ⓑ가 가리키는 것을 찾아 쓰시오.

03 Europe's first *Homo Sapiens* lived primarily on large game, particularly reindeer, however, even under ideal circumstances, to hunt these fast animals only with spear or bow and arrow was an uncertain task for ⓐ <u>them</u>. −수능

(1) 주어를 모두 찾아 그 범위에 밑줄을 그으시오.
(2) 밑줄 친 ⓐ가 가리키는 것을 찾아 쓰시오.

04 That legalizing euthanasia is a thorny issue is a well-known fact: Is it a right to die with dignity or a crime that violates the dignity of human life? *euthanasia 안락사

(1) 첫 번째 문장에서 주어의 범위에 밑줄을 그으시오.
(2) 명사를 수식하는 to부정사구와 관계사절을 찾아 각각 ( ), [ ]로 묶으시오.

---

01 cosmetic 화장품 word of mouth 입소문 factor 요인, 원인 **02** produce 농산물; (상품, 농작물 등을) 생산하다; 제작하다 **03** live on ~을 먹고 살다 game 사냥감 reindeer 순록 spear 창; (창 등으로) 찌르다 **04** legalize 합법화하다 thorny 골치 아픈, 곤란한; 가시가 있는 dignity 위엄, 품위 *cf.* dignify 위엄을 갖추다 violate 훼손하다; (법 등을) 위반하다

05 What distinguishes humans from animals is that ⓐ <u>the former</u> make tools and, ⓑ <u>as</u> civilization progresses, these tools gradually turn into machines.

(1) 주어의 범위에 밑줄을 그으시오.

(2) 밑줄 친 ⓐ가 가리키는 것을 찾아 쓰시오.

(3) 밑줄 친 ⓑ의 뜻으로 적절한 것을 고르시오.   ① 비록 ~일지라도   ② ~함에 따라

06 Although humans have been drinking coffee for centuries, where coffee originated or who first discovered it is not clear. However, the most credible story has it that a goatherd discovered coffee in the Ethiopian highlands.   *goatherd 염소지기 ((염소를 돌보는 사람))

(1) 첫 번째 문장에서 주절의 주어 범위에 밑줄을 그으시오.

(2) 다음의 주어진 의미를 갖는 단어를 찾아 빈칸에 쓰시오.

_____ : able to be trusted or believed

ᵃˡˡ
고난도

07 ⓐ <u>Whoever has a high sense of self-efficiency</u> tends to pursue challenging goals and may be more willing to step outside the culturally prescribed behaviors to attempt tasks or goals for which success is viewed as improbable by the majority of people in a setting. ─모의응용

TOPIC the features / hardships of people with a high sense of self-efficiency

(1) 밑줄 친 ⓐ의 동사를 모두 찾아 쓰시오.

(2) 명사를 수식하는 관계사절을 찾아 [ ]로 묶으시오.

---

05 distinguish 구별 짓다 **civilization** 문명 (사회) **progress** 발전하다, 나아가다; 진보, 발전 **06 credible** 믿을 만한, 신뢰할 수 있는 **have it that** ~라고 말하다[주장하다] **07 self-efficiency** 자기 효능감 **challenging** 도전적인; 힘든, 어려운 **prescribe** 규정하다; 처방하다 **improbable** 일어날 것 같지 않은 **hardship** 어려움

[01-08] 다음 문장을 읽고, 주어진 질문에 답하시오.

01
Under growing demands for cultivable land, the conversion of forest into cultivated terraces means a much higher productivity can be extracted from the same area. –모의

TOPIC the need for / problem of turning forests into terraced agricultural land

(1) 주어의 범위에 밑줄을 그으시오.

02
Due to ⓐ the fact that people tend to favor more immediate outputs, fossil fuels like oil and natural gas are more competitive than renewable energy alternatives like solar panels or wind power engines. –수능응용

*solar panel 태양 전지판

(1) 밑줄 친 ⓐ와 동격을 이루는 어구를 찾아 [ ]로 묶으시오.
(2) 문장 전체의 동사를 찾아 쓰시오.

03
In the United States, following the introduction of extensive vehicle and roadway safety laws starting in the mid-1960s, the number of highway deaths decreased from roughly 51,000 in 1966 to 42,000 in 2000, even ⓐ as the number of miles driven per year increased nearly 300%. –모의

SUMMARY The highway death toll in the United States decreased because of legal intervention / technical development.

(1) 주절의 주어와 동사를 찾아 각각 밑줄을 그으시오.
(2) 명사를 수식하는 분사구를 모두 찾아 ( )로 묶으시오.
(3) 밑줄 친 ⓐ의 뜻으로 적절한 것을 고르시오.   ① ~이기 때문에   ② ~임에도 불구하고

04
ⓐ During a time of stress or change, as parents, we want to protect our children, but it's during this time of protection that we are taking away the ability to make decisions. –모의응용

(1) 밑줄 친 ⓐ에서 주어를 찾아 쓰시오.

---

01 cultivable 경작할 수 있는 conversion 변환, 전환, 개조 terrace 계단식 논[밭]; 테라스 productivity 생산성 **02** competitive 경쟁력 있는; 경쟁심이 강한 renewable 재생 가능한 alternative 대체, 대안; 대체 가능한 **03** extensive 폭넓은; 대규모의 roughly 약, 대략 toll 사상자[희생자] 수 intervention 개입; 간섭; 중재 **04** take away 빼앗다, 제거하다; (음식을 산 곳에서 먹지 않고) 가지고 가다

05 ⓐ Throughout the last two decades many developing countries have joined the global tourism market as part of globalization processes, but these countries had suffered from negative public and media image which made ⓑ it challenging for ⓒ them to compete over tourists with countries with strong and familiar brands. —모의

TOPIC the difficulty of developing countries in losing / taking the initiative in the global tourism market

(1) 밑줄 친 ⓐ에서 주어와 동사를 찾아 쓰시오.
(2) 밑줄 친 ⓑ가 가리키는 것을 찾아 밑줄을 그으시오.
(3) 밑줄 친 ⓒ가 가리키는 것을 찾아 쓰시오.

고난도
06 From the late nineteenth century, the dullness found in the senile, their isolation and withdrawal, their clinging to the past and lack of interest in worldly affairs were represented as the symptoms of senility — the inevitable _____ of the brain. —모의

FILL-IN ① ascent ② deterioration

(1) 주어의 범위에 밑줄을 그으시오.

07 Twenty-five years ago, *The Road Less Traveled*, by psychiatrist M. Scott Peck, was just another psychology/relationship book lying unnoticed on bookstore shelves. Then a few people read ⓐ it, told their friends, and set off a chain reaction that is still going on. —모의응용

(1) 첫 번째 문장의 동사를 찾아 쓰시오.
(2) 밑줄 친 ⓐ가 가리키는 것을 찾아 밑줄을 그으시오.

08 ⓐ Numerous times the awareness that one is distrusted can provide the necessary incentive for self-reflection: ⓑ an employee who realizes she isn't being trusted by her co-workers with shared responsibilities at work, upon reflection, might identify areas where she has consistently let others down. —모의응용

SUMMARY The distrust from others might forbid / motivate people to reflect on themselves.

(1) 밑줄 친 ⓐ에서 주어의 범위에 밑줄을 그으시오.
(2) 밑줄 친 ⓑ의 동사를 찾아 쓰시오.

---

05 developing country 개발도상국 initiative 주도권 **06** dullness 울적함; 둔함; 단조로움 senile 노쇠한, 노인의 *cf.* senility 노쇠, 고령 isolation 고립; 분리, 격리 withdrawal 위축, 움츠리기; 철회; 인출 cling to A A에 연연하다; 고수하다; 달라붙다 affair 일, 사건 inevitable 피할 수 없는, 필연적인 ascent 상승, 향상 deterioration 저하, 악화, 쇠퇴 **07** psychiatrist 정신과 의사 set off 일으키다; 시작하다 chain reaction 연쇄 반응 **08** distrust 불신하다; 불신 self-reflection 자기반성 *cf.* reflect on ~을 되돌아보다, 반성하다 identify 알아보다; 확인하다 consistently 지속적으로 let A down A를 실망시키다 forbid 금지하다

[01-07] 다음 문장을 읽고, 주어진 질문에 답하시오.

01 Scaling up from the small to the large is often accompanied by an evolution from simplicity to complexity while maintaining basic elements unchanged or conserved; this is familiar in engineering, economics, companies, cities, organisms, and perhaps most dramatically, evolutionary process. -모의

(1) 첫 번째 문장의 주어의 범위에 밑줄을 그으시오.

02 A laboratory investigated a huge call center where the emphasis was on productivity; ⓐ reducing the average call handle time at that call center by just 5 percent would save the company $1 million a year. -모의

(1) 밑줄 친 ⓐ에서 문장 전체의 동사를 찾아 쓰시오.
(2) 다음의 주어진 의미를 갖는 단어를 찾아 빈칸에 쓰시오.
_____ : to try to find out the truth about something

고난도

03 Knowing who an author is and what his or her likely intentions are in creating text or artwork is tremendously important to most of us, since our culture places great worth on the identity of speakers, writers, and artists. -모의응용

(1) 주절의 동사를 찾아 쓰시오.

04 The metaphor 'a liquid chocolate voice' ⓐ stimulated areas of the brain ⓑ concerned both with language and with taste, ⓒ and to read an exciting, vivid plot in a novel stimulated parts of the brain that coordinate movements. -모의

(1) 밑줄 친 ⓐ와 ⓑ 중 문장의 동사를 고르시오.
(2) 밑줄 친 ⓒ 이하의 문장에서 주어의 범위에 밑줄을 그으시오.

---

01 scale up (크기, 규모를) 늘리다[확대하다] conserve 보존[보호]하다 **02** handle (문제의) 처리, 다룸; 처리하다 **03** intention 의도; 목적 identity 정체성, 신원; 동일함, 일치 **04** metaphor 은유, 비유 stimulate 자극하다; 흥미를 불러일으키다 vivid 생생한 plot 줄거리 coordinate 조정하다

Being lost in lots of opportunities and having no idea of where they are, college graduates in a new stage of life should accept that they are lost in order to learn more about themselves.

SUMMARY Embracing the feeling of being lost induces / hinders self-awareness.

(1) 주어의 범위에 밑줄을 그으시오.

06

When you get negative feedback from your boss, making yourself prepared to solve the problem next time feels better than getting upset about your failure to solve it this time. −모의응용

TOPIC how to be free from / cope with negative feedback from your boss

(1) 주절의 주어의 범위에 밑줄을 그으시오.

07

To help students develop a rich body of knowledge in our content areas is one of our first and most important tasks as teachers — _____ doing so, we handicap considerably their ability to engage in cognitive activities like thinking and evaluating and creating. −모의응용   *content area 교과 과정

FILL-IN ① with   ② without

(1) 첫 번째 문장에서 주어의 범위에 밑줄을 그으시오.

---

05 embrace 받아들이다, 수용하다; 껴안다 induce 유발[초래]하다; 설득하다 hinder 방해하다, 막다 self-awareness 자기 인식 **07** handicap 방해하다; 불리한 조건; (신체적, 정신적) 장애 engage in ~에 관여[참여]하다 cognitive 인지의, 인식의

[01-06] 다음 문장을 읽고, 주어진 질문에 답하시오.

01
According to research, what separates innovators from noncreative professionals is "_____": the ability to successfully connect seemingly unrelated questions, problems, or ideas from different fields. −모의응용

FILL-IN ① prioritizing ② associating

(1) 주어의 범위에 밑줄을 그으시오.

(2) 명사를 수식하는 to부정사구의 범위를 ( )로 묶으시오.

02
When issues arise ⓐ <u>that</u> touch on women's rights, women start to think of gender as their principal identity. Whether such women are American or Iranian or whether they are Catholic or Protestant matters less than ⓑ <u>the fact</u> that they are women. −모의응용

(1) 밑줄 친 ⓐ의 선행사를 찾아 쓰시오.

(2) 두 번째 문장에서 문장 전체의 동사를 찾아 쓰시오.

(3) 밑줄 친 ⓑ가 의미하는 바를 우리말로 쓰시오.

고난도
03
How we as parents can raise awareness of children from a very early age about the particular characteristics of SNS ⓐ <u>and</u> the potential long-term impact of a seemingly trivial act should be discussed. −수능응용

(1) 밑줄 친 ⓐ에 병렬로 연결된 어구들에 각각 밑줄을 그으시오.

(2) 문장 전체의 동사를 찾아 쓰시오.

---

01 seemingly 겉보기에는 prioritize 우선순위를 매기다 associate 연관 짓다 **02** arise 발생하다, 일어나다 touch on ~에 관해 언급하다 think of A as B A를 B로 생각하다 principal 주요한, 주된 matter 중요하다, 문제가 되다; 문제 **03** long-term 장기적인 trivial 사소한, 하찮은

Who will benefit from economic and social policy, especially when the policy may involve or affect multiple individuals or groups, is encouraged to be considered by policy makers — particularly ⓐ <u>where</u> benefit to one individual or group may lead to increased risk to another.

TOPIC what should be |contemplated / underestimated| in economic and social policy

(1) 문장 전체의 동사를 찾아 쓰시오.
(2) 밑줄 친 ⓐ가 이끄는 절에서 주어의 범위에 밑줄을 그으시오.

05

If the situation is depressing, ⓐ <u>whatever you pursue is going to be helped by thinking positively</u>, and when the situation is good, you will miss out on a lot of gains with the pessimistic approach. Therefore, thinking positively, ⓑ <u>all other things being equal</u>, ⓒ |has / have| some benefits.

(1) 밑줄 친 ⓐ에서 주어를 찾아 쓰시오.
(2) 밑줄 친 ⓑ를 자연스럽게 해석하시오.
(3) ⓒ에서 어법상 알맞은 것을 고르시오.

By producing gossip, whoever knows another's personal affairs ⓐ |tends / tend| to turn the fact that he knows into something socially valuable like social recognition and prestige, because he assumes that some of the "fame" of the subject of gossip, as whose "friend" he presents himself, will rub off on him. ─모의응용

TOPIC how and |why / when| people gossip

(1) ⓐ에서 어법상 알맞은 것을 고르시오.

04 benefit 이익을 얻다; 이익, 이점 contemplate 심사숙고하다, 생각하다 underestimate 과소평가하다 **05** miss out on ~을 놓치다 pessimistic 비관적인 approach 접근(법); 다가오다 **06** gossip 가십, 남의 뒷말; 남 이야기를 하다 recognition 인정; 인식, 알아봄 prestige 명성; 고급의 rub off on ~에 옮다, ~에 영향을 주다

PART 1

CHAPTER

02

수식어구 뒤의 동사 찾기

[01-08] 다음 문장을 읽고, 주어진 질문에 답하시오.

01   The positive correlation between the amount of information and the quality of decision-making has limitations; the more the options, the greater the chance _____ ⓐ _____ a person will make no decision at all.

(1) 주어 뒤의 수식하는 어구를 찾아 ( )로 묶으시오.

(2) 빈칸 ⓐ에 들어갈 알맞은 것을 고르시오.   ① of   ② that

02   For innovation to be less challenging, the link connecting the company and the community, the producer and the user, should be tighter because people who provide rapid feedback ⓐ | is / are | a source of good ideas.

(1) 주절의 동사를 찾아 쓰시오.

(2) ⓐ에서 어법상 알맞은 것을 고르시오.

03   Environmental degradation associated with mining and mineral processing in developed countries ⓐ | has / have | been much reduced in recent years owing to development of strategies and legislation to mandate improved pollution-control measures.

TOPIC | reasons / limits | for the reduction in environmental degradation

(1) ⓐ에서 어법상 알맞은 것을 고르시오.

(2) 다음의 주어진 의미를 갖는 단어를 찾아 빈칸에 쓰시오.

_____ : the process of something becoming worse

04   ⓐ Many who have experienced a major loss often go on to achieve remarkable feats in spite of their hardships, because they focus on what they can gain from their circumstance ⓑ rather than on what they have lost. -모의

(1) 밑줄 친 ⓐ를 수식하는 부분을 [ ]로 묶으시오.

(2) 밑줄 친 ⓑ로 연결되어 병렬을 이루는 어구를 찾아 각각 밑줄을 그으시오.

---

01 positive correlation 양의 상관관계 (두 변량 중 한 쪽이 증가함에 따라, 다른 한 쪽이 증가하는 관계)   **02** challenging 어려운, 힘든; 도전적인   **03** degradation 악화, 저하   mining 광(산)업; 채굴, 채광   mineral 광물   owing to ~ 덕분에, ~ 때문에   legislation 법률; 입법 행위   mandate 의무화하다, 명령[지시]하다; 권한을 주다   **04** go on to-v 나아가서 v하다   remarkable 놀랄만한   feat 위업, 공적   hardship 고난, 어려움   circumstance 상황, 환경

As robotics starts to spread, the degree to which countries can succeed in the robot era will depend in part on ⓐ <u>culture</u> — on how readily people accept robots into their lives. –경찰대

(1) 주절에서 주어 뒤의 수식어구를 [ ]로 묶으시오.

(2) 밑줄 친 ⓐ의 구체적인 내용을 우리말로 쓰시오.

06

Biofuels, an environmental asset, capable of cleaning up vehicle emissions overnight, may cause more harm than good in the long run. Forests disappearing in the name of biofuels equate to a loss of habitat for endangered species.

*biofuel 바이오 연료 ((식물, 축산 폐기물 등을 원료로 만드는 연료))

TOPIC the | benefit / danger | of using biofuels

(1) 첫 번째 문장에서 주어 뒤의 수식어구를 ( )로 묶으시오.

(2) 두 번째 문장에서 주어 뒤의 수식어구를 ( )로 묶으시오.

07

When we play music in the store, the thorny issue of paying for the rights to use the recordings commercially is brought up.

(1) 주절에서 주어 뒤의 수식어구를 ( )로 묶으시오.

(2) 다음의 주어진 의미를 갖는 단어를 찾아 빈칸에 쓰시오.

_____ : full of difficulties or controversial points

08

ⓐ <u>The fact</u> that your partner appreciates things going right for you means not only that he is pleased for you but ____ⓑ____ he respects your dreams and values the relationship.

(1) 밑줄 친 ⓐ와 동격을 이루는 부분을 [ ]로 묶으시오.

(2) 빈칸 ⓑ에 들어갈 알맞은 것을 고르시오.   ① what   ② that

---

05 robotics 로봇 공학 era 시대 in part 부분적으로는; 어느 정도 readily 기꺼이, 선뜻; 쉽게 **06** asset 자산 clean up (부패 등을) 없애다, 근절하다; 청소하다 vehicle 차량, 탈것 emission 배기가스, 배출물; 배출 in the long run 장기적으로, 결국 equate to ~와 같다 habitat 서식지 endangered 멸종 위기에 처한 **07** thorny 곤란한, 골치 아픈 commercially 상업적으로 controversial 논란이 많은 **08** go right (일이 바라던 대로) 잘 되다 value 소중하게 여기다

[01-07] 다음 문장을 읽고, 주어진 질문에 답하시오.

01 One of the most interesting things to come out of the new psychological research on humans is ⓐ <u>the discovery</u> that we are very bad judges of how we will feel in the future. We overestimate the extent to which good and bad experiences will affect us.

TOPIC We're | decent / poor | judges of ourselves.

(1) 첫 번째 문장의 동사를 찾아 쓰시오.

(2) 밑줄 친 ⓐ와 동격을 이루는 부분을 [ ]로 묶으시오.

02 A process of inquiry aimed at building a body of knowledge which is constantly open to rejection or confirmation produces science, not the affirmation of a set of beliefs.

(1) 문장의 동사를 찾아 쓰시오.

ᵢₗₗ
고난도
03 Corals living in areas that bring cold water to the surface, in strong currents that eliminate any harmful by-products of bleaching, or in unclean waters that block the harmful rays of the sun appear to be less sensitive to bleaching.

*bleaching 백화 현상 ((산호초가 색깔을 잃고 흰색의 석회질이 드러나는 현상))

(1) 문장의 동사를 찾아 쓰시오.

(2) 관계사절의 수식을 받는 선행사를 모두 찾아 동그라미 표시하시오. (3개)

---

01 psychological 심리적인 overestimate 과대평가하다; 과대평가 decent 괜찮은; 예의 바른 **02** inquiry 탐구, 연구; 질문 a body of 일련의, 연관을 가지고 이어지는 (= a set of) confirmation 확증; 확인 affirmation 확인, 확언 **03** coral 산호 current 해류, 흐름; 현재의 eliminate 제거하다 by-product 부산물; 부작용 sensitive 민감한; 세심한

04 The shift in energy regimes from wood to coal and the introduction of the steam engine in the late eighteenth century greatly accelerated the pace, flow, and density of economic activity.

(1) 문장의 동사를 찾아 쓰시오.

05 ⓐ It's not unfair that those who exert more effort or ⓑ makes / make greater contribution to a project should receive _____ benefit from it.

FILL-IN ① smaller   ② greater

(1) 밑줄 친 ⓐ의 역할을 고르시오.   ① 〈it is ~ that ...〉 강조구문의 it   ② 가주어 it
(2) ⓑ에서 어법상 알맞은 것을 고르시오.

06 ⓐ Those moments when you took a leap of faith and expanded beyond your comfort zone are precious gifts, as they can remind you of the joy that is available to you when you live life with enthusiasm. －사관학교응용

(1) 밑줄 친 ⓐ를 수식하는 부분을 찾아 [ ]로 묶으시오.
(2) 다음의 주어진 의미를 갖는 단어를 찾아 빈칸에 쓰시오.
_____: great excitement for or interest in a subject or cause

07 ⓐ Financing a college education, achieving academically, and maneuvering around the multitude of social, psychological, and political obstacles that impede the path to a bachelor's degree are often much higher hurdles than admission.

SUMMARY After you get admitted to college, there are still many other challenges / careers .

(1) 밑줄 친 ⓐ와 병렬을 이루는 단어를 모두 찾아 쓰시오.
(2) 문장의 동사를 찾아 쓰시오.

---

04 regime 체제; 정권 introduction 도입 steam engine 증기 기관 accelerate 가속화하다 pace 속도 density 밀도 **05** unfair 불공평한, 부당한 exert (노력, 힘 등을) 기울이다, 쓰다 **06** take a leap 도약을 하다 faith 믿음 remind A of B A에게 B를 상기시키다 enthusiasm 열정, 열광 **07** finance 자금을 대다 maneuver 잘 처리하다; ~을 책략으로 움직이다 multitude 다수 obstacle 장애(물) impede 방해하다, 지연시키다 bachelor's degree 학사 학위 hurdle 장애물

[01-06] 다음 문장을 읽고, 주어진 질문에 답하시오.

01 Many people in India and Bangladesh ⓐ <u>trying to save the tigers</u>, which face the danger of extinction, criticized a picture of people hunting tigers on the magazine cover.

(1) 밑줄 친 ⓐ가 수식하는 명사를 찾아 쓰시오. (2단어)
(2) 문장의 동사를 찾아 쓰시오.

02 The ability of airline cabin crew, pilots, and so on ⓐ <u>to communicate</u> effectively with each other and with passengers is vital to prevent crises. -경찰대응용

(1) 밑줄 친 ⓐ가 수식하는 명사를 찾아 쓰시오. (2단어)
(2) 문장의 동사를 찾아 쓰시오.

03 Travelers from the same country _____ⓐ_____ are far from home can feel immediate connectedness, sharing observations about how ⓑ <u>they</u> differ from the locals around them.

(1) 빈칸 ⓐ에 들어갈 알맞은 것을 고르시오. ① who   ② which
(2) 밑줄 친 ⓑ가 가리키는 것을 찾아 쓰시오.

01 extinction 멸종 oppose 반대하다 **02** cabin (항공기나 배의) 객실, 선실 crew 승무원 and so on (기타) 등등 vital 필수적인 crisis ((복수형 crises)) 위기
03 immediate 즉각적인 connectedness 유대감, 소속감 local 현지인, 주민; 현지의

04　In some research, patients going into artery-related surgery who ⓐ was / were more optimistic had a much faster recovery and _____ medical complications during and after surgery than did more pessimistic patients.

FILL-IN　① fewer　　② more

(1) ⓐ에서 어법상 알맞은 것을 고르시오.

05　In the business world, _____ is money: ⓐ <u>a tip</u> about anything from a competitor's marketing campaign to an under-the-table merger discussion informs strategic decisions that might yield millions of dollars in profits. -모의응용

FILL-IN　① competition　　② information

(1) 밑줄 친 ⓐ의 동사를 찾아 쓰시오.

06　In the spring of 1998, an analysis of data from the records for more than 80,000 women enrolled in the long-running health study demonstrated ⓐ <u>that</u> a diet providing more than 400 micrograms of folate daily might reduce a woman's risk of heart attack by almost 50 percent.

*folate 엽산 ((비타민 B의 일종))

(1) 주절에서 수식어구를 제외한 주어와 동사를 찾아 쓰시오.　주어: _____　　동사: _____

(2) 밑줄 친 ⓐ가 이끄는 절에서 주어의 범위에 밑줄을 그으시오.

(3) 다음의 주어진 의미를 갖는 단어를 찾아 빈칸에 쓰시오.

_____ : to enter or register in a roll, list, or record

---

04 artery 동맥 surgery 수술 optimistic 낙관적인 complication 합병증; 문제 pessimistic 비관적인 **05** under-the-table 비밀리의 merger (조직체·사업체의) 합병 strategic 전략적인 **06** analysis 분석 enroll 등록하다 long-running 장기의, 오래 계속되어 온 demonstrate 보여 주다, 입증하다

[01-07] 다음 문장을 읽고, 주어진 질문에 답하시오.

01 The reason to say that a pianist has no awareness of an intention to strike each key in sequence is that conscious perception of an intent ⓐ hits / to hit a particular note takes longer than the motor response to play the note.

(1) 문장의 동사를 찾아 쓰시오.
(2) ⓐ에서 어법상 알맞은 것을 고르시오.

02 Because the interior angles of a triangle always ⓐ add / adding up to 180 degrees, knowing the sum of two of the angles ⓑ allows / allowing you to calculate the third instantly.

(1) ⓐ에서 어법상 알맞은 것을 고르시오.
(2) ⓑ에서 어법상 알맞은 것을 고르시오.

03 Those already ⓐ act / acting in a socially desirable way need approval, because there is ⓑ a natural tendency to behave like the people around you, even if that behavior is harmful.

(1) ⓐ에서 어법상 알맞은 것을 고르시오.
(2) 밑줄 친 ⓑ의 구체적인 내용을 우리말로 쓰시오.

04 Most job candidates ⓐ struggle / struggling to get hired after graduation spend a lot of time crafting and sending out résumés, but generally they don't take time to think about what will really make them happy.

(1) ⓐ에서 어법상 알맞은 것을 고르시오.

---

01 intention 의도, 의사(= intent) in sequence 차례차례로 conscious 의식하는, 자각하는; 인식 perception 지각, 자각; 인식 note 음, 음표 motor 운동의 **02** interior angle 내각 add up to 합계가 ~이 되다 degree (각도의 단위) 도 **03** desirable 바람직한 approval 인정; 승인; 찬성 **04** struggle 애쓰다, 투쟁하다 craft 공들여 만들다; 공예품 résumé 이력서; 요약, 개요

ⓐ <u>People</u> who say they don't care what ⓑ <u>people</u> think are usually desperate to have ⓒ <u>people</u> think they don't care what ⓓ <u>people</u> think. – George Carlin ((美 코미디언))

(1) 문장의 동사를 찾아 쓰시오.

(2) 밑줄 친 ⓐ, ⓑ, ⓒ, ⓓ 중 가리키는 것이 <u>다른</u> 하나를 고르시오.

06

One of the principles on which our judicial system is founded is ⓐ <u>the assumption</u> that one is presumed innocent until proven guilty.

(1) 주절의 동사를 찾아 동그라미 표시하시오.

(2) 밑줄 친 ⓐ의 구체적인 내용을 우리말로 쓰시오.

07

ⓐ <u>Any space</u> looked at by commuters for a moment or two is seen ⓑ <u>as</u> a likely spot for a bit of commercial promotion: ⓒ <u>as</u> you look upwards in the subway, you are confronted with a row of ads; while you wait in a traffic jam, the back of the bus in front of you ⓓ is / are acting as a billboard on wheels.

TOPIC Advertising is everywhere you look / evolving every day .

(1) 밑줄 친 ⓐ의 동사를 찾아 쓰시오.

(2) 밑줄 친 ⓑ와 ⓒ의 문맥상 의미를 우리말로 쓰시오. ⓑ: _____ ⓒ: _____

(3) ⓓ에서 어법상 알맞은 것을 고르시오.

---

05 desperate 필사적인 **06** principle 원칙, 원리 judicial 사법의 found ~의 기반을 두다 presume 추정하다, 간주하다 innocent 무죄의, 결백한 **07** commuter 통근자 for a moment or two 잠깐 동안 likely 그럴듯한 a bit of 약간의 commercial 상업의 promotion 홍보 be confronted with ~와 마주치다 row 줄, 열 billboard 광고판

PART 1

CHAPTER

0 3

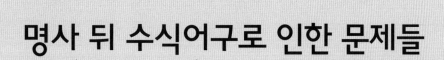

명사 뒤 수식어구로 인한 문제들

[01-08] 다음 문장을 읽고, 주어진 질문에 답하시오.

01 Scientists should be people who seek constant improvement and transparency for the benefit of sound, rigorous science.

(1) 보어를 수식하는 부분을 [ ]로 묶으시오.

(2) 다음의 주어진 의미를 갖는 단어를 찾아 빈칸에 쓰시오.

_____ : thorough and accurate

02 Sometimes we lack the courage to do ⓐ <u>what we think is right</u>, or we give in to temptation, knowing that we are doing wrong things due to _____ of will.

FILL-IN ① weakness   ② strength

(1) 첫 번째 절의 목적어를 수식하는 부분을 ( )로 묶으시오.

(2) 밑줄 친 ⓐ를 바르게 해석하시오.

03 New businesses often give the influential people who shape general opinions free samples or an early, inside look at what they are planning, so that they can build buzz and anticipation.

(1) 주절의 간접목적어를 수식하는 부분을 [ ]로 묶으시오.

(2) 주절의 직접목적어에 해당하는 부분을 바르게 해석하시오.

04 I've seen so many people struggle tremendously to fit into boxes or to live up to ⓐ <u>expectations or pressures</u> put upon them by whatever society's concept of 'normal' is.

–Jennifer Westfeldt ((美 배우))

(1) 문장의 목적격보어를 찾아 쓰시오. (1단어)

(2) 밑줄 친 ⓐ를 수식하는 부분을 ( )로 묶으시오.

---

01 constant 끊임없는, 지속적인; 변함없는 transparency 투명성; 명백함 *cf.* transparent 투명한; 명백한 for the benefit of A A를 위해 sound 믿을만한, 타당한; 건강한 rigorous 엄밀한, 철저한 **02** give in to A A에 굴복하다 temptation 유혹 will 의지; 유언 **03** influential 영향력이 있는 buzz 소문; 웅성거림; 윙윙거리다 anticipation 기대, 예상 **04** tremendously 엄청나게 live up to A A에 부응하다; 부끄럽지 않게 살다

05 Even while we are asleep the body needs energy ⓐ <u>to fuel</u> a multitude of complex functions required to keep us alive.

(1) 주절의 동사를 찾아 쓰시오.
(2) 밑줄 친 ⓐ의 목적어의 범위에 밑줄을 그으시오.

06 ⓐ <u>Alvin Toffler's book</u>, *Future Shock*, has sold more than six million copies since it was first published in 1970. It introduced the term "future shock" ⓑ <u>to describe</u> the perception a person can have of too much change happening too quickly.

(1) 밑줄 친 ⓐ와 동격을 이루는 어구를 쓰시오.
(2) 밑줄 친 ⓑ의 목적어를 수식하는 어구에 각각 밑줄을 긋고, 바르게 해석하시오.

07 As the number of products within a category ⓐ multiplies / multiply , they start ⓑ <u>to become</u> increasingly similar products which we can't distinguish between, almost to the point of absurdity.

(1) ⓐ에서 어법상 알맞은 것을 고르시오.
(2) 밑줄 친 ⓑ의 수식어를 포함한 보어에 밑줄을 그으시오.

08 When you cultivate peaches indoors, the only difference may arise ⓐ <u>from</u> the growing conditions that make it necessary to keep growth and fruiting in check; having too many fruits makes individual fruits smaller.

(1) 밑줄 친 ⓐ의 수식어를 포함한 목적어에 밑줄을 그으시오.

---

05 a multitude of 다수의 **06** term 용어; 기간; 조건 perception 인식; 자각 **07** multiply 증가하다[시키다]; 곱하다 distinguish 구별하다 absurdity 터무니없는 [어리석은] 일, 부조리 **08** cultivate 재배하다 arise 발생하다, 생기다 keep A in check A를 억제하다

[01-06] 다음 문장을 읽고, 주어진 질문에 답하시오.

01 New discoveries constantly force ⓐ <u>scientists</u> who study archaeology to rethink the dating given to major developments in human prehistory and ⓑ <u>argue</u> about the dates that human life began and changed. *dating 연대 결정 ((고고학적 사건이 발생한 시기를 측정하는 것))

TOPIC What do new findings / human histories mean to scientists?

(1) 밑줄 친 ⓐ를 수식하는 부분을 찾아 [   ]로 묶으시오.
(2) 밑줄 친 ⓑ와 병렬을 이루는 단어를 쓰시오.

02 Social interaction requires numerous talents and abilities, including the ability to let participants in a social group ⓐ know / knowing the intentions and beliefs of others.

(1) ⓐ에서 어법상 알맞은 것을 고르시오.

03 Some people might find getting up early, especially at the weekend, a strange decision, but ⓐ <u>regardless of what decision is taken</u> I find having choice and control in your life essential for personal well-being and general health.

(1) 두 개의 절에 있는 목적격보어에 각각 밑줄을 그으시오.
(2) 밑줄 친 ⓐ를 바르게 해석하시오.

01 archaeology 고고학 prehistory 선사 시대; 초기 시대 02 interaction 상호 작용 intention 의도 03 regardless of ~에 상관없이

04 If you habitually procrastinate, you lose yourself plenty of opportunity ⓐ <u>to consider</u> yourself, because of what you accomplish, competent or a success.

(1) 밑줄 친 ⓐ의 목적격보어를 찾아 쓰시오.

(2) 다음의 주어진 의미를 갖는 단어를 찾아 빈칸에 쓰시오.

_____ : to delay doing something until later, usually because you do not want to do it

05 The unstable qualities of childhood require a writer, translator, or any other workers in the early childhood education industry to have an understanding of the freshness of language to the child's eye and ear, and the child's affective concerns. −모의응용

(1) 문장의 목적격보어에 밑줄을 그으시오.

06 In experiments, a researcher randomly assigns subjects to different conditions, and manipulates the conditions among ⓐ <u>them</u> to examine cause-and-effect relationships.

(1) 각 절의 공통된 문장 구조로 알맞은 것을 고르시오.　① SVO(주어-동사-목적어)　② SVOC(주어-동사-목적어-목적격보어)

(2) 밑줄 친 ⓐ가 가리키는 것을 찾아 쓰시오.

---

04 habitually 습관적으로 procrastinate 미루다 competent 유능한; 능숙한; 권한이 있는 **05** unstable 불안정한 quality 특성; 품질; 고급 affective 정서적인 freshness 새로움; 신선함 **06** assign 배치하다; 맡기다, 부여하다 manipulate 조작[조종]하다

[01-07] 다음 문장을 읽고, 주어진 질문에 답하시오.

01 We all want to _____ painful emotions. As a result, most people try not to confront ⓐ <u>any situation</u> that could lead to the emotions that they fear — or worse, some people try not to feel any emotions at all!

FILL-IN ① get away from ② come up with

(1) 밑줄 친 ⓐ를 수식하는 범위를 [ ]로 묶고, 바르게 해석하시오.

02 Burnout is a special kind of psychological consequence of stress afflicting employees ⓐ who / which experience high levels of work stress day in and day out for an extended period of time. It is especially likely to occur when employees are responsible for helping, protecting, or taking care of ⓑ <u>other people</u>. — 경찰대

(1) ⓐ에서 어법상 알맞은 것을 고르시오.
(2) 밑줄 친 ⓑ를 공통으로 목적어로 갖는 어구들에 각각 밑줄을 그으시오.

고난도
03 We often overlook various aspects of our lives that are desperate for attention until they become serious crises. It's as if we are ⓐ <u>robots</u> disregarding anything ⓑ <u>that</u> requires putting in extra time and energy to think, and programmed to respond on cue to whatever demands the least time and attention.

(1) 밑줄 친 ⓐ를 수식하는 어구들을 <u>모두</u> 찾아 ( )로 묶으시오.
(2) 밑줄 친 ⓑ의 선행사를 찾아 쓰시오.

01 confront 직면하다, 맞서다 get away from ~에서 벗어나다, 도망치다; 그럭저럭 잘 해내다 come up with (해답·돈 등을) 찾아내다, 내놓다 **02** burnout 극도의 피로, 번아웃 afflict 괴롭히다, 피해를 입히다 day in and day out 매일 **03** overlook 간과하다 desperate for ~을 간절히 원하는 *cf.* desperate 간절히 필요로 하는; 자포자기한; 절박한 disregard 무시하다 on cue 때맞춰

04　The turning point in the process of growing up is when you discover the core of strength within you ⓐ <u>that</u> survives all hurt. —Max Lerner ((美 언론인))

(1) 문장의 동사를 찾아 쓰시오.
(2) 밑줄 친 ⓐ의 선행사를 찾아 쓰시오. (4단어)

05　There are people ⓐ │who / whose│ old companion animal passes away and ⓑ <u>who</u> choose to adopt a new companion animal, which is their way of replacing a loss with a gain. —모의응용

(1) ⓐ에서 어법상 알맞은 것을 고르시오.
(2) 밑줄 친 ⓑ의 선행사를 찾아 수식어구를 제외하여 쓰시오.

06　Collectively we can grow pessimistic — about the direction of our country or ⓐ <u>the ability</u> of our leaders to improve education and reduce crime — but private optimism, about our personal future, remains incredibly resilient.

(1) 밑줄 친 ⓐ를 뒤에서 수식하는 어구를 각각 ( )로 묶으시오.
(2) 다음의 주어진 의미를 갖는 단어를 찾아 빈칸에 쓰시오.

_____ : thinking that the worst thing will happen in every situation

07　A newspaper recently had several features about developments in the field of prosthetic devices. One of the articles mentioned a Swiss man born without a left hand ⓐ │who / which│ was fitted with a state-of-the-art artificial one ⓑ <u>which</u> he controls from his smartphone. —사관학교응용

*prosthetic device 보철 기기 ((손상되거나 상실된 신체를 위해 사용되는 인공기기))

(1) ⓐ에서 어법상 알맞은 것을 고르시오.
(2) 밑줄 친 ⓑ의 선행사를 찾아 밑줄을 그으시오.

---

04 turning point 전환점 **05** companion animal 반려동물 *cf.* companion 친구; 동반자 pass away 죽다, 사망하다 adopt 입양하다; 채택하다 **06** collectively 집단[집합]적으로 pessimistic 비관적인 optimism 낙관주의 incredibly 놀랍게도 resilient 회복력 있는; 탄성 있는 **07** feature 특집 기사; 특징(을 가지다); (배우를) 주연시키다 state-of-the-art 최첨단의

[01-07] 다음 문장을 읽고, 주어진 질문에 답하시오.

01
Ground and mixed with milk, slippery elm bark turned into ⓐ <u>a soothing, nutritious food</u> similar to oatmeal and other whole grains, which was used to treat sore throats, coughs, colds, and upset stomachs.

*slippery elm ((식물)) 북미 느릅나무

(1) 문장의 동사를 찾아 쓰시오.
(2) 밑줄 친 ⓐ를 수식하는 형용사구를 ( )로 묶으시오.

02
Instead of ⓐ <u>focusing</u> on how hard ⓑ <u>it</u> is to be around a negative person, or over-analyzing ⓒ <u>the reasons</u> why the person is the way he is, try not to care and concentrate on your work and your life in general.

(1) 밑줄 친 ⓐ와 병렬을 이루는 단어에 밑줄을 그으시오.
(2) 밑줄 친 ⓑ가 가리키는 내용을 우리말로 쓰시오.
(3) 밑줄 친 ⓒ를 수식하는 절의 범위를 [ ]로 묶으시오.

03
Hundreds of people take the crucial step toward finding their true self and their purpose, after they experience ⓐ <u>the profound transformation</u> that comes when they understand that every event in their lives ⓑ occurs / occur to teach them something about themselves.

(1) 밑줄 친 ⓐ를 수식하는 절의 범위를 [ ]로 묶으시오.
(2) ⓑ에서 어법상 알맞은 것을 고르시오.

01 grind 갈다, 빻다 nutritious 영양가 있는 03 crucial 중대한, 결정적인 profound 심오한, 깊은 transformation 변화, 탈바꿈

04 Through philosophical thinking, a logical possibility of a new planet will be proposed and ⓐ (test), and then astronauts, engineers, and computer programmers will come to transform this possibility into reality, into ⓑ a place where people have sufficient physical and existential conditions to grow as personalities and social beings.

TOPIC how the hypothesis of a new planet could [turn into / interfere with] a reality

(1) 밑줄 친 ⓐ에 주어진 단어를 어법상 알맞은 형태로 쓰시오. (1단어)

(2) 밑줄 친 ⓑ를 수식하는 부분을 [ ]로 묶으시오.

05 Shopping online means you can shop at any time and at almost ⓐ any place you'd like to skip the long lines and ⓑ get a good deal on a flat screen.

(1) 밑줄 친 ⓐ를 수식하는 어구를 [ ]로 묶으시오.

(2) 밑줄 친 ⓑ와 병렬을 이루는 단어에 밑줄을 그으시오.

06 Only when we stretch beyond our known capacities, ⓐ while gladly affirming that we may fail, can we make ⓑ the risk many unexpected events invite us to take a joyous adventure.

(1) 밑줄 친 ⓐ의 뜻으로 적절한 것을 고르시오.　① ~이긴 하지만　② ~하면서

(2) 밑줄 친 ⓑ를 수식하는 부분을 [ ]로 묶으시오.

07 For most of us, ⓐ the last person whom we would choose to speak to is anyone who is likely to object to or oppose our ideas; ⓑ however, exploring why they think that way gives us valuable insights or other perspectives on the way things get done.

SUMMARY We can learn from someone who is [against / for] us.

(1) 밑줄 친 ⓐ를 수식하는 부분을 [ ]로 묶으시오.

(2) 밑줄 친 ⓑ 이하의 문장에서 동사를 찾아 쓰시오.

---

04 philosophical 철학적인; 이성적인　propose 제안하다　sufficient 충분한　existential 존재의, 존재에 관한　**06** stretch 뻗다; 늘어나다　gladly 기꺼이　affirm 확인하다; 주장하다; 지지하다　joyous 기쁨을 주는; 아주 기뻐하는　**07** the last ~ 결코 …하지 않을 ~　insight 통찰력　perspective 관점, 시각; 전망　on the way ~하는 중에

P A R T 1

CHAPTER

0 4

문장 구조 파악을 어렵게 하는 것들

[01-07] 다음 문장을 읽고, 주어진 질문에 답하시오.

01 There is an ancient proverb that states, "One man is no man." This saying underscores our basic human need for _____, which we believe underscores our need for relationships and social life.

FILL-IN ① security ② community

(1) 두 번째 문장에서 삽입절을 찾아 (   )로 묶으시오.

02 Many children are socialized to refrain from conduct that they suppose is a normal competitive behavior but actually ⓐ hurts / hurt their peers' feelings.

(1) 삽입절을 찾아 (   )로 묶으시오.

(2) ⓐ에서 어법상 알맞은 것을 고르시오.

(3) 다음의 주어진 의미를 갖는 단어를 찾아 빈칸에 쓰시오.

_____ : a person of the same age, status, or ability as another specified person

03 Most would agree that it takes considerable psychological effort to get ourselves to do things that we think ⓐ is / are immoral. And we suffer the psychic "cost" of living with ourselves after committing an immoral act.

(1) ⓐ에서 어법상 알맞은 것을 고르시오.

04 The movie ⓐ <u>showed</u> the viewers the challenging lives of ballet dancers in the most shocking and beautiful way, leaving an impression which I'm sure will last in their minds for a long time.

(1) 밑줄 친 ⓐ의 간접목적어와 직접목적어에 각각 밑줄을 그으시오.

(2) 삽입절을 찾아 (   )로 묶으시오.

01 underscore 분명히 보여 주다, 강조하다; 밑줄을 긋다 02 refrain from ~을 삼가다, 자제하다 conduct 행동; (특정한 활동을) 하다; 지휘하다 03 immoral 비도덕적인 (↔ moral 도덕적인) psychic 심리[정신]적인; 초자연적인 live with oneself 자긍심[자존심]을 유지하다 commit (그릇된 일을) 저지르다; 전념하다; 약속하다

05 Allow your children to find something exciting and wonderful, and ⓐ <u>resist</u> the temptation to try to turn your children's attention to the thing which you feel ⓑ |is / are| a more valuable use of their time. As long as they find something worth experiencing, it will be a success.

(1) 밑줄 친 ⓐ와 등위접속사 and를 통해 병렬을 이루는 단어를 찾아 쓰시오.

(2) ⓑ에서 어법상 알맞은 것을 고르시오.

06 The most extraordinary characteristic among successful students might be the hope they constantly express ⓐ <u>since</u> they see adversities as challenges that they expect they can solve.

SUMMARY A positive mindset is the most |exceptional / trivial| trait of successful students.

(1) 삽입절을 찾아 ( )로 묶으시오.

(2) 밑줄 친 ⓐ의 뜻으로 적절한 것을 고르시오.   ① ~ 이후로   ② ~ 때문에

07 We are getting closer and closer to self-healing smartphone screens that can repair cracks on their own ⓐ <u>which</u> we used to believe were impossible to create.

(1) 밑줄 친 ⓐ의 선행사를 찾아 쓰시오. (3단어)

(2) 삽입절을 찾아 ( )로 묶고, 바르게 해석하시오.

---

05 temptation 유혹 **06** extraordinary 비범한, 대단한; 기이한 adversity 역경 mindset 태도, 사고방식 exceptional 특별한, 예외의; 우수한 trivial 사소한, 하찮은 trait 특성 **07** self-healing 스스로 치유하는 crack (갈라져 생긴) 금; 갈라지다

[01-08] 다음 문장을 읽고, 주어진 질문에 답하시오.

01 ⓐ The responses of children as they grow to adulthood indicate ⓑ their feelings for their parents change, and that more than half feel more positive about their upbringing as they age.

(1) 밑줄 친 ⓐ의 동사를 찾아 쓰시오.
(2) 밑줄 친 ⓑ의 동사를 찾아 쓰시오.

02 고난도

ⓐ The kind of knowledge students acquire when they go to school and they learn how to be students forms what educators call the "hidden curriculum," ⓑ which refers to all the unspoken beliefs and procedures that regulate classroom life — the rules of the game no one writes down but ⓒ that teachers and students have internalized in their expectations about each other.

(1) 밑줄 친 ⓐ의 동사를 찾아 쓰시오.
(2) 밑줄 친 ⓑ의 선행사를 밑줄을 그으시오.
(3) 밑줄 친 ⓒ의 선행사를 밑줄을 그으시오.

03 Today, the average French meal has been slashed down to 38 minutes, and wine is a victim of the disappearance of the leisurely meal. Wine consumption decline consequently seems to us a by-product of the emergence of the faster, more modern, on-the-go lifestyle.

SUMMARY A decrease in meal time / size has led to the reduction of wine consumption in France.

(1) 두 번째 문장의 동사를 찾아 쓰시오.

04 Children can learn to build relationships of trust, ⓐ assuming that social interactions involving the children are conducted fairly and their opinions are respected.

(1) 밑줄 친 분사 형태의 접속사 ⓐ가 이끄는 절을 ⓐ를 포함하여 바르게 해석하시오.
(2) 다음의 주어진 의미를 갖는 단어를 찾아 빈칸에 쓰시오.

_____ : to do something in an organized way

---

01 indicate 보여 주다, 나타내다 upbringing 가정 교육, 훈육 **02** acquire 습득하다, 얻다 procedure 절차, 과정 regulate 규제[통제]하다; 조절하다 internalize 내면화하다 **03** slash 대폭 줄이다[낮추다] leisurely 여유로운, 한가한 by-product 부산물; 부작용 emergence 출현, 발생 on-the-go 분주한; 끊임없이 일하는 **04** assuming ~라고 가정하면 fairly 적절히; 공정하게; 꽤, 상당히

05 Our ancestors probably consoled each other with hugs and pats long before they learned how to talk, but _____ⓐ_____ language was invented they found a new way of providing consolation by offering words of sympathy and advice.

(1) 빈칸 ⓐ에 들어갈 알맞은 것을 고르시오.   ① given that   ② once

06 Researchers theorize that ⓐ <u>every time</u> you repeat a behavior such as going jogging in the morning, associations develop in your memory between the behavior and the context in which ⓑ <u>it</u> occurs.

(1) 밑줄 친 접속사 ⓐ가 이끄는 절에 밑줄을 긋고, ⓐ를 포함하여 바르게 해석하시오.
(2) 밑줄 친 ⓑ가 가리키는 것을 찾아 쓰시오.

07 There are many valid reasons for ⓐ <u>wanting</u> to unify a country or region under one, dominant language, ⓑ <u>including</u> ease of communication and strengthened group identity.

(1) 밑줄 친 ⓐ와 동격을 이루는 어구를 ( )로 묶으시오.
(2) 밑줄 친 전치사 ⓑ와 그 목적어를 바르게 해석하시오.

08 Intuitions can yield better outcomes than rational models depending on the level of the experience of the decision maker. _____ⓐ_____, ⓑ <u>individuals</u> who have a lot of experience (i.e., experts) in a particular area are prepared to be more effective with intuition than rational decision making. －경찰대

(1) 빈칸 ⓐ에 들어갈 알맞은 것을 고르시오.   ① Put simply   ② Contrarily
(2) 밑줄 친 ⓑ의 동사를 찾아 쓰시오.

05 console 위로하다 *cf.* consolation 위로   pat 토닥거리기; 토닥이다, 쓰다듬다 **06** theorize 이론화하다, 이론을 제기하다 **07** valid 타당한 unify 통합[통일]하다 dominant 지배적인, 우세한; ((생물)) 우성의 identity 정체성; 신원; 동일함 **08** intuition 직관, 직감 *cf.* intuitive 직관적인 rational 이성적인, 합리적인

[01-08] 다음 문장을 읽고, 주어진 질문에 답하시오.

01 There exists below our consciousness a swamp of repressed desires, resentments, and aspirations ⓐ <u>that</u> affect our day-to-day behavior.

(1) 삽입된 부사구를 찾아 ( )로 묶으시오.

(2) 밑줄 친 ⓐ의 선행사를 찾아 바르게 해석하시오.

02 The language and culture of your particular community determine in a very real sense who you are by limiting the ideas you are exposed to and shaping the attitudes you form.

(1) 삽입된 부사구를 찾아 ( )로 묶으시오.

(2) 관계대명사절을 모두 찾아 [ ]로 묶으시오.

03 If there were in the world today a majority of ⓐ <u>people</u> who desired their own happiness more than they desired the unhappiness of others, we could have paradise in a few years.

(1) 삽입된 부사구를 찾아 ( )로 묶으시오.

(2) 밑줄 친 ⓐ를 수식하는 관계사절을 [ ]로 묶고, 바르게 해석하시오.

04 The modern notion of equality is based on a rather complex idea: all of us, across class, gender, or cultural difference, have in principle the capacity ⓐ <u>to reflect upon</u> our own thoughts and actions, and to guide and determine our own lives.

(1) 삽입된 부사구를 <u>모두</u> 찾아 ( )로 묶으시오.

(2) 밑줄 친 ⓐ와 병렬을 이루는 단어를 찾아 밑줄을 그으시오. (4단어)

---

01 consciousness 의식, 자각 swamp 늪 repress (감정을) 억누르다; 탄압하다 resentment 분노, 분개 aspiration 열망 day-to-day 일상의, 매일의
02 attitude 사고방식, 태도; 자세 **04** notion 개념, 관념 in principle 원론적으로, 원칙적으로 reflect upon 숙고하다

05　It's easy to see ⓐ <u>that</u>, for a feedback system to work as a performance improvement mechanism, the data generated by the system must be fed back in a timely manner.

(1) 밑줄 친 ⓐ가 이끄는 절에서 수식어구를 제외한 주어를 찾아 쓰시오.

06　One key factor that boosts morale is trust in an implicit exchange between the firm and employees; employees know ⓐ <u>that</u> even if it goes unnoticed, aid given to the firm or to coworkers will eventually _____.

FILL-IN ① be pointless　② be repaid

(1) 밑줄 친 ⓐ가 이끄는 절에서 수식어구를 제외한 주어를 찾아 쓰시오.

07　In the essay, there is a Virginia Woolf saying ⓐ <u>which</u>, with a sense of marvel, describes the act of coining a new word. "It is wonderful," she wrote, "as if thought plunged into a sea of words and ⓑ <u>came up</u> dripping."

(1) 밑줄 친 ⓐ가 이끄는 관계사절의 동사를 찾아 쓰시오.
(2) 밑줄 친 ⓑ와 병렬을 이루는 단어를 찾아 쓰시오. (2단어)

고난도
08　If you empathetically ask ⓐ <u>people</u> who fear flying objectively irrationally about their reasoning, you may discover a logical leap or a traumatic association from an earlier time that, once it is brought to light, can be examined and modified by the people themselves.

(1) 밑줄 친 ⓐ를 수식하는 어구를 [　]로 묶으시오.
(2) 삽입절을 찾아 (　)로 묶으시오.

06 morale 의욕, 사기　implicit 암암리의, 내포된; 절대적인　unnoticed 눈에 띄지 않는, 간과하는　pointless 무의미한　07 marvel 경이; 놀랄 만한 일　coin (새로운 낱말·어구를) 만들다; (주화를) 주조하다　plunge into ~에 뛰어들다　drip (액체가) 뚝뚝 떨어지다　08 empathetically 공감하여　objectively 객관적으로　irrationally 비이성적으로　leap 비약　traumatic 대단히 충격적인, 정신적 외상의　association 연상, 연계; 제휴　bring A to light (새로운 정보를) 드러내다, 밝히다　modify 완화하다; 바꾸다, 수정하다

분사구문의 특이한 형태

[01-08] 다음 문장을 읽고, 주어진 질문에 답하시오.

01 Machines having taken over ⓐ <u>the work</u> formerly performed by human hands, laboring jobs are becoming fewer each year.

(1) 분사구문의 의미상 주어를 찾아 쓰시오.

(2) 밑줄 친 ⓐ의 수식어구를 ( )로 묶으시오.

02 The second edition of a large dictionary, published in 1987 in U.S., underwent an extensive change, with thousands of new words and most of its entries ⓐ <u>revising or updating / revised or updated</u>.

(1) 문장의 동사를 찾아 쓰시오.

(2) ⓐ에서 어법상 알맞은 것을 고르시오.

고난도
03 Modern biology is as important as it is inspiring, with exciting breakthroughs ⓐ changing / changed our very society; biology has even entered criminal investigations, with terms such as DNA fingerprinting now ⓑ <u>(be)</u> part of our vocabulary.

(1) ⓐ에서 어법상 알맞은 것을 고르시오.

(2) ⓑ에 주어진 단어를 어법상 알맞은 형태로 쓰시오.

(3) 다음의 주어진 의미를 갖는 단어를 찾아 빈칸에 쓰시오.

_____ : a discovery or achievement that comes after a lot of hard work

04 While the general education level of tourists traveling abroad continues to rise, tourists are still confronted with challenges when ⓐ <u>visiting</u> a foreign country.

(1) 밑줄 친 ⓐ의 의미상의 주어를 찾아 쓰시오.

---

01 take over 대신하다, 이어받다 **02** undergo 겪다 extensive 광범위한, 아주 많은 entry (사전 등의) 표제어, 수록어; 항목; 입장 revise 개정하다, 수정하다
03 inspiring 영감을 주는, 고무적인 breakthrough 획기적 발전; 돌파구 fingerprinting 지문 감정 **04** confront 직면하게 만들다; 맞서다

05 Although ⓐ <u>accustomed</u> to the ups and downs of the ordinary economic cycle, elected officials and budget planners are facing ⓑ <u>something</u> none of them have experienced before: shortfalls happening year after year.

(1) 밑줄 친 ⓐ의 의미상의 주어에 밑줄을 그으시오.
(2) 밑줄 친 ⓑ를 수식하는 부분을 [ ]로 묶으시오.

06 Bertoldo di Giovanni is a name even ⓐ <u>the most enthusiastic lover</u> of art is unlikely to recognize. ⓑ <u>The greatest sculptor</u> of his time, ⓒ <u>he</u> was the teacher of Michelangelo, the greatest sculptor of all time.

(1) 밑줄 친 ⓐ, ⓑ, ⓒ 중 가리키는 것이 다른 하나를 고르시오.

07 Full of educated, informed, and empowered citizens, an active civil society is needed to counterbalance big government, a powerful private sector, and special interest groups.

(1) 위의 문장을 다음과 같이 바꿀 때 빈칸에 알맞은 단어를 쓰시오.
= Because _____ _____ _____ _____ _____ _____ of educated, informed, and empowered citizens, it is needed to counterbalance big government, a powerful private sector, and special interest groups.

고난도
08 The idea of Football Leagues across Europe has been replaced by an international competition financed by foreign funders, a significant amount of their investment ⓐ | recovering / recovered | from commercial exploitation of players.

(1) ⓐ에서 어법상 알맞은 것을 고르시오.

---

05 shortfall 부족(액) **06** enthusiastic 열광적인, 열렬한 **07** empower 권한을 주다 counterbalance (반대되는 힘으로) 균형을 잡다 **08** replace 대체하다, 대신하다 finance 자금을 대다; 자금 recover (물자를) 회수하다; 되찾다; 회복하다 exploitation 이용; 착취; 개발

PART 1

CHAPTER

05

생략이 일어난 문장 구조
이해하기

[01-07] 다음 문장을 읽고, 주어진 질문에 답하시오.

01 A certain amount of self-examination is useful, but that should be directed toward what to do in a given situation and not at only blaming yourself severely.

(1) 문장에서 생략이 일어난 곳을 <u>모두</u> 찾아 ✔ 표시하고, 생략된 어구를 쓰시오.

02 Majoring in philosophy, I had a chance to explore different kinds of philosophical theories and ⓐ <u>see</u> what thinkers in different periods have had to say about ⓑ <u>them</u>.

(1) 밑줄 친 ⓐ와 병렬을 이루는 단어를 찾아 쓰시오.
(2) 밑줄 친 ⓑ가 가리키는 것을 찾아 밑줄을 그으시오.

03 Many companies are trying to reduce as many plastics as possible these days. Plastic is not always easily or economically recyclable, and ⓐ <u>once manufactured</u>, plastic may last virtually indefinitely. −모의

TOPIC why many companies are trying to cut back on / profit from plastic

(1) 밑줄 친 ⓐ에서 생략된 어구를 쓰시오.
(2) 다음의 주어진 의미를 갖는 단어를 찾아 빈칸에 쓰시오.

_____ : for a period of time that has no fixed end

04 Performance is something you do that brings about an observable change in the external world; learning, on the other hand, is a change within the learner, ⓐ <u>although</u> often a result of interaction with the external world. −모의응용

(1) 밑줄 친 ⓐ가 이끄는 절에서 생략이 일어난 곳에 ✔ 표시하고, 생략된 어구를 쓰시오.

01 self-examination 자기 성찰 severely 심하게, 엄격하게 **03** economically 경제적으로 recyclable 재활용 가능한 manufacture 제조하다, 생산하다 virtually 사실상, 거의; (컴퓨터를 이용하여) 가상으로 indefinitely 무기한으로 cut back on ~을 줄이다 **04** bring about 초래하다 observable 가시적인, 눈에 보이는; 주목할 만한

05

@ A great deal of time and opportunity for actual reading, writing, and discussion of text needs to be presented to students, as well as good reading instruction; _____ⓑ_____, the instruction will not take hold and flourish.

(1) 밑줄 친 @를 수식하는 부분을 ( )로 묶으시오.

(2) 빈칸 ⓑ에 알맞은 것을 고르시오.   ① If not   ② Whenever possible

06

The heart of all innovative conceptions lies in borrowing from, adding to, or changing of @ old ideas, which is why American novelist Mark Twain said, "There is no such thing as a new idea."

(1) 밑줄 친 @에 공통으로 연결되는 어구에 모두 밑줄을 그으시오.

(2) 다음의 주어진 의미를 갖는 단어를 찾아 빈칸에 쓰시오.

_____ : introducing or using new ideas

07

The loss of any one language means a reduction in the sum total of human thought and knowledge @ and an impoverishment of the human race.

(1) 밑줄 친 @로 연결되는 어구에 밑줄을 그으시오.

05 a great deal of 많은 양의 instruction 교육; 지시; 사용 설명서 take hold 확립되다 flourish 번성하다, 잘 자라다 **06** innovative 혁신적인 conception 개념
07 impoverishment 빈곤(화)

Chapter 05 생략이 일어난 문장 구조 이해하기 **51**

[01-07] 다음 문장을 읽고, 주어진 질문에 답하시오.

01　Some studies show that prediction is possible for only ⓐ <u>a subset of systems</u> studied in the natural sciences, and not ✔ for the world of human interactions, as some parts of human behavior tends to be quite unpredictable.

　(1) 밑줄 친 ⓐ를 수식하는 부분을 (　)로 묶으시오.
　(2) ✔ 표시된 부분에 생략된 어구를 찾아 쓰시오.

02　In an effort to motivate their employees and ✔ create a more productive work environment, a growing number of organizations are introducing new workplace designs like open cubicles to encourage communication.　*open cubicle (책상의) 개방형 칸막이

　(1) ✔ 표시된 부분에 생략된 어구를 찾아 쓰시오. (4단어)
　(2) 문장의 동사를 찾아 쓰시오.

03　What is hopefully clear is that the difficulties of this team project made us aware of not only more efficient strategies for the division of work, but also ✔ for collaboration.

　(1) 문장의 주어를 찾아 밑줄을 그으시오.
　(2) ✔ 표시된 부분에 생략된 어구를 찾아 쓰시오.

04　It has always been a common topic of popular discussion whether animals "think," and we could not take any sides without having the vaguest idea what we mean by "thinking."

　(1) 생략이 일어난 곳에 ✔ 표시하고, 생략된 어구를 쓰시오.

---

01 subset 일부, 부분 집합　**interaction** 상호 작용　**02 motivate** 동기를 부여하다　**03 division** 분배; 분할　**collaboration** 협동; 공동 작업　**04 vague** 모호한, 애매한; 희미한

05 Most of our daily decisions do not involve existential decisions such as a career choice, but ✔ things like having tea or coffee, using our credit cards or paying cash, or other seemingly _____ decisions.

FILL-IN ① significant　② trivial

(1) ✔ 표시된 부분에 생략된 단어를 찾아 쓰시오. (1단어)

06 If an investigation is flawed in such a way that the results are _____ to plausible alternative interpretations, the findings cannot be admitted as evidence. It must be designed so that it is tight and its conclusions compelling.

FILL-IN ① open　② concealed

(1) 두 번째 문장에서 생략이 일어난 곳에 ✔ 표시하고, 생략된 어구를 쓰시오.

07 Even a good worker may be dismissed for countless reasons, and many others for reasons they're not even responsible for. In such a case, these people might suffer from social and mental trauma, leading to emotional stress and ⓐ a feeling that all of a sudden they have been disassociated from what once was their identity. -수능응용

(1) 첫 번째 문장에서 생략이 일어난 곳에 ✔ 표시하고, 생략된 어구를 쓰시오. (3단어)
(2) 밑줄 친 ⓐ와 동격을 이루는 부분을 [ ]로 묶으시오.

05 existential 존재에 관한; 실체의 seemingly 겉보기에, 외견상으로 06 investigation 조사, 연구 plausible 그럴 듯한 tight 엄격한, 단호한; 단단한 compelling 설득력 있는, 강력한 conceal 감추다, 숨기다 07 dismiss 해고하다 countless 셀 수 없이 많은, 무수한 all of a sudden 갑자기 disassociate 단절[분리]하다; 관계를 끊다 identity 정체성, 신원

Chapter 05 생략이 일어난 문장 구조 이해하기 **53**

접속사 · 관계사의 생략

[01-07] 다음 문장을 읽고, 주어진 질문에 답하시오.

01

ⓐ <u>As</u> a movement referred to as "small living" is creating waves against wasteful consumption, an increasing number of global citizens have realized bigger things are not better, and that _____ things shouldn't necessarily be obtainable. — 모의응용

FILL-IN ① less ② more

(1) 밑줄 친 ⓐ가 이끄는 절의 동사를 찾아 쓰시오.

(2) 문장에서 접속사가 생략된 부분을 찾아 ✔ 표시하고, 생략된 것을 쓰시오.

02

ⓐ <u>It is not always easy to refrain from giving advice</u>, especially when we are with people we care about, but advice is not always the best thing we have to offer. Usually, simply trusting people and saying "You are competent enough to get through this," is sufficient.

(1) 밑줄 친 ⓐ를 바르게 해석하시오.

(2) 관계사가 생략된 부분을 <u>모두</u> 찾아 ✔ 표시하고, 각각 생략된 관계사를 쓰시오.

03

The greatest challenge we have as we become successful is never to rest on our success, never to feel like we've done it. The moment you feel like you've done it, that's the beginning of the end. — 모의

(1) 첫 번째 문장에서 관계사가 생략된 부분을 찾아 ✔ 표시하고, 생략된 관계사를 쓰시오.

(2) 다음의 주어진 의미를 갖는 단어를 찾아 빈칸에 쓰시오.

_____ : something that needs a lot of skill, energy, and determination to achieve

04

The main reason eggs crack when they're in boiling water is the difference between the temperatures of the hot water and the cool egg.

(1) 관계사가 생략된 부분을 찾아 ✔ 표시하고, 생략된 관계사를 쓰시오.

---

01 obtainable 얻을 수 있는 **02** refrain from ~을 삼가다 competent 유능한; 만족할 만한; 권한이 있는 sufficient 충분한 get through ~을 끝내다[하다]; 써 버리다
03 rest on ~에 안주[의지]하다 **04** crack 금이 가다, 갈라지다

05 Too many choices also increase our regret for all the options we didn't choose. The time we devote to making decisions decreases the time we have to spend on other aspects of life, such as forming close relationships.

(1) 첫 번째 문장에서 관계사가 생략된 부분을 찾아 ✔ 표시하고, 생략된 관계사를 쓰시오.

(2) 두 번째 문장에서 관계사가 생략된 부분을 <u>모두</u> 찾아 ✔ 표시하고, 공통으로 생략된 관계사를 쓰시오.

06 The person doing the science is almost always wearing a white lab coat and probably is looking rather serious ⓐ <u>while</u> engaged in some type of experiment. While there are many places this traditional view of a scientist still holds true, labs aren't the only place science is at work, and science is happening all around us: even at work in the kitchen when cooking meals.

(1) 밑줄 친 ⓐ의 뜻으로 적절한 것을 고르시오.   ① ∼하는 동안   ② ∼이지만

(2) 두 번째 문장에서 관계사가 생략된 부분을 <u>모두</u> 찾아 ✔ 표시하고, 공통으로 생략된 관계사를 쓰시오.

07 ⓐ Leaving / Left ethical aspects aside, I doubt the validity of animal experimentation when it is assumed that animals' bodies respond to drugs in the way human bodies do.

(1) ⓐ에서 어법상 알맞은 것을 고르시오.

(2) 문장에서 관계사가 생략된 관계사절을 찾아 밑줄을 그으시오.

(3) 다음의 주어진 의미를 갖는 단어를 찾아 빈칸에 쓰시오.

_____ : the state of being reasonable, correct, or generally accepted

---

05 devote (시간 등을) 기울이다, 바치다 aspect 측면; 양상 **06** lab 실험실(= laboratory) be engaged in ∼에 몰두하다, 종사하다 hold (무엇이 사실이라고) 여기다; 잡고 있다 be at work 작용하다, 효과가 나다 **07** leave A aside A를 제쳐놓다, 차치하다 validity 유효성, 타당성 reasonable 합리적인, 타당한

[01-07] 다음 문장을 읽고, 주어진 질문에 답하시오.

01   Were I a student having hardships because of the current situation, education ⓐ will / would not be important until the personal situation got resolved.

(1) ⓐ에서 어법상 알맞은 것을 고르시오.

(2) if가 생략된 절을 찾아 if를 포함하는 절로 바꿔 쓰시오.

02   In my own travels, had I taken packaged tours, I would never have had the eye-opening experiences that have added so much to my appreciation of human diversity. -모의응용

TOPIC ① the advantage of independent travel   ② characteristics of package tours

(1) if가 생략된 절을 찾아 if를 포함하는 절로 바꿔 쓰시오.

03   ⓐ Everyone had / Had everyone in our country worked just one year more beyond their expected age of retirement, we could have compensated for much of the shortfall in the national finances.

(1) ⓐ에서 어법상 알맞은 것을 고르시오.

04   ⓐ Should you get an urgent request during the day, schedule ⓑ it accordingly by reshuffling your already scheduled tasks and making the urgent task a priority.

(1) 밑줄 친 ⓐ를 가정법 if절로 쓰시오.

(2) 밑줄 친 ⓑ가 가리키는 것을 우리말로 쓰시오.

---

01 resolve 해결하다; 다짐하다 **02** eye-opening 놀랄 만한   appreciation 이해; 감상; 감사; 공감   diversity 다양성 **03** compensate 메우다, 보충하다; 갚다, 보상하다 shortfall 부족분, 부족량 **04** urgent 긴급한   accordingly (상황에 따라) 적절히   reshuffle 조정하다; 개편하다   priority 우선 사항; 우선권

The weather was of ⓐ <u>the sort</u> that, had it come on a Sunday, would have permitted the newspapers to report record-breaking crowds in the park.

(1) if가 생략된 절을 찾아 밑줄을 그으시오.

(2) 밑줄 친 ⓐ를 수식하는 부분을 [ ]로 묶고, 바르게 해석하시오.

06

There is a principle in ecology that 'complete competitors cannot coexist': one competitor would be expected to use resources slightly more efficiently than the other and therefore come to _____ in the long term. -모의응용

FILL-IN ① dominate   ② vanish

(1) 콜론(:) 이하의 문장에서 생략된 if절로 알맞은 것을 고르시오.

　　① if resources were abundant   ② if two competitors competed

ⓐ <u>The idea</u> of attaching commercial announcements to football players' uniforms would simply never have occurred to anyone ⓑ <u>because</u> the resulting disharmony of color and text would have detracted from the visual unity of the team.

(1) 밑줄 친 ⓐ와 동격을 이루는 부분을 ( )로 묶으시오.

(2) 밑줄 친 ⓑ가 이끄는 절에서 생략된 if절로 알맞은 것을 고르시오.

　　① if commercial announcements had been attached to football players' uniforms

　　② if football players' uniforms had occurred to anyone

---

05 permit 가능하게 하다; 허락하다　record-breaking 기록적인, 기록을 깨는　**06** principle 법칙, 원칙, 원리　ecology 생태(계), 생태학　dominate 지배하다　vanish 사라지다　abundant 풍부한　**07** commercial 상업적인; (텔레비전 등의) 광고　announcement 상업 광고; 발표 (내용)　occur to A A에게 떠오르다　disharmony 부조화　detract 손상시키다; (주의를) 딴 데로 돌리다　unity 통일성; 통일, 통합

PART 1

CHAPTER

0 6

어순에 주의해야 하는 구문

[01-07] 다음 문장을 읽고, 주어진 질문에 답하시오.

01
It takes some time for babies to begin to walk, and ⓐ <u>so does achieving your goals</u>, so you must not get discouraged when you don't see _____ right away.
FILL-IN ① progress ② plan

(1) 밑줄 친 ⓐ에서 주어를 찾아 쓰시오.

02
In all honesty, office workers would not enjoy their environments quite as much with someone constantly ⓐ looks / looking over their shoulder, and ⓑ <u>sometimes neither do the students.</u>

(1) ⓐ에서 어법상 알맞은 것을 고르시오.
(2) 밑줄 친 ⓑ를 바르게 해석하시오.

03
Science is not a means for finding quick and certain facts, but a slow, methodical process that is prone to misstep, so the process is not always _____, ⓐ <u>nor are researchers 100 percent objective.</u>
FILL-IN ① unstable ② reliable

(1) 밑줄 친 ⓐ에서 주어를 찾아 쓰시오.

04
As statistics show that fliers aged 45 to 74 have fewer accidents than those between 26 and 44, and there ⓐ exists / exist no proof that pilots in their 60's are less able than those in their 20's, we can conclude that age and working ability are proportional in pilots.

(1) ⓐ에서 어법상 알맞은 것을 고르시오.

---

01 progress 진전, 나아감; 진행하다, 발달하다 **03 methodical** 조직적인, 체계적인; 꼼꼼한 **be prone to A** A하기 쉽다 **misstep** 실수, 잘못된 조치 **04 flier** 조종사 **proportional** 비례하는

05 If nature is defined as a landscape uninfluenced by humankind, then there ⓐ remains no nature / no nature remains on the planet at all, because, for example, people changed their surrounding ecosystems by installing orchards in the Amazon from prehistoric times. -모의응용

(1) ⓐ에서 어법상 알맞은 것을 고르시오.
(2) 다음의 주어진 의미를 갖는 단어를 찾아 빈칸에 쓰시오.

_____ : to set up something for use or service

06 Lessons will show up every day of your life, and ⓐ difficult / difficultly as some of them may be, you need to change your perception and see ⓑ them as gifts.

(1) ⓐ에서 어법상 알맞은 것을 고르시오.
(2) 밑줄 친 ⓑ가 가리키는 것을 찾아 쓰시오. (1단어)

고난도
07 ⓐ Obscure as cultural change is from day to day, when we look over a longer time span, it becomes apparent ⓑ that even the most fundamental assumptions about morality and the standards by which quality of life should be evaluated are subject to change.

(1) 밑줄 친 ⓐ에서 보어를 찾아 쓰시오.
(2) 밑줄 친 ⓑ가 이끄는 절의 동사를 찾아 쓰시오.
(3) 다음의 주어진 의미를 갖는 단어를 찾아 빈칸에 쓰시오.

_____ : relating to the basic nature or character of something

---

05 uninfluenced 영향을 받지 않은 surrounding 주변의, 인근의 ecosystem 생태계 install 설치하다 orchard 과수원 prehistoric 선사시대의 **06** perception 인식; 자각 **07** obscure 눈에 띄지 않는; 모호한 from day to day 나날이, 하루하루 look over (~을) 살피다 span 시간, 기간; 폭, 너비 apparent 분명한, 명백한 fundamental 근본[본질]적인; 필수적인; 핵심 assumption 전제, 추정; 가정 morality 도덕성 be subject to A A하기 쉽다

[01-07] 다음 문장을 읽고, 주어진 질문에 답하시오.

01 Only when the last tree has died and the last river ✔ been poisoned and the last fish
✔ been caught will we realize that money is worthless. – Proverb

(1) 주절의 주어를 찾아 쓰시오.

(2) ✔ 표시된 부분에 공통으로 생략된 어구를 쓰시오.

02 Not only ⓐ do / does a working song like a sailor's shanty provide the opportunity to
pull together but ⓑ it also distracts the mind from the dullness of the task.

*shanty (선원들이 일하며 부르는) 뱃노래; 오두막집

TOPIC▶ the origin / benefits of the work song

(1) ⓐ에서 어법상 알맞은 것을 고르시오.

(2) 밑줄 친 ⓑ가 가리키는 것을 찾아 쓰시오. (3단어)

03 The same company may change its product appeal in ads from one medium to another,
for instance, from television to newspapers, ⓐ but rarely will the same company make
different appeals in one ad. It is best to choose one outstanding reason or benefit and
ⓑ rest your case on it.

(1) 밑줄 친 ⓐ 이하의 절에서 주어를 찾아 쓰시오.

(2) 밑줄 친 ⓑ와 병렬을 이루는 어구를 찾아 쓰시오.

(3) 다음의 주어진 의미를 갖는 단어를 찾아 빈칸에 쓰시오.

_____ : extremely good or impressive

---

02 pull together 협력하다 **distract** (주의를) 전환시키다, 산만하게 하다 **dullness** 지루함; 둔함 **03 appeal** 매력; 항소(하다); 흥미를 끌다 **medium** 매체, 수단; 중간의
outstanding 뛰어난; 두드러진, 중요한 **rest A on B** B에 A의 기초[근거]를 두다; 의지하다 **extremely** 극도로, 극히

04 Among the virtues of Computer-assisted design(CAD) is the ability to rotate images so that the designer can see the house or office building from _____ of view.

FILL-IN ① one point ② many points

(1) 주절의 주어를 찾아 수식어구를 제외하고 쓰시오.

05 Happy is the person who ⓐ <u>knows</u> what to remember of the past, what to enjoy in the present, and what to plan for the future.

(1) 문장의 주어를 찾아 수식어구를 제외하고 쓰시오.
(2) 밑줄 친 ⓐ의 목적어를 <u>모두</u> 찾아 밑줄을 그으시오.

06 Under the large pile of clothes ⓐ ⎢lies / lie⎥ a beautiful sweater my grandmother made, which will be quite easy to find due to its unique color and special fabric.

(1) ⓐ에서 어법상 알맞은 것을 고르시오.
(2) 관계대명사가 생략된 관계사절을 찾아 [ ]로 묶으시오.

07 Even worse than reaching a conclusion with just a little evidence is the fallacy of reaching a conclusion without any evidence at all. ‒모의

SUMMARY ① A little evidence is better than no evidence. ② Reaching a conclusion is a logical process.

(1) 문장의 주어를 찾아 수식어구를 제외하고 쓰시오.

---

04 virtue 장점; 선행; 미덕 computer-assisted 컴퓨터의 지원을 받는 rotate 회전시키다[하다]; 교대 근무하다 **06** pile 무더기, 쌓아놓은 것 fabric 천, 직물 **07** fallacy 오류, 틀린 생각

[01-08] 다음 문장을 읽고, 주어진 질문에 답하시오.

01
The architect made clear his views on the city reform plan, which he thought was not in the best interests of the public and could harm the landscape of the whole city.

(1) 문장의 목적격보어를 찾아 쓰시오.

(2) 문장에서 삽입절을 찾아 ( )로 묶으시오.

02
Researchers found in a survey of 542 households in England that the beach was rated ⓐ a more enjoyable place to visit than national parks, museums, or amusement parks.

(1) 문장에서 목적어를 찾아 밑줄을 그으시오.

(2) 밑줄 친 ⓐ의 수식어구를 ( )로 묶으시오.

03
A little gauge is hung on somewhere in every house ⓐ giving feedback in real time to the homeowners about how high their energy consumption is.

(1) 밑줄 친 ⓐ가 수식하는 어구를 찾아 쓰시오.

04
Do you think the reason will ever be known ⓐ why ⓑ Stonehenge, a prehistoric monument located in southwestern England, was made?

(1) 밑줄 친 ⓐ의 선행사를 찾아 쓰시오.

(2) 밑줄 친 ⓑ의 동사를 찾아 쓰시오.

(2) 다음의 주어진 의미를 갖는 단어를 찾아 빈칸에 쓰시오.

_____ : a large structure built to remind people of an important person or event

---

01 reform 개선, 개혁(하다) in the interest of ~을 위하여 landscape 경관, 풍경 **02** household 가구, 세대; 가정 rate 평가하다, 여기다; 평가 **03** gauge 측정기, 게이지 consumption 소비(량) in real time 실시간으로 **04** prehistoric 선사시대의 monument (역사적) 기념물

05
The result of the struggle for existence, natural selection, is that animals and plants sustain themselves which are best fitted to the life they have to lead, while species die out that are less fitted.

(1) 주격 관계대명사절을 <u>모두</u> 찾아 [ ]로 묶고, 각 선행사에 밑줄을 그으시오.

06
The opinion is widely held ⓐ | which / that | knowledge of a language is merely one of many possible roads to the understanding of a people.

(1) ⓐ에서 어법상 알맞은 것을 고르시오.

07
ⓐ <u>The question</u> persists and grows whether the computer will make ⓑ <u>it</u> easier or harder for human beings to know who they really are, and to identify their real problems.

(1) 밑줄 친 ⓐ와 동격을 이루는 부분을 [ ]로 묶으시오.
(2) 밑줄 친 ⓑ가 가리키는 내용을 우리말로 쓰시오.

08
Among the many arguments justifying a monolingual approach to international business, emerges the undeniable fact that a fundamental precondition of any successful international business enterprise is effective _____. –모의응용

FILL-IN ① specialization ② communication

(1) 문장의 주어를 찾아 쓰시오. (3단어)

05 sustain 살아가게 하다; 지속시키다 lead 살다, 생활을 하다; 이어지다 06 merely 단지, 그저 people 민족; 사람들 07 persist 지속되다; 고집하다 identify 알아보다, 확인하다; 동일시하다 08 justify 정당화하다 monolingual 단일어의, 하나의 언어를 사용하는 emerge (사실, 생각 등이) 드러나다; 나오다 precondition 전제 조건 enterprise 기업 specialization 전문화

[01-06] 다음 문장을 읽고, 주어진 질문에 답하시오.

01 As teachers, they've been trained ⓐ to identify problems, diagnose what's causing the problems, and then find solutions to those problems, and ⓑ along with these things do the teachers need to find what's good in every student.

(1) 밑줄 친 ⓐ와 병렬을 이루는 단어를 모두 찾아 쓰시오.

(2) 밑줄 친 ⓑ에서 주어를 찾아 쓰시오.

02 If we imagine getting ⓐ a survey for which half of the responses were "don't know," offering a "don't know" option can be _____, thus ⓑ that option we shouldn't offer, when the list of response options are matters of opinion, not specific knowledge questions.

FILL-IN ① significant   ② ineffective

(1) 밑줄 친 ⓐ를 수식하는 부분을 [ ]로 묶으시오.

(2) 밑줄 친 ⓑ에서 주어와 목적어를 찾아 쓰시오.   주어: _____   목적어: _____

03 The African rhino is being pushed towards extinction because its horn is prized for sword handles in the Middle East and for traditional medicines in Asia. Behind those consumption decisions, and the ways in which our needs are met, is an environmental cost.

(1) 첫 번째 문장에서 생략이 일어난 곳을 찾아 ✔ 표시하고, 생략된 어구를 쓰시오. (4단어)

(2) 두 번째 문장의 주어를 찾아 쓰시오.

---

01 diagnose 진단하다 **02 significant** 중요한, 의미 있는 **ineffective** 효과가 없는 **03 rhino** 코뿔소 **push A towards B** A를 B로 내몰다 **extinction** 멸종 **prize** 귀히게[소중하게] 여기다

Although creating ⓐ <u>a world</u> in which we not only do no harm but also act to restore nature requires many laws, conservation efforts at all scales from the local to the global ⓑ is / are hampered by a lack of political will. Especially needed is a law to spread awareness of the ocean's nature and the serious threats the ocean faces.

(1) 밑줄 친 ⓐ를 수식하는 부분을 [ ]로 묶으시오.

(2) ⓑ에서 어법상 알맞은 것을 고르시오.

(3) 두 번째 문장에서 수식어구를 제외한 주어를 찾아 쓰시오.

(4) 두 번째 문장에서 관계사가 생략된 부분을 찾아 ✔ 표시하고, 생략된 것을 쓰시오.

Old people tend to get shorter. Water gets squeezed out of our spinal discs in the course of a day, and ⓐ <u>it</u> is more noticeable in older people because there is less water in the discs to start with, so it is hard for their spines to be upright. Added to this is the fact that the spinal discs break as you get older because of a condition called osteoporosis.

*spinal disc 척추 디스크 **osteoporosis 골다공증

TOPIC ① what is the cause of osteoporosis   ② why we tend to get shorter as we get older

(1) 밑줄 친 ⓐ가 가리키는 내용을 우리말로 쓰시오.

(2) 세 번째 문장에서 수식어구를 제외한 주어를 찾아 쓰시오.

06

In English, students learn grammar as well as creative writing; in Art, students acquire technical skills as well as express themselves. Equally important, and associated to ⓐ <u>this</u>, is an emphasis on a cross-curricular approach, ⓑ which / where students draw links between subjects rather than reducing them to sealed boxes. Great examples of this include learning about Greece in Geography and the Ancient Greeks in History.

*cross-curricular (학교 교육 과정 전반에 관련된) 통합 교과의

(1) 두 번째 문장에서 수식어구를 제외한 주어를 찾아 쓰시오.

(2) 밑줄 친 ⓐ가 가리키는 내용으로 알맞은 것을 고르시오.

　① 영어와 미술에서 문법과 기교를 학습하는 것

　② 글쓰기와 미술로 자신을 창의적으로 표현하는 것

(3) ⓑ에서 어법상 알맞은 것을 고르시오.

---

04 restore 복원하다; 회복시키다[하다]; 반환하다 conservation 보존, 보호 scale 규모, 범위; 등급; 저울 hamper 방해하다; 바구니 face 직면하다, 닥쳐오다; ~을 마주 보다 **05** squeeze out 짜내다 in the course of ~ 동안 noticeable 눈에 띄는, 두드러진 to start with 처음에는 upright 똑바로 선 **06** associate 연관 짓다, 연상하다; 어울리다 emphasis 강조 sealed 밀봉된 geography 지리학

PART 1

CHAPTER

0 7

병렬구조를 파악하기 어려운 이유

[01-08] 다음 문장을 읽고, 주어진 질문에 답하시오.

01

In order for a great company to satisfactorily serve the public, it must have a philosophy and a method of doing business which ⓐ <u>will allow and ensure</u> that its people serve the public in an ⓑ efficient / efficiently and pleasing manner. −모의응용

(1) 밑줄 친 ⓐ에 공통으로 연결되는 어구에 밑줄을 그으시오.

(2) ⓑ에서 어법상 알맞은 것을 고르시오.

02

Prejudice is an idea based on an irrational generalization about a group ⓐ <u>that</u> is applied indiscriminately or ⓑ inflexible / inflexibly with little regard for facts, and this can lead to hostility and discrimination.

(1) 밑줄 친 ⓐ의 선행사를 찾아 쓰시오. (3단어)

(2) ⓑ에서 어법상 알맞은 것을 고르시오.

(3) 다음의 주어진 의미를 갖는 단어를 찾아 빈칸에 쓰시오.

_____ : unfriendly or threatening behavior or feelings towards someone

03

Cooking opened up whole new vistas of edibility by rendering various ingredients more digestible and ⓐ overcome / overcoming many of the chemical defenses which can be fatal to humans.

*vista 앞날, 전망

(1) ⓐ에서 어법상 알맞은 것을 고르시오.

04

A scientifically-minded person would think astrologers are _____, seeing that their evidence can't be measured by scientific methodology ⓐ <u>or</u> that astrological papers have shown that astrology has no significant predictive value.

FILL-IN ① objective ② wrong

(1) 문장에서 접속사가 생략된 부분을 찾아 ✔ 표시하고, 생략된 것을 쓰시오.

(2) 밑줄 친 ⓐ가 연결하는 어구에 각각 밑줄을 그으시오.

---

01 satisfactorily 만족스럽게 ensure 보장하다, 반드시 ∼하게 하다 **02** prejudice 편견(을 갖게 하다) irrational 불합리한; 비논리[이성]적인 indiscriminately 무분별하게, 가리지 않고 inflexibly 융통성 없게, 엄격하게 hostility 적대감, 반감 discrimination 차별; 안목 unfriendly 비우호적인, 불친절한 **03** edibility 먹을 수 있음, 식용 render ∼하게 만들다; 주다, 제공하다 defense 방어물; 방어, 수비 fatal 치명적인, 죽음을 초래하는 **04** astrologer 점성술사 *cf.* astrological 점성술의 methodology 방법론 predictive 예측의 objective 객관적인; 목적, 목표

05 The reason people find it so hard to be happy is that they always ⓐ <u>view</u> the past as better than it was, the present as worse than it is, and the future as finer than it will be.

(1) 주절의 동사를 찾아 쓰시오.
(2) 밑줄 친 ⓐ에 공통으로 연결되는 어구에 각각 밑줄을 그으시오.

06 As online communication became more popular during the 1980s, computer network companies sought to improve both the utility of their services by making connections easier ⓐ <u>and</u> the usability of their services by making the computer networks more accessible.

(1) 밑줄 친 ⓐ가 연결하는 어구에 각각 밑줄을 그으시오.

07 Although the anthropological field was neither ⓐ <u>vacant</u> nor noncompetitive, the young scholar went on to pursue ⓑ <u>her dream</u> of working for the betterment of mankind.

(1) 밑줄 친 ⓐ와 병렬을 이루는 어구를 찾아 쓰시오.
(2) 밑줄 친 ⓑ가 가리키는 내용을 우리말로 쓰시오.

08 As no American cities were bombed except Pearl Harbor, no U.S. territory was occupied, and the United States suffered less than one percent of the war's casualties, the United States emerged from World War Ⅱ not only controlling the North Atlantic but also ⓐ <u>(rule)</u> all of the world's oceans.　　　*Pearl Harbor 진주만 ((미국 하와이 주에 있는 만))

(1) 주절의 동사를 찾아 쓰시오.
(2) ⓐ에 주어진 단어를 어법상 알맞은 형태로 쓰시오.

---

06 seek ~하려고 (시도)하다; 찾다; 추구하다 utility 유용성; 공익사업; 다용도의 usability 편리성; 유용성 **07** anthropological 인류학의 vacant 비어 있는, 빈 noncompetitive 경쟁이 없는 go on 시작하다 pursue 추구하다 betterment 진보; 향상, 개선 mankind 인류 **08** bomb 폭격하다 occupy 점령하다; (공간을) 차지하다; 사용하다 casualty 사상자, 피해자 border 국경, 경계; 가장자리; (국경을) 접하다

연결어구의 후보가 두 개 이상인 문장

정답 및 해설 p.52

[01-08] 다음 문장을 읽고, 주어진 질문에 답하시오.

01 The ancient Greeks believed that all beauty could be explained with math and ⓐ <u>used</u> a system to find what they called the "Golden Ratio." — 모의응용

*Golden Ratio 황금비 ((긴 부분과 짧은 부분의 비(比)를 전체와 긴 부분의 비와 같게 나눈 가장 조화로운 비))

(1) 밑줄 친 ⓐ와 병렬을 이루는 단어를 찾아 쓰시오.

02 Being different from the crowd does not necessarily mean being against something, but rather ⓐ <u>being strong in one's support for certain new ideas.</u>

(1) 밑줄 친 ⓐ와 병렬을 이루는 어구에 밑줄을 그으시오.

03 Some of the rewards of learning to overcome social anxiety are that it enables you to express aspects of yourself that may previously have been suppressed, ⓐ <u>and</u> that it allows you ⓑ <u>to enjoy</u>, rather than to fear, being yourself.

(1) 밑줄 친 ⓐ가 연결하는 어구에 각각 밑줄을 그으시오.
(2) 밑줄 친 ⓑ의 목적어를 찾아 쓰시오.

04 Researchers have suggested that maintaining good social relations ⓐ depends / depend on the complementary processes of being sensitive to the needs of others ⓑ <u>and</u> making amends or paying compensation when a violation does occur. — 수능응용

(1) ⓐ에서 어법상 알맞은 것을 고르시오.
(2) 밑줄 친 ⓑ가 연결하는 어구에 각각 밑줄을 그으시오.
(3) 다음의 주어진 의미를 갖는 단어를 찾아 빈칸에 쓰시오.

_____ : combining in such a way as to enhance the qualities of each other or another

---

01 ratio 비율 **03** reward 보상; 보상하다 anxiety 불안(감), 염려 aspect 모습, 상; 관점 previously 이전에 suppress 억누르다, 참다; 진압하다 be oneself (남의 영향을 받지 않고) 평소 자신의 모습 그대로이다 **04** complementary 상호 보완적인 make amends 보상해주다 compensation 보상(금) violation 위반, 위배; 방해, 침입

ⓐ <u>A graphic designer</u> from San Francisco who had long been fascinated with graffiti, bought 1,000 notebooks, assigned each a number, and stamped instructions ⓑ inviting / invited people to write, draw, paint, or otherwise fill up the pages, as part of a project named "Everyone has something to say."

(1) 밑줄 친 ⓐ의 동사를 모두 찾아 쓰시오.
(2) ⓑ에서 어법상 알맞은 것을 고르시오.

06

Both honest and dishonest individuals display behaviors like interlocking their fingers or wringing their hands, ⓐ <u>and</u> jurors should not automatically associate ⓑ <u>them</u> with lying and deception.

*interlock 깍지 끼다, 포개다 **wring 비틀다, 쥐어짜다

(1) 밑줄 친 ⓐ가 연결하는 어구에 각각 밑줄을 그으시오.
(2) 밑줄 친 ⓑ가 가리키는 내용을 우리말로 쓰시오.

07

We tend ⓐ <u>to think</u> that positive emotion typically, by its very nature, distorts or disrupts orderly, effective thinking or that, because these emotions are short-lived, they cannot have a long-term impact. –사관학교응용

(1) 삽입어구를 모두 찾아 ( )로 묶으시오.
(2) 밑줄 친 ⓐ의 목적어에 각각 밑줄을 그으시오.

The poor listener thinks he has done his duty when he has said his piece to the best of his ability, ⓐ <u>but</u> the good listener is as keen on his work after he has spoken as while he was speaking.

(1) 밑줄 친 ⓐ가 연결하는 어구에 각각 밑줄을 그으시오.

---

05 graffiti 그래피티, 낙서 assign ~을 지정하다; ~을 배정하다 stamp (도장 등을) 찍다; 우표; 도장 invite 요청하다; 초대하다 otherwise 다른 방법으로; 그렇지 않으면 fill up ~을 가득 채우다 **06** display 보이다, 드러내다; 전시하다 juror 배심원 automatically 기계적으로, 무의식적으로; 자동적으로 deception 속임, 기만 **07** distort 왜곡하다 disrupt 방해하다 orderly 정돈된; 질서 있는 **08** keen 열정적인; 열망하는

[01-06] 다음 문장을 읽고, 주어진 질문에 답하시오.

01

Being a powerful, free individual doesn't mean being able to choose between an infinite number of coffee flavors and styles, ⓐ <u>but</u> being able to demand an economic system that respects, rather than exploits, workers and the environment.

(1) 밑줄 친 ⓐ가 연결하는 어구에 각각 밑줄을 그으시오.

(2) 다음의 주어진 의미를 갖는 단어를 찾아 빈칸에 쓰시오.

_____ : to treat someone unfairly in order to get some benefit for yourself

02

When lack of information stops us from taking action, we feel as though we will be exposed or we may be fooled by liars, ⓐ <u>and</u> we finally decide that it is safer to do nothing. However, if everyone thought like this, there'd be no Edisons or Picassos, and not many books, films or new medicines, either. −EBS 응용

(1) 밑줄 친 ⓐ가 연결하는 어구에 각각 밑줄을 그으시오.

03

The populations of many bird species, tricked by the increasingly weird and unstable weather, are declining rapidly because habitats are being destroyed or undermined and ⓐ food sources are disappearing.

TOPIC ① the relationships between birds' habitats and eating patterns
② the major reasons for the declining bird population

(1) 밑줄 친 ⓐ와 병렬을 이루는 어구에 밑줄을 그으시오.

01 exploit 착취하다; 이용하다; 개발하다 **02** take action 행동에 옮기다 expose (평소에는 가려져 있는 것을) 드러내다; 폭로하다 fool 속이다, 기만하다; 바보 **03** trick 속이다; 속임수 unstable 불안정한 habitat 서식지 undermine 훼손시키다, 약화시키다

04

There are numerous explanations for the fall of the Roman empire, ⓐ <u>but</u> the deeper cause lies in the declining fertility of its soil and the decrease in agricultural yields.

－수능응용

(1) 밑줄 친 ⓐ가 연결하는 어구에 각각 밑줄을 그으시오.

(2) 다음의 주어진 의미를 갖는 단어를 찾아 빈칸에 쓰시오.

_____ : the ability of the soil to produce a lot of good crops or plants

05

If you see a man behave in a rude and uncivil manner to his father or mother, his brothers or sisters, his wife or children, or ⓐ <u>fail</u> to exercise the common courtesies of life at his own table, you may at once decide that he is uneducated, whatever pretensions he may make to gentility.

(1) 밑줄 친 ⓐ와 병렬을 이루는 단어를 찾아 쓰시오.

^{ıll}
고난도
06

In most stable organizations there are highly formal procedures, such as ceremonies for the discredit or exclusion of those ⓐ who / whose activities have been considered harmful and potentially harmful ⓑ <u>and</u> for honoring those whose services are believed to have contributed to the well-being of the membership.

(1) 문장의 주어를 찾아 쓰시오.

(2) ⓐ에서 어법상 알맞은 것을 고르시오.

(3) 밑줄 친 ⓑ가 연결하는 어구에 각각 밑줄을 그으시오.

04 explanation 설명; 이유 fall 멸망, 몰락; 떨어짐; 떨어지다 fertility 비옥도, 생식력 agricultural 농사[농업]의 yield (농작물의) 수확량; 산출하다; 양보하다 **05** uncivil 정중하지 못한 courtesy 예의, 정중함 at once 바로, 즉시 uneducated 무지한, 무식한; 교육받지 못한 pretension 가식, 허세; 주장 gentility 고상함, 품위 **06** stable 안정적인 discredit 불신, 불명예 exclusion 배제, 제외; 추방 honor ~에게 영광[명예]을 주다; 존경하다; 존경

[01-06] 다음 문장을 읽고, 주어진 질문에 답하시오.

01   If you imagine an odor ⓐ <u>seeping</u> into your home, being around you for 24 hours a day and, even worse, destroying your ability to experience pleasant aromas, you can recognize that the odor is a form of pollution ⓑ <u>and</u> that it should be stopped from polluting our community any further.

(1) 밑줄 친 ⓐ와 병렬을 이루는 단어를 모두 찾아 쓰시오.

(2) 밑줄 친 ⓑ가 연결하는 어구에 각각 밑줄을 그으시오.

02   In archaeologists' view, farming communities in the Middle East grew, and when local agriculture could no longer support a rapidly growing population ⓐ <u>or</u> families like grown children of farmers, ⓑ <u>moved on</u> to another place.

(1) 밑줄 친 ⓐ가 연결하는 어구에 각각 밑줄을 그으시오.

(2) 밑줄 친 ⓑ와 병렬을 이루는 단어를 찾아 쓰시오.

03   Some people postpone their thoughts and feelings in order to focus on their daily responsibilities by using various cognitive techniques, such as distracting themselves by keeping busy ⓐ <u>and</u> actively and tangibly taking steps toward the future.

(1) 밑줄 친 ⓐ가 연결하는 어구에 각각 밑줄을 그으시오.

---

01 odor 냄새, 악취; 낌새; 인기 seep 배다, 스미다 aroma 향기 **02** archaeologist 고고학자 move on ~로 이동하다, 옮기다 **03** postpone 미루다, 연기하다 responsibility 책무, 책임 cognitive 인지[인식]의 tangibly 명백히, 만져서 알 수 있게 take a step 조치를 취하다

04 The aim of patent law is ⓐ <u>to prevent</u> disputes with others in advance and by providing an inventor a time-limited monopoly over commercial exploitation of their innovation to encourage innovation.

(1) 밑줄 친 ⓐ와 병렬을 이루는 단어를 찾아 쓰시오. (2단어)

05 Political theorists have tended to understand law more specifically, ⓐ seeing / seen it as ⓑ <u>a distinctive social institution</u> clearly separated from other social rules or norms and only found in modern societies. −사관학교응용

(1) ⓐ에서 어법상 알맞은 것을 고르시오.
(2) 밑줄 친 ⓑ를 수식하는 어구를 각각 ( )로 묶으시오.

06 To stop the spread of fake news, read stories before you share them. You may discover that an article you were about to share is obviously fraudulent ⓐ <u>or</u> too much exaggerated and that on close inspection ⓑ <u>it</u> doesn't really say what the headline promises.

TOPIC ① how to spot fake news ② how to spread fake news

(1) 밑줄 친 ⓐ가 연결하는 어구에 각각 밑줄을 그으시오.
(2) 밑줄 친 ⓑ가 가리키는 것을 찾아 쓰시오.

04 patent 특허 dispute 분쟁, 논란; 이의를 제기하다 in advance 사전에, 미리 monopoly 독점(권) commercial 상업적인, 이윤을 낳는; 상업의 exploitation 이용, 개발; 착취 **05** specifically 명확하게 distinctive 독특한; 구별되는 norm 규범; 표준 **06** fraudulent 속이는, 부정한 *cf.* fraud 사기, 속임수 exaggerate 과장하다 inspection 조사, 점검 headline 주요 제목; 표제 spot 알아채다, 찾다; (작은) 점; 곳, 장소

PART 1

CHAPTER

08

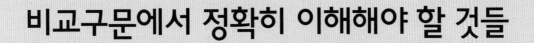

비교구문에서 정확히 이해해야 할 것들

[01-09] 다음 문장을 읽고, 주어진 질문에 답하시오.

01   I know just as little about how to build a robot ____ⓐ____ the nineteen- and twenty-year-old students who are expectantly waiting for me to teach ⓑ <u>them</u> how.

(1) 빈칸 ⓐ에 알맞은 단어를 쓰시오.

(2) 밑줄 친 ⓑ가 가리키는 것에 밑줄을 그으시오.

02   It is sometimes argued that for older people the decision to work is not as important ____ⓐ____ ⓑ <u>that</u> for younger people because there is ⓒ <u>a misunderstanding</u> that their need for income is not as great ____ⓐ____ a younger people's.

(1) 빈칸 ⓐ에 공통으로 들어갈 단어를 쓰시오.

(2) 밑줄 친 ⓑ가 가리키는 것에 밑줄을 그으시오.

(3) 밑줄 친 ⓒ와 동격을 이루는 내용을 우리말로 쓰시오.

03   We are proud of both our products and our services, and we will do everything as ⓐ quick / quickly as we can to see that you get what you want when you want it.

(1) ⓐ에서 어법상 알맞은 것을 고르시오.

04   Whale milk contains around 10 times as much fat as human milk, and ⓐ <u>this fact</u> leads calves to achieve significant growth — the average calf grows as much as 200 pounds per day during its first year. −사관학교응용

(1) 밑줄 친 ⓐ가 가리키는 내용을 우리말로 쓰시오.

01 expectantly 기대하여, 예상하여   02 misunderstanding 오해, 착오   03 see 확인하다, 살피다; 이해하다; 보다   04 calf (코끼리·고래 등의) 새끼

05 The better educated you are — and the more you continue to learn new things — the ⓐ greater / more greatly ⓑ <u>the likelihood</u> that you'll maintain high cognitive functioning is. -모의응용

TOPIC ① effects of active learning on cognitive ability ② strategies for lifelong learning

(1) ⓐ에서 어법상 알맞은 것을 고르시오.
(2) 밑줄 친 ⓑ와 동격을 이루는 부분을 [ ]로 묶으시오.

06 Despite the fact that the majority of evidence ⓐ <u>indicates</u> there is no correlation, much less a cause-and-effect relationship, between cell phone use and brain tumors, the controversy continues.
*brain tumor 뇌종양

(1) 문장의 주어를 찾아 쓰시오.
(2) 밑줄 친 ⓐ의 목적어에 밑줄을 긋고, 바르게 해석하시오.

07 I think no one else is so much to be admired _____ⓐ_____ people who communicate tactfully, being careful not to offend others or ⓑ <u>hurt</u> their feelings.

(1) 빈칸 ⓐ에 알맞은 단어를 쓰시오.
(2) 밑줄 친 ⓑ와 병렬을 이루는 단어를 찾아 쓰시오.

08 The literature of an oppressed people reflects the conscience of man, and ⓐ <u>nowhere is this seen with more intense clarity than</u> in the literature of African-Americans. -사관학교

(1) 밑줄 친 ⓐ를 다음과 같이 바꿀 때 빈칸에 알맞은 단어를 쓰시오.
= this is seen with _____ _____ _____ _____ in the literature of African-Americans.
(2) 다음의 주어진 의미를 갖는 단어를 찾아 빈칸에 쓰시오.
_____ : feelings that tell you whether something you are doing is right or wrong

09 Human beings are born with more instincts _____ⓐ_____ any other animal on Earth, and ⓑ <u>among these instincts are there fear of falling and fear of loud noises.</u>

(1) 빈칸 ⓐ에 알맞은 단어를 쓰시오.
(2) 밑줄 친 ⓑ에서 주어에 동그라미 표시하시오.

05 likelihood 가능성 **06** indicate 보여 주다, 나타내다 correlation 상관관계 controversy 논란 *cf.* controversial 논란이 되는 **07** tactfully 요령 있게, 기술적으로 *cf.* tact 요령, 재치 offend 불쾌하게 하다 **08** oppress 억압[탄압]하다; 압박감을 주다 conscience 양심 intense 강렬한, 극심한 clarity 명확성 **09** instinct 본능

[01-06] 다음 문장을 읽고, 주어진 질문에 답하시오.

01 Grown children can no longer count on their parents to take care of their babies, since their parents are working just as hard as they are ✔, which suggests that the paid child care industry will grow even _____ .
FILL-IN ① smaller ② larger

(1) ✔ 표시된 부분에 생략된 어구를 쓰시오. (2단어)

02 When you make a presentation, your final words should be as clear as the message on an advertisement in a national magazine is, by communicating your idea concisely instead of explaining it in detail.

(1) 생략이 일어난 곳에 ✔ 표시하고 생략된 어구를 찾아 쓰시오.

03 With the wrong attitude, we would spend more time on ⓐ identifying what's wrong with other people and ourselves than we would ✔ on identifying what's right.

(1) 밑줄 친 ⓐ의 목적어에 밑줄을 그으시오.
(2) ✔ 표시된 부분에 생략된 어구를 쓰시오.

01 count on A to-v A에게 v를 기대하다[의지하다] 02 concisely 간결하게 in detail 상세하게, 낱낱이

04 American adults were less sensitive to bad notes in the unfamiliar musical system than ✔ to mistuned notes in their native Western scale, ⓐ <u>because</u> their years of experience with Western music had shaped their perceptual skills.

*mistuned 잘못 조율된

(1) ✔ 표시된 부분에 생략된 어구를 쓰시오. (3단어)

(2) 밑줄 친 ⓐ가 이끄는 절의 동사를 찾아 쓰시오.

(3) 다음의 주어진 의미를 갖는 단어를 찾아 빈칸에 쓰시오.

_____ : reacting quickly or strongly to something

05 ⓐ <u>Experimental studies</u> in which participants are asked to assess photographs of people with or without a companion animal have found that ⓑ <u>people</u> pictured with a cat can be perceived as happier, friendlier and more relaxed than those pictured without an animal present can ✔.

TOPIC the social perception / health benefits of keeping a companion animal

(1) 밑줄 친 ⓐ의 수식어구를 [ ]로 묶으시오.

(2) 밑줄 친 ⓑ의 동사를 찾아 쓰시오.

(3) ✔ 표시된 부분에 생략된 어구를 쓰시오. (2단어)

06 ⓐ <u>Students in underfunded schools are much less likely than their peers to experience hands-on activities in science</u>, making it difficult to build early interest in science and ⓑ <u>gain</u> mastery.

*hands-on 직접 해 보는

(1) 밑줄 친 ⓐ를 바르게 해석하시오.

(2) 밑줄 친 ⓑ와 병렬을 이루는 단어를 찾아 쓰시오.

04 sensitive 민감한; 세심한; 감성 있는 note 음, 음표; 메모 native 태어난 곳의; 원산의 scale 음계; 규모, 범위; 저울 perceptual 지각의 **05** assess 평가하다; 부과하다 companion 반려자, 친구 perceive 인식하다, 인지하다 **06** underfunded 자금 부족을 겪는 peer 또래, 동료 mastery 숙달, 통달

Chapter 08 비교구문에서 정확히 이해해야 할 것들 **83**

[01-06] 다음 문장을 읽고, 주어진 질문에 답하시오.

01

It has been estimated that a child born in the United States today ⓐ <u>will consume</u> at least twenty times as many natural resources during his or her lifetime as a child born in India ✔ and ⓑ <u>contribute about fifty times as much pollution to the environment.</u>

(1) 밑줄 친 ⓐ와 병렬을 이루는 단어를 찾아 쓰시오.

(2) ✔ 표시된 부분에 생략된 어구를 다음과 같이 쓸 때 빈칸에 적절한 단어를 쓰시오.

_____ _____ _____ _____ during his or her lifetime

(3) 밑줄 친 ⓑ에서 생략된 as 이하를 우리말로 쓰시오.

02

In the experiment, two thirds of the subjects who were alone noticed the emergency immediately, but only 25 percent of ⓐ <u>those</u> in groups saw it as quickly.

(1) 밑줄 친 ⓐ가 가리키는 단어를 찾아 쓰시오. (2단어)

(2) 비교 대상이 생략된 부분에 ✔ 표시하고, 생략된 것을 우리말로 쓰시오.

고난도
03

Poetry has the virtue of being able to say twice as much as prose in half the time, and the drawback, if you do not give ⓐ <u>it</u> your full attention, of seeming to say half as much ✔ in twice the time. –Christopher Fry ((英 시인))

(1) 밑줄 친 ⓐ가 가리키는 단어를 찾아 쓰시오.

(2) ✔ 표시된 부분에 생략된 어구를 쓰시오. (3단어)

---

01 estimate 추정하다; 평가하다 **02 subject** 실험 대상자; 주제; ~하기 쉬운 **03 poetry** 시, 운문 **virtue** 장점; 미덕; 선행 **prose** 산문, 줄글 **drawback** 결점, 문제점

04

As children grow, their attention spans become longer, they become more selective in what they attend to, and they are better able to plan and carry out systematic strategies for using their senses to achieve goals.

(1) 문장에서 생략된 비교 대상으로 알맞은 것을 고르시오.

① than adults   ② than before

05

A researcher found that teachers who adapt their teaching to the level of each student ⓐ [was / were] significantly more likely to provide support to students with personal difficulties.

(1) ⓐ에서 어법상 알맞은 것을 고르시오.

(2) 문맥상 생략된 than 이하를 우리말로 쓰시오.

06

Granting that there is perhaps no period in life quite as stressful as the last year of high school, students can become more engaged in what they are doing when they see the big picture and avoid being weighed down by the strains of their present circumstances. —모의응용

(1) 문장의 주어를 찾아 쓰시오.

(2) 문맥상 생략된 than 이하를 우리말로 쓰시오.

---

04 selective 선별적인, 조심해서 고르는; 선택적인 attend 주의를 기울이다; 참석하다 carry out ~을 수행하다 **05** adapt 맞추다, 조정하다; 적응하다 **06** granting (that) ~이라 하더라도 engage 몰두하다; 고용하다 weigh down ~을 짓누르다 strain 중압(감), 부담; (근육 등을) 혹사하다

[01-07] 다음 문장을 읽고, 주어진 질문에 답하시오.

01 Employers, at the point of graduation, may not so much treasure a student's grades as the habits and attitudes which those grades signify.

(1) 고용주들이 더 중요하게 생각하는 것을 고르시오.

　① 졸업생들의 성적　　② 졸업생들의 습관과 태도

02 It makes no sense to speculate or ask your friends about why people do certain things, because ⓐ friends have no more insight than you have. The only rational way to find it out is to ask the person who did it why he or she did it.

(1) 밑줄 친 ⓐ를 바르게 해석하시오.

(2) 두 번째 문장의 동사를 찾아 쓰시오.

03 ⓐ Material incentives are no less important in stimulating invention than they are ✔ in encouraging other economic activities, but they are far from the only drivers of innovation.

(1) ✔ 표시된 부분에 생략된 단어를 쓰시오.

(2) 밑줄 친 ⓐ를 다음과 같이 바꿀 때 빈칸에 적절한 단어를 쓰시오.

　= Material incentives are just ＿＿＿＿＿＿＿ important in stimulating invention ＿＿＿＿＿＿＿ they are in encouraging other economic activities

01 treasure 높이 평가하다, 귀하게 여기다; 보물, 귀중품 signify 나타내다, 보여주다; 중요하다 **02** speculate 추측하다; 투기하다 insight 통찰력; 이해 rational 합리적인, 이성적인 **03** stimulate 촉진시키다; 자극하다 drive (심리적인) 동기; 추진력 innovation 혁신 intrinsic 내재된, 본질적인 extrinsic 외적인, 외부의

86 구조·구문편

04 In a report about future jobs, ⓐ <u>no less than half of all workers</u> are expected to require significant reskilling or upskilling over the next three years, _____ some jobs will become fully automated, and other positions will require a unique blend of technology and human touch.

FILL-IN ① because ② however

(1) 밑줄 친 ⓐ를 다음과 같이 바꿀 때 빈칸에 알맞은 단어를 쓰시오.

= as _____ as half of all workers

05 Radiocarbon dating is only accurate for dating objects that are ⓐ <u>no more than about 50,000 years old</u>, while another dating method ⓑ <u>enables</u> archaeologists to make relatively precise measurements to 200,000 years.

*radiocarbon dating 방사성 탄소 연대측정법 ((방사성 탄소를 이용하여 물질의 연대를 측정하는 방법))

(1) 밑줄 친 ⓐ를 다음과 같이 바꿀 때 빈칸에 알맞은 단어를 쓰시오.

= _____ about 50,000 years old

(2) 밑줄 친 ⓑ의 목적격보어에 밑줄을 그으시오.

06 Just a few hundred years ago, the average human being, isolated in rural villages and small walled towns, might come in contact with ⓐ <u>not more than a few hundred people</u> in a lifetime.

(1) 문장의 동사를 찾아 쓰시오.

(2) 밑줄 친 ⓐ를 바르게 해석하시오.

07 In America in the 1950s, almost every parent ⓐ <u>lived</u> in dread of extreme cold fronts coming in from Canada, and therefore insisted that their children wear winter clothing for ⓑ <u>not less than</u> seven months of the year.

(1) 밑줄 친 ⓐ와 병렬을 이루는 단어를 찾아 쓰시오.

(2) 밑줄 친 ⓑ와 바꿔 쓸 수 있는 것을 고르시오. ① at least ② at most

---

04 reskill ~을 재교육하다; 새로운 기술을 배우다 upskill 새로운 기술을 배우다[가르치다] automate 자동화하다 blend 조합; 혼합 **05** accurate 정확한, 정밀한 date ~의 연대를 추정하다; 날짜를 적다; 날짜 enable 가능하게 하다 relatively 비교적 precise 정확한 measurement 측정 **06** isolated 고립된, 외딴 walled 벽으로 둘러싸인 **07** in dread of ~을 두려워하는 front (기상) 전선 *cf.* cold[warm] front 한랭[온난] 전선

PART 1

CHAPTER

09

아는 것 같지만
한 번 더 생각해야 하는 구문

[01-07] 다음 문장을 읽고, 주어진 질문에 답하시오.

01
By ⓐ its domination of the time families spend together, a television destroys ⓑ the special quality distinguishing one family's rituals, games, recurrent jokes, familiar songs, and shared activities from another's. -경찰대응용

(1) 밑줄 친 ⓐ에서 it이 가리키는 것을 찾아 쓰시오.
(2) 밑줄 친 ⓑ를 수식하는 부분을 ( )로 묶으시오.

02
As the case on the Canada-US Free Trade Agreement shows, ⓐ it was important for Canada to gain the attention of US political leadership to increase Canadian power in the negotiation. _____ of attention by the stronger party is often a sign that ⓑ it does not consider the other side particularly powerful or significant. -사관학교응용

FILL-IN ① Lack ② Focus

(1) 밑줄 친 ⓐ와 ⓑ 중 지시대명사를 고르고, 그것이 가리키는 것을 찾아 쓰시오.

03
In ancient Rome, candidates wore pure white togas to indicate that ⓐ they were above any dirty work; however, it is interesting to note that ⓑ those were discarded after elections.

*toga 토가 ((고대 로마 시민이 입던 헐렁한 겉옷))

(1) 밑줄 친 ⓐ가 가리키는 것을 찾아 쓰시오.
(2) 밑줄 친 ⓑ가 가리키는 것을 찾아 쓰시오. (1단어)
(3) 다음의 주어진 의미를 갖는 단어를 찾아 빈칸에 쓰시오.

_____ : to get rid of something that you no longer want or need

04
In deciding on your future career, it is no use concentrating on ⓐ those areas in which you have achieved your best scores, unless you are interested in ⓑ them.

SUMMARY Choose a career that matches your competence / interests .

(1) 밑줄 친 ⓐ를 수식하는 부분을 [ ]로 묶으시오.
(2) 밑줄 친 ⓑ가 가리키는 내용을 우리말로 쓰시오.

---

01 domination 지배 distinguish A from B A와 B를 구별 짓다 ritual 의례[의식]; 의례적인 recurrent 반복되는, 되풀이되는 familiar 친숙한, 잘 아는 **02** negotiation 협상, 협의, 교섭 party 당사자 sign 징후, 표시 significant 중요한 **03** candidate 후보자, 출마자; 지원자 indicate 나타내다 note 주목하다; 언급하다 discard 버리다; 해고하다

05

ⓐ <u>Let's tell young people the best books are yet to be written</u>; the best painting, the best government, and the best of everything is yet to be done by ⓑ <u>them</u>.

－John Erskine ((美 작가))

(1) 밑줄 친 ⓐ를 바르게 해석하시오.
(2) 밑줄 친 ⓑ가 가리키는 것을 찾아 쓰시오.

06

The past few years have seen a lot of debate about how to spread democracy, but almost none of ⓐ <u>it</u> was about how to keep ⓑ <u>it</u> alive in places where ⓒ <u>it</u> is under attack.

(1) 밑줄 친 ⓐ가 가리키는 것을 찾아 쓰시오. (1단어)
(2) 밑줄 친 ⓑ, ⓒ가 공통으로 가리키는 것을 찾아 쓰시오.

ıll
고난도

07

Due to the Copernican theory, many people assume that the sun is the center of the universe, fixed in space. But in reality, ⓐ <u>it</u> is dragged along in the tides of our galaxy and bounces up and down like a ship in the ocean.

*Copernican theory 코페르니쿠스의 학설, 지동설 ((태양을 중심으로 지구도 회전운동을 한다는 이론))

(1) 밑줄 친 ⓐ가 가리키는 것을 찾아 쓰시오.

---

06 debate 논쟁, 토론 democracy 민주주의, 민주 국가 under attack 공격을 받는 07 fix 고정시키다 drag 끌다 tide 조수 bounce 흔들리다 stationary 움직이지 않는, 정지된

[01-06] 다음 문장을 읽고, 주어진 질문에 답하시오.

01
In a company where people are constantly pressured with deadlines, ⓐ <u>it</u> would be hard to be creative, because they use so much energy to put up with stress that would disturb them in the performance of their jobs.

(1) 문장에서 if절의 의미를 내포하는 어구를 찾아 밑줄을 그으시오.

(2) 밑줄 친 ⓐ의 진주어를 찾아 쓰시오.

02
The manager left his job right after the company refused to provide even a small raise, saying ⓐ <u>even a one-percent raise would have been adequate</u> to show recognition and appreciation.

(1) 밑줄 친 ⓐ와 의미가 일치하는 if 가정법 문장을 완성하시오.

= _____ _____ _____ _____ even a one-percent raise, it would have been adequate

03
While I think it a very good idea to investigate ⓐ <u>the potential</u> that other venues, such as the Internet, have for fostering political and civic engagement in our children, I think ⓑ <u>it would be harmful to pay attention only to these venues and ignore schools</u>.

(1) 밑줄 친 ⓐ를 수식하는 부분을 [ ]로 묶으시오.

(2) 밑줄 친 ⓑ와 의미가 일치하는 if 가정법 문장을 완성하시오.

= _____ _____ _____ attention only to these venues and ignored schools, it would be harmful

---

01 constantly 끊임없이, 거듭 interrupt 방해하다, 가로막다; 중단시키다 put up with ~을 참다, 견디다 disturb 방해하다, 저해하다 **02** adequate 충분한, 적절한 recognition 인정 appreciation 존중, 감사; 감상 **03** venue 장소 foster 촉진하다, 육성하다; 돌보다; (마음에) 품다

04 You would get a great feeling ⓐ <u>knowing</u> your donation helping students make it through hard times ⓑ boxed[supports / support] the formation of future leaders.

(1) 밑줄 친 ⓐ 이하의 분사구문과 의미가 일치하는 if가정법 문장을 완성하시오.

= _____ _____ _____ your donation helping students make it through hard times ~

(2) ⓑ에서 어법상 알맞은 것을 고르시오.

05 You may even value a ticket which might ⓐ <u>otherwise</u> be just a piece of paper, because it evokes memories of going to see your favorite band in concert.

(1) 밑줄 친 ⓐ와 의미가 일치하는 if 가정법 문장을 완성하시오.

= if you did _____ _____ a ticket

(2) 다음의 주어진 의미를 갖는 단어를 찾아 빈칸에 쓰시오.

_____ : to bring a particular emotion, idea, or memory into your mind

06 We stored the camping car in our backyard all this winter, ⓐ boxed[leaving / left] some cookies in there, and ⓑ <u>mice</u> which would not ⓒ <u>otherwise</u> have been there were attracted by the food and shredded all the curtains, screens, and cushions.

(1) ⓐ에서 어법상 알맞은 것을 고르시오.

(2) 밑줄 친 ⓑ를 수식하는 부분을 [ ]로 묶으시오.

(3) 괄호 안의 어구를 활용하여 밑줄 친 ⓒ와 의미가 일치하는 if 가정법 문장을 완성하시오.

= if we _____ _____ _____ some cookies in the camping car **(leave)**

---

04 donation 기부 make it (힘든 경험 등을) 이겨 내다; 성공하다 formation 육성, 발달; 형성 05 value 소중히 여기다 otherwise 그렇지 않으면[않았다면] evoke 불러일으키다, 떠올리게 하다 06 shred 갈기갈기 찢다; 조각; 조금

[01-07] 다음 문장을 읽고, 주어진 질문에 답하시오.

01 In nature, optimal levels of resources for growth ⓐ <u>are not always available</u>, therefore plants have many different strategies related to coping with water loss or excess in various extremes.

(1) 밑줄 친 ⓐ의 의미로 알맞은 것을 고르시오.

① cannot be obtained at all   ② can be obtained sometimes

02 Academic intelligence is not enough to achieve _____ success. Lawyers who win more cases, prestigious doctors who service more patients, and brilliant professors, successful businesspeople and managers who achieve the best results, ⓐ <u>were not necessarily the most intelligent</u> in their classes at school.

FILL-IN ① collaborative   ② professional

(1) 밑줄 친 ⓐ의 의미로 알맞은 것을 고르시오.

① were not the most intelligent in any way   ② were possibly the most intelligent but not definitely so

03 Even though there is ⓐ <u>argument</u> over what constitutes a hero, ⓑ <u>few among us fail to admire heroic acts.</u> ―사관학교

(1) 밑줄 친 ⓐ를 수식하는 부분을 ( )로 묶으시오.
(2) 밑줄 친 ⓑ의 의미로 알맞은 것을 고르시오.

① almost all of us admire heroic acts   ② none of us admire heroic acts

---

01 optimal 최적의, 최선의 excess 과잉, 과도 **02** case 소송; 경우 prestigious 일류의, 명망 있는 service (서비스를) 제공하다; 서비스 **03** constitute ～이 되는 것으로 여겨지다; ～을 구성하다; 설립하다 admire 감탄하다; 존경하다

_____ ⓐ _____ your life and expectations to become anything but ⓑ <u>deeply personal reflections</u> of what matters most to you — let your life goals guide you.

(1) 빈칸 ⓐ에 알맞은 것을 고르시오. ① Allow   ② Don't allow
(2) 밑줄 친 ⓑ를 수식하는 부분을 ( )로 묶으시오.

05

ⓐ <u>The process</u> of gaining access to and accumulating social capital is ⓑ <u>far from being neutral</u>, which discourages disadvantaged students from securing important academic and occupational resources.

(1) 밑줄 친 ⓐ의 동사를 찾아 쓰시오.
(2) 밑줄 친 ⓑ의 의미로 알맞은 것을 고르시오. ① biased   ② impartial

06

ⓐ <u>Who can say that the publication can survive without advertising?</u> That is why it is absolutely acceptable for the companies that want coverage ⓑ <u>to contribute</u> to the financial stability of the publication.

(1) 밑줄 친 ⓐ와 의미가 일치하는 문장을 만들 때, 빈칸에 알맞은 것을 고르시오.
   = _____ that the publication can survive without advertising.
   ① Everyone can say   ② No one can say
(2) 밑줄 친 ⓑ의 의미상의 주어의 범위에 밑줄을 그으시오.

07

Just because some couples insist that cultural differences between them don't matter at all does not imply they were not issues. Probably they have somehow managed to overcome or resolve these areas of difference.

(1) 첫 번째 문장의 의미로 알맞은 것을 고르시오.
   ① 부부들이 문화적 차이가 중요하지 않다고 주장한다고 해서, 그것들이 문제가 아니었다는 것은 아니다.
   ② 부부들이 문화적 차이가 중요하지 않다고 주장한 경우에는, 그것들이 문제가 아니었다.

---

04 reflection 반영 matter 중요하다; 문제, 일 **05** accumulate 축적하다 social capital 사회적 자본 neutral 중립의 disadvantaged 사회적으로 혜택을 받지 못한, 빈곤한 secure 확보하다 occupational 직업의 biased 편향된, 선입견이 있는 impartial 공정한 **06** publication 간행물, 출판물 acceptable 받아들여지는, 용인되는 coverage 보도, 방송; 범위 stability 안정 **07** imply 의미하다, 암시하다 somehow 어떻게든 resolve 해결하다

[01-06] 다음 문장을 읽고, 주어진 질문에 답하시오.

01

ⓐ The hypothesis of Charles Darwin that ⓑ evolution is caused by ⓒ the survival of the fittest in the struggle for existence became a topic of discussion for the rest of the century.

(1) 밑줄 친 ⓐ의 동사를 찾아 쓰시오.

(2) 밑줄 친 ⓑ와 ⓒ 중, 원인과 결과를 각각 고르시오.   원인: _____   결과: _____

02

The concepts of residential mobility and school mobility ⓐ overlaps / overlap significantly in the context of concern about lowering students' welfare, in part because ⓑ frequent school mobility is often brought about by ⓒ family residential mobility.

(1) ⓐ에서 어법상 알맞은 것을 고르시오.

(2) 밑줄 친 ⓑ와 ⓒ 중, 원인과 결과를 각각 고르시오.   원인: _____   결과: _____

(3) 다음의 주어진 의미를 갖는 단어를 찾아 빈칸에 쓰시오.

_____ : the ability to move between places, jobs, or social classes

03

ⓐ The fact that ⓑ the arts are regarded as less important in education than subjects clearly based on reasoning can largely be accounted for by ⓒ the belief that emotions get in the way of reason's proper workings.

SUMMARY The belief that the arts affect reasoning makes them more appreciated / neglected than other subjects.

(1) 밑줄 친 ⓐ와 ⓒ 중, 원인과 결과를 각각 고르시오.   원인: _____   결과: _____

(2) 밑줄 친 ⓑ의 비교 대상에 밑줄을 그으시오.

---

01 hypothesis 가설 evolution 진화 **02** residential 주거의 overlap 겹치다 significantly 상당히 welfare 행복, 복지 frequent 빈번한 **03** A be regarded as B A가 B로 여겨지다 reasoning 추론, 추리 account for ~을 설명하다 get in the way of ~을 방해하다

04 The reason for children comprehending far more if they are watching TV _____@_____ than they do with their parents, who explain new words and ideas to them, is attributed to the fact that when TV requires thought, they spend more time thinking for themselves.

(1) 빈칸 ⓐ에 알맞은 것을 고르시오. ① alone   ② with their friends
(2) 문장 전체의 동사를 찾아 쓰시오.

05 ⓐ Preconscious, automatic thoughts normally precede and induce ⓑ emotions, which are then followed by ⓒ conscious thoughts about how to deal with the situation, including whether to express the emotion and, if so, in what manner.

(1) 밑줄 친 ⓐ, ⓑ, ⓒ를 일어나는 순서대로 쓰시오.

06 ⓐ Organizational innovation, if it is to be successful and useful, should be preceded by participatory discussion, listening and more listening, attempts to define opposing points of view, and ⓑ the seeking of a consensus.

(1) 밑줄 친 ⓐ와 ⓑ 중, 먼저 일어나야 하는 일을 고르시오.
(2) 다음의 주어진 의미를 갖는 단어를 찾아 빈칸에 쓰시오.

_____ : agreement among all the people involved

04 comprehend 이해하다 be attributed to A A 때문이다. A에 기인하다 05 preconscious 의식보다 앞선 precede 선행하다 induce 유도하다, 설득하다; 유발[초래]하다 deal with ~을 처리하다, 다루다 06 participatory 참여의, 참가의 attempt 시도; 시도하다 define 밝히다; 정의하다 opposing 반대의, 대립되는 consensus 합의, 의견 일치

Move Forward

구조·구문편ㅣ **길고 복잡한 문장에 대처하라**

CHAPTER

10

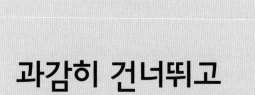

과감히 건너뛰고
적극적으로 예측하라

[01-07] 다음 문장을 읽고, 주어진 질문에 답하시오.

01

The value of caring for children is widely shared in other cultures, but Confucianism places special emphasis on ⓐ filial piety, caring for elderly parents.

*Confucianism 유교 **filial piety 효도, 자식의 도리

(1) 밑줄 친 ⓐ와 동격을 이루는 부분에 밑줄을 그으시오.

02

Positive thinking has, as an important part of our life, ⓐ two great advantages — the bringing of success and the realizing of dreams.

(1) 밑줄 친 ⓐ에 대한 부연 설명에 해당하는 내용을 찾아 우리말로 쓰시오.

03

The basic three-part structure of the advertising industry in Britain — later to spread throughout the world — was established: advertisers, who bought space for their advertisements; media, who sold the space; and agencies, who were ⓐ middlemen selling space on behalf of the media and creating advertisements for the advertisers.

(1) 두 번째 줄의 콜론(:) 이하의 내용이 부연 설명하는 어구를 찾아 밑줄을 그으시오.
(2) 밑줄 친 ⓐ를 수식하는 부분을 ( )로 묶으시오.

04

Everyone, even the truly good among us, ⓐ makes / make mistakes; if a close friend injured you, pretend as though you had not noticed it — that's the essence of forgiveness and what good friends do.

(1) ⓐ에서 어법상 알맞은 것을 고르시오.
(2) 첫 번째 줄의 세미콜론(;)을 연결사로 바꿀 때, 문맥상 알맞은 것을 고르시오.
  ① therefore   ② however   ③ instead
(3) 다음의 주어진 의미를 갖는 단어를 찾아 빈칸에 쓰시오.
  _____ : the most important part of something

---

01 place emphasis on ~을 강조하다 **03** throughout ~의 전체에 걸쳐; ~동안 내내 middleman 중간 상인, 중개인; 중재자 on behalf of ~을 대신해서
04 essence 본질

05

ⓐ <u>A severely limiting belief</u> many of us have — that if we weren't successful yesterday, we can't be successful today — keeps us tied to our past mistakes and limitations.

(1) 밑줄 친 ⓐ와 동격을 이루는 내용을 찾아 우리말로 쓰시오.
(2) 관계사가 생략된 관계사절을 찾아 [ ]로 묶으시오.

06

Although ⓐ <u>literary study may seem impractical in one sense</u> — few people make a living out of reading books — in another, it is vital and necessary. Literature records and embodies centuries of human thought and feeling, preserving the lives of ⓑ <u>people</u> who lived before us, who were like us and unlike us, and with whom we can compare our common and divergent humanity.

(1) 밑줄 친 ⓐ에 대한 부연 설명에 해당하는 부분을 찾아 밑줄을 그으시오.
(2) 밑줄 친 ⓑ를 수식하는 관계사절을 모두 찾아 각각 [ ]로 묶으시오.
(3) 다음의 주어진 의미를 갖는 단어를 찾아 빈칸에 쓰시오.

_____ : tending to be different or develop in different directions

07

ⓐ <u>The one significant divide</u> that did arise from the Second World War — the division between a largely communist Eastern Europe and a capitalist West — actually produced a clear boundary in the geography of tourism. There was rapid tourism development in the West and relatively _____ in the East, which had low political stability.

FILL-IN ① slow evolution of geography　② little international travel

(1) 밑줄 친 ⓐ와 동격을 이루는 부분을 찾아 ( )로 묶으시오.

---

05 tie 얽매다, 구속하다; 묶다 **06** literary 문학의, 문학적인　make a living 생계를 꾸리다　embody 구체화하다, 구현하다　divergent 서로 다른; 발산하는　humanity 인간성; 인류 **07** divide 경계선, 분수령; 나뉘다; 나누다　communist 공산주의(자)의; 공산주의자　capitalist 자본주의인; 자본주의자　boundary 경계(선)　geography 지형(도); 지리(학)　stability 안정(성)

[01-08] 다음 문장을 읽고, 주어진 질문에 답하시오.

01
Many popular magazines are now published in a range of editions, with each edition ⓐ targeting / targeted a specific readership or interest group. _____ⓑ_____, *Time* is published in more than 350 different editions, including one for doctors, one for teachers, and another for college students.

(1) ⓐ에서 어법상 알맞은 것을 고르시오.

(2) 빈칸 ⓑ에 알맞은 것을 고르시오. ① Moreover   ② For instance

02
Ever since cave dwellers used fire for heat and light, our quest for well-being has depended largely on our ability to utilize ⓐ natural resources e.g., water, coal, petroleum.

*petroleum 석유

(1) 밑줄 친 ⓐ의 예시에 해당하는 부분을 찾아 밑줄을 그으시오.

03
Our emotional biases that _____ nearby, singular, vivid events can stir us to action in a broader sense. ⓐ Take the psychological feeling of closeness. If someone in our family develops cancer, we may be inspired to raise money for research on that particular disease.

FILL-IN ① favor   ② dislike

(1) 밑줄 친 ⓐ를 바르게 해석하시오.

04
Technological decisions often have ⓐ extremely long-term or undesirable consequences, especially regarding the extraction of non-renewable resources and the depositing of toxic substances.

(1) 밑줄 친 ⓐ의 예시에 해당하는 부분을 찾아 밑줄을 그으시오.

---

01 edition (간행물의) 판 readership 독자층[수] interest group 이익 단체 **02** dweller 거주자; ~에 사는 동물 quest 추구, 찾음, 탐구 utilize 활용[이용]하다 **03** singular 독특한; ((문법)) 단수의; 뛰어난; 하나뿐인 stir 자극하다; 유발하다; (음료 등을) 젓다 broad 넓은 closeness 친근, 친밀; 접근 be inspired to-v v할 마음이 생기다, v하도록 영감 받다 raise money 돈을 모으다, 모금하다 favor 호의를 보이다 **04** extraction 추출 deposit 침전하다, (특정한 곳에) 누다; 예금하다

05 As it is difficult to determine the source, or ⓐ <u>"owner"</u>, of an idea or a phrase, ⓑ <u>the ownership of intellectual work</u> — the matter of intellectual property — is not as _____ as it might seem.

FILL-IN ① straightforward　② complicated

(1) 밑줄 친 ⓐ와 동격을 이루는 것을 찾아 쓰시오.

(2) 밑줄 친 ⓑ를 부연 설명하는 부분을 (　)로 묶으시오.

06 If you are unsure of what you want to accomplish, it can be easy to fall into ⓐ <u>the trap</u> of pursuing the goals of others, which can interfere with ⓑ <u>your effort</u> to make smart decisions and accomplish what you want in life. －모의응용

(1) 밑줄 친 ⓐ와 동격을 이루는 것을 찾아 쓰시오. (5단어)

(2) 밑줄 친 ⓑ와 동격을 이루는 부분을 (　)로 묶으시오.

07 In spite of ⓐ <u>the fact</u> that a major part of being a homemaker consists of the nurturance and socialization of the next generation of citizens, it is frequently not even acknowledged as work or as productive, either at the personal or at the policy level.

(1) 밑줄 친 ⓐ와 동격을 이루는 부분을 [　]로 묶으시오.

(2) 다음의 주어진 의미를 갖는 단어를 찾아 빈칸에 쓰시오.

_____ : to accept or admit that something exists, is true, or is real

고난도
08 ⓐ <u>Playing devil's advocate about a subject</u> (i.e., taking the opposing side's point of view in order to have a good discussion about something) gives you ⓑ <u>credibility</u> — the power of which cannot be understated — by showing counterparts that you have considered other points of view before taking your stance.

(1) 밑줄 친 ⓐ와 동격을 이루는 것을 찾아 우리말로 쓰시오.

(2) 밑줄 친 ⓑ에 대한 부연 설명에 해당하는 부분을 (　)로 묶으시오.

---

05 property 재산, 소유물; 부동산　straightforward 간단한, 복잡하지 않은; 솔직한　complicated 복잡한　**06** fall into the trap ~의 덫에 빠지다　interfere with ~을 방해하다　**07** in spite of ~에도 불구하고　homemaker 주부　nurturance 양육, 돌봄　acknowledge 인정하다　**08** advocate 옹호자; 변호사; 지지하다　credibility 신뢰성　understate 축소해서 말하다　counterpart 상대방　stance 입장, 태도; 자세

[01-08] 다음 문장을 읽고, 주어진 질문에 답하시오.

01

The list of _____ⓐ_____ consequences of invasive species on their host environment is lengthy; they can cause local or global extinction of species as well as complete disruption of an ecosystem's structure and function.

(1) 빈칸 ⓐ에 들어갈 알맞은 것을 고르시오.   ① cultural   ② ecological

02

Identical twins who are separated at birth and raised apart in very different situations have been found to share personality traits. In addition, the twins held _____ⓐ_____ jobs, as they share job preferences.

(1) 첫 번째 문장의 동사를 찾아 쓰시오.
(2) 빈칸 ⓐ에 들어갈 알맞은 것을 고르시오.   ① similar   ② different

고난도
03

Many people today seek more and more privacy. Accidental contacts they do have, furthermore, ⓐ seems / seem _____ⓑ_____ intrusive, not only because ⓒ they are unsought but because they ultimately cannot be trusted by people.

(1) ⓐ에서 어법상 알맞은 것을 고르시오.
(2) 빈칸 ⓑ에 들어갈 알맞은 것을 고르시오.   ① more   ② less
(3) 밑줄 친 ⓒ가 가리키는 것을 찾아 쓰시오.

04

ⓐ The economy benefits from the presence of immigrants, because immigrants on average pay considerably more in taxes during their lives than they receive in government benefits, and as additional consumers, they increase demand for the products and services as well.

(1) 밑줄 친 ⓐ의 원인으로 언급되지 않은 것을 고르시오.
   ① 이민자들은 대체로 더 많은 세금을 낸다.
   ② 이민자들은 정부 보조금을 받지 않는다.
   ③ 이민자들이 추가적인 소비자의 역할을 한다.

---

01 invasive 침입하는; 침해하는 lengthy 매우 긴, 장황한 02 identical twin 일란성 쌍둥이 preference 선호(도) 03 intrusive 거슬리는, 침입하는 unsought 원치 않는, 찾지 않는 04 presence 존재, 있음; 참석 immigrant 이민자, 이주자 benefit 보조금, 수당; 혜택

05 ⓐ I'd really like, if I ever get some extra cash, to buy a new laptop computer, because the one I have now is breaking down and, besides, it's too heavy to carry around.

(1) 밑줄 친 ⓐ의 이유로 언급된 것을 우리말로 쓰시오.

06 ⓐ You are not the same person you were a few years ago, in fact, ⓑ you aren't the same person you were a few seconds ago. ⓒ Even as you sit here reading, your cells are growing, dying, multiplying, and dividing.

SUMMARY ▶ You are in a state of constant adaptation / change.

(1) 밑줄 친 ⓐ에 대한 강조와 예시로 적절한 것을 ⓑ, ⓒ 중에서 골라 쓰시오.
강조: _____ 예시: _____

07 Many individuals and communities come to want that governments step in and provide more active and immediate disaster relief to those affected rather than that they just grant financial subsidies. As a matter of fact, many losses caused by natural hazards are ____ⓐ____ to calculate in monetary terms.

(1) 빈칸 ⓐ에 알맞은 것을 고르시오. ① possible ② impossible

08 The fish, chicken, or yogurt you enjoy is ⓐ a natural appetite suppressant, one that is safe and works effectively. Actually, these foods provide satiety — the nice feeling of being satisfied after a meal — ⓑ which may reduce your desire to overeat at the next meal.

(1) 밑줄 친 ⓐ의 부연 설명에 해당하는 내용을 찾아 우리말로 쓰시오.
(2) 밑줄 친 ⓑ의 선행사를 찾아 쓰시오. (1단어)

---

05 carry around 들고 다니다 **06** even as ~하는 그 순간에도 multiply 증식[번식]하다; 곱하다 adaptation 적응; 각색 **07** step in 개입하다 relief 구호(물자); 안도, 안심; (고통의) 경감 grant 주다, 부여하다; 승인하다; 보조금 subsidy 보조금, 장려금 monetary 금전적인; 화폐[통화]의 **08** suppressant 억제제 satiety 포만(감) overeat 과식하다

[01-07] 다음 문장을 읽고, 주어진 질문에 답하시오.

01

Objective description is an attempt to tell only the bare facts about a subject. ⓐ It tries to describe things as they are, without any interference from the writer's personal perceptions or feelings. Impressionistic description, on the contrary, ____ⓑ____ the writer's perceptions and feelings.

(1) 밑줄 친 ⓐ가 가리키는 것을 찾아 쓰시오.

(2) 빈칸 ⓑ에 알맞은 것을 고르시오.　① ignores　② emphasizes

02

ⓐ The probability that you select a red ball from an opaque box is not affected by how many times a black ball has previously been selected. _____ⓑ_____, the probability of having a baby of a certain gender has nothing to do with earlier births.

TOPIC | independence / dependence | in the occurence of individual events

(1) 밑줄 친 ⓐ와 동격을 이루는 부분을 [　]로 묶으시오.

(2) 빈칸 ⓑ에 알맞은 것을 고르시오.

　① Similarly　② In contrast

03

If production workers find out ⓐ that a device assembled two weeks ago has a problem with it, they almost certainly won't recall the circumstances surrounding the operation at that time in order to assess why the error might have occurred. _____ⓑ_____, if the feedback is received the next day or, better yet, the same day, immediate corrective action can be taken.

SUMMARY | Identifying a problem | quickly / professionally | is important.

(1) 밑줄 친 ⓐ가 이끄는 절에서 동사를 찾아 쓰시오.

(2) 빈칸 ⓑ에 알맞은 것을 고르시오.

　① In the same way　② On the other hand

---

01 bare 있는 그대로의; 벌거벗은, 맨 **interference** 간섭, 참견, 방해 **impressionistic** 인상주의적인 **02 probability** 확률, 가능성 **opaque** 불투명한; 이해하기 힘든 **have nothing to do with** ~와 관련이 없다 **03 assemble** 조립하다; 모이다, 모으다 **recall** 기억해내다, 상기하다 **corrective** 바로잡는, 교정하는 **take action** 조치를 취하다

04

ⓐ Children who are exposed to dirt and germs are less likely to have allergies and asthma later in life. _____ⓑ_____, as couples continue to have conflicts, they build up the immune system of their relationship.

(1) 밑줄 친 ⓐ를 수식하는 부분을 [ ]로 묶으시오.
(2) 빈칸 ⓑ에 알맞은 것을 고르시오.
　　① In the same way　　② On the other hand

05

According to a survey of 457 passengers who experienced serious airplane evacuations, though the preflight safety briefing was ____ⓐ____, the respondents wished there had been a more vivid and practical warning than the one they got.

(1) 빈칸 ⓐ에 알맞은 것을 고르시오.　① helpful　　② absent
(2) 관계대명사절을 모두 찾아 [ ]로 묶으시오.

06

It is a grave mistake to think that a computer might be able to give advice or provide a judgment on an important issue for which we ourselves have no clear guidelines. There is, ____ⓐ____, ⓑ one field in which computers will always perform infinitely better than us: the field of memory and recollection.

(1) 빈칸 ⓐ에 알맞은 것을 고르시오.　① similarly　　② however
(2) 밑줄 친 ⓑ를 부연 설명하는 어구를 찾아 쓰시오.

07

Some people believe more work may produce better writing. _____ⓐ_____, when we excessively think about a writing task, we are more likely to introduce irrelevant considerations and inappropriate modifiers.

*modifier 수식어

(1) 빈칸 ⓐ에 알맞은 것을 고르시오.　① That is　　② In fact
(2) 접속사가 생략된 부분을 찾아 ✔ 표시하시오.

---

04 asthma 천식 immune system 면역 체계 **05** evacuation 대피, 피난; 철수; 퇴거 briefing 간결한 설명, 브리핑 **06** grave 중대한, 심각한; 무덤, 묘 infinitely 엄청, 대단히; 무한히 recollection 회상; 기억(력) **07** excessively 지나치게 irrelevant 무관한, 상관없는 inappropriate 부적절한

PART 2

CHAPTER

1 1

구문의 짝을 찾아라

[01-08] 다음 문장을 읽고, 주어진 질문에 답하시오.

01 It is important to expect nothing, to take every experience, including the negative ones, as merely steps on the path, and to proceed. –Ram Das ((美 심리학자))

(1) 진주어를 모두 찾아 밑줄을 그으시오.

02 For adults, it may be difficult learning not ⓐ to interfere with but rather to support a child's desire for freedom and autonomy. –사관학교응용

(1) 진주어를 찾아 첫 번째 단어를 쓰시오.
(2) 밑줄 친 ⓐ와 병렬을 이루는 것을 찾아 쓰시오.

ıl
고난도
03 It is well known ⓐ that attention is often attracted to phenomena ⓑ that are familiar to the observer but ⓒ that turn up in an unusual environment, or ⓓ to new phenomena in a familiar environment.

(1) 밑줄 친 ⓐ, ⓑ, ⓒ 중에서 접속사를 고르시오.
(2) 밑줄 친 ⓓ와 병렬을 이루는 어구를 찾아 쓰시오. (2단어)

04 We owe it to ourselves and to the next generation to conserve the environment so that we can bequeath our children a sustainable world that benefits all.

–Wangari Maathai ((케냐의 환경 운동가))
*bequeath 물려주다

(1) 진목적어를 찾아 밑줄을 그으시오.
(2) 다음의 주어진 의미를 갖는 단어를 찾아 빈칸에 쓰시오.

_____ : to prevent natural resources from being damaged or destroyed

---

01 take A as B A를 B로 간주하다 merely 그저, 단지 proceed 나아가다 **02** interfere with ~을 방해하다 autonomy 자율성 **03** phenomenon ((복수형 phenomena)) 현상 observer 보는 사람, 목격자 turn up 나타나다 unusual 생소한; 드문, 보통이 아닌 **04** owe A to B B를 위해[에게] A할 의무가 있다 sustainable 지속 가능한

05

Professional football players described imagining each of their plays again and again the night before a game; they found ⓐ <u>it</u> natural that their success on the field the next day was closely related to the vividness of their mental practice.

TOPIC ① influence of motivation on sports performance ② effect of imagery training on sports performance

(1) 밑줄 친 ⓐ가 대신하는 것을 찾아 밑줄을 그으시오.

06

It was not until the mid-eighteenth century in England that agricultural improvements made ⓐ <u>it</u> possible for more food to be grown to meet the demands of a growing population.

(1) 강조구문에서 강조하고 있는 어구를 찾아 밑줄을 그으시오.
(2) 밑줄 친 ⓐ가 대신하는 것을 찾아 밑줄을 그으시오.

07

It is generally the idle who complain they cannot find time to do what they wish to do. In truth, people can generally find time enough for their work; ⓐ <u>it is not the time but the will that is lacking</u>.

(1) 첫 번째 문장의 강조구문에서 강조하고 있는 어구를 찾아 쓰시오. (2단어)
(2) 첫 번째 문장에서 접속사가 생략된 부분을 찾아 ✔ 표시하시오.
(3) 밑줄 친 ⓐ를 바르게 해석하시오.

08

It is the memories and the feelings of accomplishment and success that come from working with others that create many of the positive values or impressions of sports.

(1) 문장에서 강조되고 있는 어구를 찾아 밑줄을 그으시오.

---

05 be related to ~와 관련되다 vividness 생생함, 선명함 **06** agricultural 농업의 meet 충족시키다, 맞추다 **07** idle 게으른, 나태한 in truth 사실은 will 의지 lacking 부족한, ~이 없는 **08** impression 인상

[01-08] 다음 문장을 읽고, 주어진 질문에 답하시오.

01 However unnoticeably, maps reflect the world views of either their makers ⓐ or, more probably, the supporters of their makers, in addition to the political and social conditions under which they were made. −수능응용

(1) 밑줄 친 ⓐ로 연결된 어구들을 찾아 밑줄을 그으시오.

02 In medieval diplomacy, the relations of countries and rulers depended not at all on common borders or natural interest but on dynastic connections and distant cousinships.

(1) 중세 외교에 영향을 미친 것으로 알맞은 것을 고르시오.　① distant cousinship　② borders
(2) 다음의 주어진 의미를 갖는 단어를 찾아 빈칸에 쓰시오.

_____ : the skill of creating friendly relationships between countries

03 Most analysts agree that it is fair that the burden of payment of the greenhouse problem should fall most heavily on the world's richest countries, which ⓐ are not only in the best position to pay but have also been, historically, the main cause of the problem.

(1) 진주어를 찾아 밑줄을 그으시오.
(2) 밑줄 친 ⓐ를 바르게 해석하시오.

04 Perhaps intolerant people are so _____ⓐ_____ in their ways that they find ⓑ it easier to ignore anything that might not conform to their limited view of life.

(1) 빈칸 ⓐ에 들어갈 것으로 알맞은 것을 고르시오.　① firm　② flexible
(2) 밑줄 친 ⓑ가 대신하는 것을 찾아 밑줄을 그으시오.

---

01 unnoticeably 눈에 띄지 않게 **02** medieval 중세의 diplomacy 외교; 사교 능력 ruler 통치자, 지배자 depend on ~에 달려 있다. ~에 의지하다 border 국경 dynastic 왕조의 cousinship 먼 친척; 혈연관계 **03** analyst 분석가 fall on (부담이) ~에게 돌려지다 **04** intolerant 편협한 firm 단호한 conform ~에 일치하다

05 New words are forming at such _____ⓐ_____ that dictionaries are going to have to come out every six to eight years rather than every ten to keep up with the new vocabulary.

(1) 빈칸 ⓐ에 알맞은 것을 고르시오.   ① a slow rate   ② a fast rate

06 Leaves were falling from the trees throughout the day and ⓐ <u>no sooner had we swept a path through the leaves than more were blown along.</u>

(1) 밑줄 친 ⓐ의 해석으로 알맞은 것을 고르시오.
   ① 우리가 나뭇잎이 쌓인 길을 쓸자마자 더 많은 나뭇잎이 흩날렸다
   ② 더 많은 잎이 흩날리자마자 우리는 나뭇잎이 쌓인 길을 쓸었다

_{고난도}
07 Hardly did civilization develop to ⓐ <u>the point</u> day-to-day survival did not occupy every hour of every day when our ancestors began to spend time thinking about fellow humans.

(1) 밑줄 친 ⓐ를 수식하는 부분을 찾아 [ ]로 묶으시오.
(2) 문장의 내용을 다음과 같이 바꿔 쓸 때 빈칸에 알맞은 것을 골라 쓰시오.
   = As soon as _____ was settled, _____ became important to our ancestors.
   ① day-to-day survival   ② thinking about fellow humans

08 Just as you need to avoid simply contradicting views you disagree with, so you also need to do more than simply echo views you agree with — ⓐ <u>these habits</u> will enable you to have balanced opinions.

(1) 관계대명사가 생략된 관계사절을 <u>모두</u> 찾아 [ ]로 묶으시오.
(2) 밑줄 친 ⓐ로 언급된 두 가지를 우리말로 쓰시오.

---

05 keep up with ~에 뒤처지지 않다 06 sweep 쓸다 07 day-to-day 나날의, 매일 행해지는 occupy 차지하다 fellow 동료 settle 해결하다; 결정하다 08 echo 그대로 따라하다

[01-07] 다음 문장을 읽고, 주어진 질문에 답하시오.

01
ⓐ <u>Some people</u> make a decision about buying a new car primarily on the basis of considerations like cost and consumer ratings, while others are more strongly influenced by preferences for styling and color.

(1) 밑줄 친 ⓐ와 짝을 이루는 대명사를 찾아 쓰시오.

02
Masks are _____ⓐ_____ to wear indefinitely, and no matter how well you believe you are disguising yourself, others always know. –모의

(1) 문맥상 빈칸 ⓐ에 알맞은 것을 고르시오.   ① too heavy   ② heavy enough

03
You have to be exposed to reading ⓐ <u>early enough in life to have it become a part of your daily routine</u>, like washing your face or breathing.

(1) 밑줄 친 ⓐ를 바르게 해석하시오.

04
Only in the last few decades, primarily in the industrially developed economies, has food become ⓐ <u>so plentiful and easy to obtain as to cause weight-related health problems.</u> –모의응용

(1) 밑줄 친 ⓐ와 의미가 일치하는 문장을 완성하시오.

= so plentiful and easy to obtain _____ it has caused weight-related health problems
(2) 문장의 주어를 찾아 쓰시오.

01 primarily 주로 rating 평가 preference 선호 **02** indefinitely 무기한으로 disguise 변장하다; 위장하다, 숨기다 **04** decade 십 년 industrially 산업적으로
plentiful 풍부한 obtain 구하다, 획득하다

114 구조 · 구문편

05 Any disparity between the image someone shows in public ⓐ <u>and</u> what is revealed in a more private environment can be an eye-opener.

(1) 밑줄 친 ⓐ로 연결된 어구에 각각 밑줄을 그으시오.

06 I visited an animal farm and talked with the farm representatives about ⓐ <u>everything</u> from the nuts and bolts of how the farms operate to animal welfare and environmental issues.

(1) 밑줄 친 ⓐ를 수식하는 어구를 ( )로 묶으시오.
(2) 다음의 주어진 의미를 갖는 단어를 찾아 빈칸에 쓰시오.

_____ : someone who speaks for another person or group

07 Occasionally, there are children who have difficulty ⓐ neglecting / understanding , before they learn some clothing may not be the best option for a specific situations through experience, that their clothing choice is inappropriate or even unhealthy.

— 모의응용

(1) ⓐ에서 문맥상 알맞은 것을 고르시오.
(2) 문장 중간에 삽입된 절을 찾아 ( )로 묶으시오.

---

05 disparity 차이 reveal 드러내다 eye-opener 눈이 휘둥그레질 만한 [놀라운] 일 **06** representative 대표; 대리인 the nuts and bolts 기본적인 사항
07 occasionally 때때로 clothing 의류 inappropriate 부적절한

[01-09] 다음 문장을 읽고, 주어진 질문에 답하시오.

고난도
01 Without the influence of minorities, we would have no innovation, no social change. We now look upon many of the things which were originally due to the influence of an outspoken minority _____ⓐ_____ 'major' social movements (e.g. Christianity, trade unionism or feminism). −수능응용

(1) 빈칸 ⓐ에 들어갈 전치사로 알맞은 것을 쓰시오.

(2) 다음의 주어진 의미를 갖는 단어를 찾아 빈칸에 쓰시오.

_____ : direct and open in speech or expression

02 When things go wrong, it is so tempting to blame either yourself or other people _____ⓐ_____ the failure; but failure is almost always a process error, not a human error.

(1) 빈칸 ⓐ에 들어갈 전치사로 알맞은 것을 쓰시오.

03 The technique of isolating species on predator-free islands ⓐ | is / are | a vital tool to prevent species in danger from becoming _____ⓑ_____ .

(1) ⓐ에서 어법상 알맞은 것을 고르시오.

(2) 문맥상 빈칸 ⓑ에 들어갈 알맞은 것을 고르시오.   ① extinct   ② alive

04 ⓐ Typing words in all capital letters makes it difficult to distinguish primary information you want to deliver _____ⓑ_____ the rest of the text. A line or two of them, perhaps even a short paragraph, is fine when you want to emphasize an idea or express a warning.

(1) 밑줄 친 ⓐ의 동사를 찾아 쓰시오.

(2) 빈칸 ⓑ에 들어갈 전치사로 알맞은 것을 쓰시오.

---

01 minority 소수(집단) outspoken 거침없이[노골적으로] 말하는 Christianity 기독교 trade unionism 노동조합 운동 feminism 페미니즘 open 숨김없는, 개방된
02 tempting 유혹적인, 솔깃한 **03** isolate 격리하다 predator-free 포식자가 없는 **04** capital letter 대문자 primary 주된, 주요한 paragraph 단락 emphasize 강조하다

05

In order to be properly served while on this tour, vegetarians or people with other needs should inform the tour guide _____ⓐ_____ any food allergies or special dietary requirements.

(1) 빈칸 ⓐ에 들어갈 전치사로 알맞은 것을 고르시오. ① with   ② of

06

Early humans did not understand natural phenomena; instead, they _____ⓐ_____ natural events such as solar eclipses to the extreme anger of the gods.

(1) 빈칸 ⓐ에 들어갈 동사로 알맞은 것을 고르시오. ① attributed   ② thanked

07

In searching for things to help with their grief, some prefer turning to friends and counselors for compassion and understanding _____ⓐ_____ dealing with ⓑ it alone.

(1) 빈칸 ⓐ에 들어갈 전치사로 알맞은 것을 쓰시오.
(2) 밑줄 친 ⓑ가 가리키는 것을 찾아 쓰시오.

08

ⓐ <u>The connections</u> made through shared musical passions provide people who share these passions _____ⓑ_____ a sense of safety and security in that it can give them the feeling that there is a community of similar people sharing that passion. —모의응용

(1) 밑줄 친 ⓐ의 동사를 찾아 쓰시오.
(2) 빈칸 ⓑ에 들어갈 전치사로 알맞은 것을 고르시오. ① for   ② with

09

As interest in the substitution of environmentally-friendly chemicals _____ⓐ_____ harmful chemicals continues to grow, NGOs and the public sector are seeking safer alternatives.

*NGO 비정부 기구(non-governmental organization)

(1) 빈칸 ⓐ에 들어갈 전치사로 알맞은 것을 고르시오. ① to   ② for

---

05 serve (음식을) 제공하다 vegetarian 채식주의자 dietary 식사의; 식이요법의 06 solar eclipse 일식 (지구상에서 볼 때 태양이 달에 의해서 가려지는 현상) 07 grief 슬픔 turn to ~에 의지하다 compassion 연민, 동정심 08 in that ~라는 점에서, ~이므로 09 substitution 대체, 교환; 대리 environmentally-friendly 친환경적인 sector 부문 seek 찾다; 추구하다

P A R T 2

CHAPTER

1 2

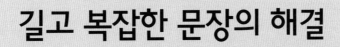

길고 복잡한 문장의 해결

[01-06] 다음 문장을 읽고, 주어진 질문에 답하시오.

01 Mutations are in general harmful to an organism; but beneficial mutations that do occur rarely can form the basis for evolutionary adaptations that improve the fitness of an organism to its environment.

(1) 문장에서 관계사절을 모두 찾아 [ ]로 묶고, 각 관계사절의 선행사에 밑줄을 그으시오.

(2) 다음의 주어진 의미를 갖는 단어를 찾아 빈칸에 쓰시오.

_____: relating to the way in which plants and animals develop and change gradually over a long period

02 Despite the importance that most people place on computers these days and the amazing things that they can do, some people ⓐ think that computers are nothing more than machines that follow our instructions.

(1) 문장에서 관계사절을 모두 찾아 [ ]로 묶고, 각 관계사절의 선행사에 밑줄을 그으시오.

(2) 밑줄 친 ⓐ의 목적어를 바르게 해석하시오.

03 Studies of people who survived traumatic events, such as natural disasters that destroyed their homes, found that those people who suffered the most loss of comfort ⓐ was / were actually calmer and more resolute than the people who had suffered inconvenience but minimal loss.

(1) 주절의 동사를 찾아 쓰시오.

(2) ⓐ에서 어법상 알맞은 것을 고르시오.

01 mutation 돌연변이 organism 유기체, 생물 rarely 드물게 basis 기반 adaptation 적응 fitness 적합성 02 place importance on ~에 중요성을 두다 instruction 지시, 설명 03 traumatic 정신적 충격이 큰 resolute 의연한, 확고한, 단호한 inconvenience 불편 minimal 아주 작은, 최소의

04 The function of education depends on the nature of the society in which ⓐ it plays its role and is determined by the philosophy which governs relations between the individual and the community.

SUMMARY The philosophy / education of a society is affected by its social characteristics and the relationship between the individual and the community.

(1) 문장에서 관계사절을 모두 찾아 [ ]로 묶고, 각 관계사절의 선행사에 밑줄을 그으시오.
(2) 밑줄 친 ⓐ가 가리키는 것을 찾아 쓰시오.

05 The people who get on in this world are the people who get up and look for the circumstances they want, and if they cannot find them, make them. —Bernard Shaw ((英 극작가))

(1) 문장의 동사를 찾아 쓰시오.
(2) 관계사가 생략된 곳을 찾아 ✔ 표시한 뒤, 생략된 관계사를 쓰시오.

고난도
06 One indisputable sign that distinguishes true art from counterfeit is the _____ of art. Suppose ⓐ a man, without any effort on his part and without any change in his situation, having read, heard or seen the artwork of another, experiences ⓑ a state of mind which unites him with this man and with others who perceive the object in the same way as he does, then the object which calls up such a state is an object of art.

FILL-IN ① originality   ② infectiousness

(1) 밑줄 친 ⓐ의 동사를 찾아 쓰시오.
(2) 밑줄 친 ⓑ를 수식하는 관계사절의 범위를 [ ]로 묶으시오.

---

04 govern 좌우하다, 통치하다 05 get on 성공하다; 꾸려 나가다 circumstance 환경, 상황 06 indisputable 확실한; 반론의 여지가 없는 counterfeit 가짜, 모조품 perceive 이해하다, 깨닫다; 인식하다 call up ~을 불러일으키다 originality 독창성 infectiousness 전염성

[01-07] 다음 문장을 읽고, 주어진 질문에 답하시오.

01
In writing, ⓐ the editing phase which follows an act of creation is not as much fun for me as the creative part because it requires me to get down to fundamental details and make deletions. But it is also deeply rewarding, since I see the final work come into a clear and comprehensive form.

(1) 밑줄 친 ⓐ의 의미로 알맞은 것을 고르시오.

　① 창작하는 일이 편집하는 일보다 재미있다　　② 창작하는 일은 편집하는 일만큼이나 재미없다

(2) 다음의 주어진 의미를 갖는 단어를 찾아 빈칸에 쓰시오.

　_____ : including many details or aspects of something

02
There are concerns with decisions regarding the extraction of non-renewable resources and toxic substances for future generations, and ⓐ they require respect for ⓑ the principle that future persons will have no less claim on having a clean Earth than those living today.

(1) 밑줄 친 ⓐ가 가리키는 것을 찾아 수식어구를 제외하여 쓰시오. (1단어)

(2) 밑줄 친 ⓑ가 가리키는 내용을 찾아 우리말로 쓰시오.

03
In a study, subjects reported the same odors more pleasant when presented with a positive name than when presented with a neutral or negative name.

(1) 비교하고 있는 두 상황에 각각 밑줄을 그으시오.

---

01 edit 편집하다　phase 단계, 국면　get down to ~에 주의를 기울이다; ~을 시작하다　deletion 삭제　rewarding 보람 있는　comprehensive 포괄적인, 종합적인
02 extraction 추출, 채취　non-renewable resource 재생 불가능한 자원　toxic 유독성의　substance 물질　claim 권리, 주장　**03** subject 피실험자　odor 냄새
neutral 중립의

04 When you're a leader in your organization, the more you don't recognize, acknowledge, and work with your insecurities and faults, the ⓐ more / less obviously you will face the death of your leadership role.

(1) ⓐ에서 문맥상 알맞은 것을 고르시오.

05 Stress is not so much the product of hard work, as the result of excessive multitasking that switches attention from one task to the other without having any control over the process.

(1) 스트레스의 원인으로 언급된 것을 고르시오.
　　① hard work　　② excessive multitasking

06 No task of archaeologists is so important, ⓐ <u>so helpful</u> to understanding the growth of early societies, and so difficult as dating their finds.

(1) 밑줄 친 ⓐ와 병렬을 이루는 어구에 모두 밑줄을 그으시오.
(2) 문장의 내용과 의미가 일치하도록 빈칸에 알맞은 단어를 찾아 쓰시오.
　　= _____ _____ _____ is the most important, helpful to understanding ~ societies, and difficult tasks of archaeologists.

07 ⓐ <u>There is perhaps no more significant and more urgent problem facing our world today than climate change</u>, which is causing higher temperatures, sea level rise, and more extreme weather.

(1) 밑줄 친 ⓐ와 일치하는 의미의 문장을 완성하시오.
　　= Perhaps the _____ _____ and the _____ _____ problem facing our world today is climate change

---

04 insecurity 불안　**obviously** 분명히, 명백히　**05 excessive** 과도한　**switch** 전환하다, 바꾸다　**have control over** ~에 대한 통제력을 갖다　**06 archaeologist** 고고학자　**date** ~의 연대를 추정하다　**find** 발견물　**07 urgent** 긴급한

[01-07] 다음 문장을 읽고, 주어진 질문에 답하시오.

01
고난도

While there's plenty of research that shows that people who work with their brains
ⓐ creates / create all kinds of stresses for themselves, it's the people who focus on the
why of their jobs as opposed to the *what* and the *how* who can manage the day-to-day
problems more efficiently than those who do not.

(1) ⓐ에서 어법상 알맞은 것을 고르시오.
(2) 강조구문으로 강조되고 있는 부분을 찾아 밑줄을 그으시오.

02

Only after some time and struggle learning philosophical logic through the use of
examples and actual problem solving, does the student begin to develop the insights
that enable him to understand the logic thoroughly. -수능응용

(1) 주절의 주어를 찾아 쓰시오.
(2) 다음의 주어진 의미를 갖는 단어를 찾아 빈칸에 쓰시오.

_____ : the ability to notice and understand a lot about people or situations

03

When ⓐ underline{people} expect to see someone again, ⓑ underline{they} are more likely to find that
person attractive, regardless of ⓒ underline{the individual's} behavior, than if ⓓ underline{they} do not have
expectations of future interaction. -모의

(1) 삽입어구를 찾아 ( )로 묶으시오.
(2) 밑줄 친 ⓐ~ⓓ에서 가리키는 대상이 다른 하나를 고르시오.

04

In writing or speaking English, there is ⓐ underline{the general principle} that concrete words are
better than abstract ⓑ underline{ones}, and that the shortest way of saying anything is always the
best.

(1) 밑줄 친 ⓐ와 동격을 이루는 부분을 모두 찾아 [ ]로 묶으시오.
(2) 밑줄 친 ⓑ가 가리키는 것을 찾아 쓰시오.

---

01 plenty of 많은, 풍부한 **02** struggle 고군분투 philosophical 철학의 insight 통찰력 thoroughly 완전히; 대단히 **03** regardless of ~에 상관없이 interaction
상호 작용 **04** concrete 구체적인 abstract 추상적인

The Pythagoreans delighted in the certainty of mathematical demonstration, the sense of ⓐ a pure and unsullied world accessible to the human intellect, a world in which the sides of right triangles perfectly obey simple mathematical relationships.

*Pythagorean 피타고라스학파

(1) 밑줄 친 ⓐ와 동격을 이루는 어구를 찾아 ( )로 묶으시오.

06

Some of the basic roles of the police are ensuring the detection and prevention ⓐ of illegal behavior in our community, and the collection of evidence that can ⓑ use / be used in the prosecution of cases in court.

(1) 밑줄 친 ⓐ에 공통으로 연결된 어구에 모두 밑줄을 그으시오.
(2) ⓑ에서 어법상 알맞은 것을 고르시오.

Your professor will be primarily interested ⓐ in how you use the information to persuasively argue a point, ⓑ as courses in the humanities emphasize comprehension and analysis of complex ideas, not whether you can just recall information for a test.

(1) 밑줄 친 ⓐ의 목적어에 모두 밑줄을 그으시오.
(2) 밑줄 친 ⓑ의 의미로 알맞은 것을 고르시오.
　　① ~하는 동안에　　② ~ 때문에　　③ ~처럼

---

05 delight in ~을 즐기다 **certainty** 확실성 **unsullied** 더럽혀지지 않은, 오점 없는 **right** 직각의; 올바른 **obey** (법칙 등에) 따르다; 순종하다 **06** **detection** 발견, 탐지 **prosecution** 기소 **case** 사건, 소송 **07** **primarily** 주로 **persuasively** 설득력 있게 **humanities** 인문학 **comprehension** 이해; 종합 **analysis** 분석 **recall** 기억하다

[01-06] 다음 문장을 읽고, 주어진 질문에 답하시오.

01 The recovery of appetite or the motivation to eat is apparent to anyone ⓐ <u>who</u> has consumed a large meal and is quite full, and does not require additional energy or nutrients to meet their daily needs, but decides to consume additional calories after seeing the dessert cart. ─수능

(1) 밑줄 친 ⓐ가 이끄는 관계사절의 동사에 <u>모두</u> 밑줄을 그으시오.

02 In the context of SNS, media literacy has been argued to be especially important "in order ⓐ <u>to make</u> the users aware of their rights when using SNS tools, and also help them not only ⓑ <u>acquire or reinforce</u> human rights values but also develop the behavior necessary to respect other people's rights and freedoms". ─수능응용

*media literacy 미디어 리터러시 ((미디어의 정보를 비판적으로 이해하고 활용하며, 이를 창조적으로 표현하고 소통하는 능력))

(1) 밑줄 친 ⓐ와 병렬을 이루는 단어를 찾아 쓰시오.
(2) 밑줄 친 ⓑ와 병렬을 이루는 동사를 찾아 쓰시오.

03 ⓐ <u>The strong connection</u> between food and national or ethnic identification clearly indicates the fact that cuisine and table narrative occupy a significant place in the training grounds of a community and its civilization, and thus, eating, cooking, and talking about one's cuisine are _____ to a community's wholeness and continuation. ─모의응용

FILL-IN ① trivial   ② vital

(1) 밑줄 친 ⓐ의 동사를 찾아 쓰시오.

---

01 appetite 식욕 apparent 분명한, 명백한 nutrient 영양분 **02** context 환경, 상황; 전후 관계, 문맥 acquire 배우다, 알다; 획득하다 reinforce 강화하다
03 ethnic 민족의 cuisine 요리(법) wholeness 완전(함), 흠 없음; 전체, 총체 continuation 지속, 계속 trivial 사소한, 하찮은 vital 매우 중요한; 생명에 필수적인

Choosing similar friends can have a rationale. Assessing the survivability of an environment can be risky (if an environment turns out to be deadly, for instance, it might be too late by the time you found out), so humans have evolved the desire to associate with similar individuals as a way to perform ⓐ <u>this function</u> efficiently. −수능

SUMMARY ▶ Humans evolved to choose similar friends to increase their chances of [bonding / living].

(1) 예시로 제시된 문장을 찾아 바르게 해석하시오.
(2) 밑줄 친 ⓐ가 가리키는 것을 찾아 밑줄을 그으시오.

05

Although it took time to establish the link between outbreaks of disease ⓐ <u>and</u> fecal-contaminated water supplies, most cities in the developed world created extensive water supply systems from reservoirs and built separate sewer systems to take the flow from the increasing number of toilets in buildings, which led to the development of sewage treatment systems to filter out the harmful material. −사관학교응용　　*fecal 배설물의

(1) 밑줄 친 ⓐ로 연결된 어구에 밑줄을 그으시오.
(2) 주절의 동사를 <u>모두</u> 찾아 쓰시오.

The realization that the universe consists of atoms and void and nothing else, that the world was not made for us by a providential creator, that we are not the center of the universe, that ⓐ <u>our emotional lives are no more distinct than our physical lives</u> from those of all other creatures, that our souls are as material and as mortal as our bodies — all these things are not the cause for despair. ＿＿＿＿＿ⓑ＿＿＿＿＿, grasping the way things really are is the crucial step toward happiness. −경찰대응용

(1) 동격을 나타내는 어구를 <u>모두</u> 찾아 [ ]로 묶으시오.
(2) 밑줄 친 ⓐ의 의미로 알맞은 것을 고르시오.
　　① 우리의 감정적인 삶은 우리의 육체적인 삶과 다를 것이 없다
　　② 우리의 감정적인 삶은 우리의 육체적인 삶과 다르다
(3) 빈칸 ⓑ에 알맞은 것을 고르시오.
　　① Similarly　　② On the contrary

---

04 rationale 근거, 이유　survivability 생존 가능성　risky 모험적인; 위험한　deadly 치명적인　evolve 진화하다　associate with ~와 어울리다　bonding 유대(감 형성)　**05** outbreak 발생　contaminate 오염시키다　extensive 대규모의; 광범위한　reservoir 저수지　separate 독립된, 별개의　sewer 하수(도)　sewage 하수　filter out 걸러내다　**06** consist of ~로 구성되다　void 진공, 빈 공간　providential 신의, 섭리의　be distinct from ~와 다르다, 구별되다　mortal 죽을 운명의　despair 절망　grasp 이해하다; 움켜잡다

대한민국 영어 구문의 바이블!

천일문
New Edition
시리즈

개정에 도움을 준 선생님들께서

마음을 담아, 추천사를 남겨주셨습니다.

전에도 이미 완벽했었지만, 거기에서 더 고민하여 선정한 문장의 선택과 배치는 가장 효율적인 학습환경을 제공합니다. 양질의 문장을 얼마나 많이 접해봤는지는 영어 학습에서 가장 중요한 요소 중 하나이며, 그 문장들을 찾아다니며 시간을 낭비할 필요 없이 천일문 한 권으로 해결하시기 바랍니다.

김명열 | 대치명인학원

굳이 개정하지 않아도 좋은 교재이지만 늘 노력하는 쎄듀의 모습답게 더 알찬 내용을 담았네요. 아이들에게 십여 년이 넘는 시간 동안 영어를 가르치면서도 영어의 본질은 무시한 채 어법에만 치우친 수업을 하던 제게 천일문은 새로운 이정표가 되어주었습니다. 빨라진 시대의 흐름에 따라가지 못하는 한국의 영어교육에 조금이라도 이 책이 도움이 될 것 같아 기대감이 큽니다.

김지나 | 킴스영어

독해는 되지만 글에서 의미하는 바를 찾지 못하고 결국 내용을 어림짐작하여 '감'으로 풀게 되는 학생들에게는 더더욱 필요한 능력이 문해력입니다. '감'으로 푸는 영어가 아닌 '문해력'에 기초하여 문제를 풀기 위한 첫 번째 단계는 정확한 문장 구조분석과 정확한 해석입니다. 많은 학생들이 천일문 시리즈를 통해 1등급 성취의 열쇠를 손에 넣을 수 있기를 바랍니다.

박고은 | 스테듀입시학원

책의 가장 큰 장점은 수험생을 위해 단계별로 정리가 되어 있다는 점입니다. 고3으로 갈수록 추상적인 문장이 많아지며 읽고 문장을 바로 이해하는 능력을 키우는 것이 중요한데, '천일문 완성'의 경우 특히 추상적 문장을 많이 포함하고 있어, 문장을 읽으면서 해당 문장이 무슨 내용을 나타내는지, 포함한 글이 어떤 내용으로 전개될 것인지 유추하면서 읽는다면 수험생들에게 큰 도움이 되리라 생각합니다.

이민지 | 세종 마스터잉글리쉬

수능 및 모의평가에서 자주 출제되는 핵심 구문들을 챕터별로 정리할 수 있어서 체계적입니다. 이 교재는 막연한 영어 구문 학습을 구체화해 배치해두었기 때문에, 학습자 입장에서는 등장할 가능성이 큰 문형들을 범주화하여 학습할 수 있습니다. 저 또한 학생 때 천일문 교재로 공부했지만 지금 다시 봐도 감동은 여전합니다.

안상현 | 수원시 권선구

천일문 교재가 처음 출간되었을 때 이 책으로 영어 구문 수업을 하는 것은 교사로서 모험이었습니다. 선생님 설명이 필요 없을 정도로 완벽한 교재였기 때문입니다. 영원히 현재진행형인 천일문 교재로 영어 읽는 법을 제대로 반복 학습한다면 모든 학생들은 영어가 주력 과목이 될 수 있을 겁니다.

조시후 | SI어학원

500 SENTENCES
MASTER

Training Book

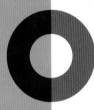

천일문 완성 문제집
|정답 및 해설|

쎄듀

500 SENTENCES
MASTER

천일문 완성 문제집
|정답 및 해설|

Training Book

CHAPTER   **0 1**   주어 · 동사 찾기

UNIT 01 주어의 형태   Review the Basics with longer sentences

01   (1) (mostly buying Korean cosmetics brands), (mostly buying Chinese brands)   (2) was

> 해설 (1) 각각의 현재분사구가 앞의 명사 the number of Chinese people, that of Chinese people을 수식한다. mostly는 현재분사 buying을 수식하므로 현재분사구에 포함해준다.
>
> (2) 문장의 주어는 the number of Chinese people이고, mostly buying Korean cosmetics brands는 주어의 수식어구(현재분사구)이다. 과거 시점인 2015년에 관한 내용이므로 과거형 단수동사 was가 알맞다.

> 구문 In 2015, / <u>**the number of Chinese people (mostly buying Korean cosmetics brands)**</u> / <u>was</u> greater / than <u>that</u> of
>
                               S   V   (= the number)
>
Chinese people (mostly buying Chinese brands), // and "Good word of mouth" was the biggest decision factor /
>
for those [who purchased Korean brands].
>
2015년에 / 중국인의 수는 (한국 화장품 브랜드를 주로 구입한) / 더 많았다 /
>
중국인의 수보다 (중국 브랜드를 주로 구입한) // 그리고 '좋은 입소문'은 가장 큰 결정 요인이었다 /
>
사람들에게 [한국 브랜드를 구매한].

02   (1) improves   (2) Purchasing local produce

> 해설 (1) 문장의 주어는 Purchasing local produce이며, 동명사구 주어는 단수 취급하므로 단수동사 improves가 알맞다.
>
> (2) '지역 농산물을 구입하는 것'이 음식에 쓰는 돈을 아끼도록 돕는다는 문맥이 알맞으므로 it은 앞 문장의 주어 Purchasing local produce를 가리킨다.

> 구문 **Purchasing local produce** not only <u>improves</u> the local economy, // but it also helps you <u>save money on food</u> /
>
                   S   V
>
<u>and</u> get high-quality fruits and vegetables.
>
지역 농산물을 구입하는 것은 지역 경제를 개선할 뿐만 아니라 // 이는 여러분이 음식에 쓰는 돈을 아끼도록 돕기도 한다 /
>
그리고 양질의 과일과 채소를 얻도록 돕기도 한다.
>
▶ not only A but also B: A뿐만 아니라 B도

03   (1) Europe's first *Homo Sapiens*, to hunt these fast animals only with spear or bow and arrow
>
       (2) Europe's first *Homo Sapiens*

> 해설 (1) 첫 번째 절의 주어는 명사구이며, 두 번째 절의 주어는 to부정사구 to hunt ~ arrow이다.
>
> (2) 문맥상 '유럽의 최초 호모 사피엔스'에게 불확실한 일이었다는 의미로 앞의 Europe's first *Homo Sapiens*를 가리킨다.

> 구문 **Europe's first *Homo Sapiens*** <u>lived</u> primarily on large game, (particularly reindeer), // however, even under ideal
>
           S₁   V₁
>
circumstances, / **to hunt these fast animals / only with spear or bow and arrow** / <u>was</u> an uncertain task for them.
>
                                    S₂   V₂
>
유럽의 최초 '호모 사피엔스'는 주로 큰 사냥감을 먹고 살았다. (특히 순록을) // 하지만, 이상적인 상황에서도
>
/ 이 빠른 동물을 사냥하는 것은 / 창이나 활과 화살만 가지고 / 그들(유럽의 최초 '호모 사피엔스')에게 불확실한 일이었다.
>
▶ 주어로 쓰인 to부정사구는 단수 취급하므로 단수동사 was가 쓰였다.

04 **(1) That legalizing euthanasia is a thorny issue** **(2) (to die with dignity), [that violates the dignity of human life]**

해설 (1) 접속사 That이 이끄는 명사절 That legalizing ~ issue가 주어로 쓰였다.
(2) to부정사구 to die with dignity와 주격 관계대명사절 that ~ life가 각각 앞의 명사 a right, a crime을 수식한다.

구문 **That legalizing euthanasia is a thorny issue** // is a well-known fact: // Is it a right (to die with dignity) /
S   V
or a crime [that violates the dignity of human life]?

안락사를 합법화하는 것이 골치 아픈 문제라는 것은 // 잘 알려진 사실이다 // (존엄하게 죽을) 권리인가 /
혹은 범죄인가 [인간의 삶의 존엄성을 훼손하는]?
▶ that절 주어는 단수 취급하므로 단수동사 is가 쓰였다.

05 **(1) What distinguishes humans from animals** **(2) humans** **(3) ②**

해설 (1) 관계대명사 what이 이끄는 명사절이 주어로 쓰였다.
(2) the former는 앞에 나온 명사 두 개(humans, animals) 중 전자인 humans를 가리킨다.
(3) 도구(tools)가 기계(machines)로 바뀐다는 말로 보아, '문명이 발전함에 따라'가 적절하다.

구문 **What distinguishes humans from animals** // is that the former make tools // and, as civilization progresses, /
S   V
these tools gradually turn into machines.

인간과 동물을 구별 짓는 것은 // 전자(인간)는 도구를 만든다는 것이다 // 그리고 문명이 발전함에 따라 /
이 도구들은 점차 기계로 바뀐다.
▶ what절 주어를 단수 취급하여 단수동사 is가 쓰였다.

06 **(1) where coffee originated or who first discovered it** **(2) credible**

해설 (1) 의문사 where와 who가 이끄는 명사절이 등위접속사 or로 연결되어 주절의 주어로 쓰였다.
(2) 믿을 만한(credible): 신뢰되고 믿어질 수 있는

구문 Although humans have been drinking coffee for centuries, // **where coffee originated or who first discovered it** //
S
is not clear. However, / the most credible story has it // that a goatherd discovered coffee in the Ethiopian highlands.
V
수 세기 동안 사람들은 커피를 마셔오고 있지만, // 커피가 어디서 유래했는지 혹은 누가 그것을 처음 발견했는지는 //
분명하지 않다. 그러나 / 가장 믿을 만한 이야기는 말한다 // 한 염소지기가 에티오피아 고산지에서 커피를 발견했다고.
▶ have it that ~: ~라고 말하다, 주장하다

07 **TOPIC features** **(1) tends, may be**
(2) [for which success is viewed as improbable by the majority of people in a setting]

해설 (1) 복합관계대명사 whoever가 이끄는 명사절이 주어이고, 등위접속사 and로 연결된 동사는 tends와 may be이다.
(2) 〈전치사+관계대명사〉가 이끄는 절 for which ~ a setting이 tasks or goals를 선행사로 한다.

구문 **Whoever has a high sense of self-efficiency** // tends to pursue challenging goals / and may be more willing to
S   V₁   V₂
step outside the culturally prescribed behaviors / to attempt tasks or goals [for which success is viewed as improbable /
by the majority of people in a setting].

높은 자기 효능감을 가진(자기 능력에 대한 감각이 높은) 사람은 누구나 // 도전적인 목표를 추구하는 경향이 있다 / 그리고
문화적으로 규정된 행동 밖으로 더 기꺼이 발을 내디디려 할 수도 있다 / 일이나 목표를 시도하기 위해 [성공이 일어날 것 같지 않다고 여겨지는 /
어떤 환경에서 대부분의 사람들에게].
▶ 복합관계대명사절 주어는 단수 취급하므로 단수동사 tends가 쓰였다.

TOPIC 높은 자기 효능감을 가진 사람들의 특성

UNIT 02 문장 앞 부사구와 주어의 구별

01 **TOPIC** need for   (1) the conversion of forest into cultivated terraces

해설 (1) 주어는 the conversion이며, 전명구 of ~ terraces가 주어를 수식하는 구조이다.

구문 Under growing demands for cultivable land, / **the conversion (of forest into cultivated terraces)** means //
<u>S</u>   <u>V</u>
a much higher productivity can be extracted from the same area.

경작 가능한 땅에 대한 수요 증가로 / (숲에서 계단식 농경지로의) 변환은 의미한다 //
같은 구역에서 훨씬 더 높은 생산성이 얻어질 수 있다는 것.

▶ Under ~ cultivable land는 문장을 수식하는 부사구로, 주어와 헷갈리지 않도록 주의한다.
▶ means와 a much higher productivity 사이에는 목적어 역할을 하는 명사절을 이끄는 접속사 that이 생략되었다.

TOPIC 숲을 계단식 농경지로 바꾸는 것의 필요성

02 (1) [that people tend to favor more immediate outputs]   (2) are

해설 (1) the fact 다음의 that절은 the fact와 동격을 이루는 절이다.

(2) 주어는 fossil fuels이며, 전명구인 like oil and natural gas가 수식하는 구조이므로 동사는 are이다.

구문 Due to the fact [that people tend to favor more immediate outputs], / **fossil fuels (like oil and natural gas)** are more
              =   S   V
competitive / than renewable energy alternatives (like solar panels or wind power engines).

사실 때문에 [사람들이 보다 즉각적인 생산물을 선호하는 경향이 있다], / (석유와 천연가스 같은) 화석 연료는 더 경쟁력 있다
/ 재생 가능한 대체 에너지보다 (태양 전지판이나 풍력 엔진 같은).

03 **SUMMARY** legal intervention   (1) the number of highway deaths, decreased
(2) (starting in the mid-1960s), (driven per year)   (3) ②

해설 (1) In the United States와 following ~ mid-1960s는 주어 앞의 부사구이다. 주어는 the number of highway deaths, 동사는 decreased이다.

(2) 현재분사구 starting ~ mid-1960s와 과거분사구 driven per year가 각각 앞의 명사 the introduction of extensive vehicle and roadway safety laws와 the number of miles를 수식한다.

(3) 사망자 수가 감소한 것과 연간 주행 마일 수가 증가한 것은 대조되는 내용이므로 as는 '~임에도 불구하고'의 뜻을 나타낸다.

구문 In the United States, / following the introduction of extensive vehicle and roadway safety laws (starting in the mid-1960s), /
the number of highway deaths decreased / from roughly 51,000 in 1966 to 42,000 in 2000, // even as the number of
                 S   V
miles (driven per year) increased nearly 300%.

미국에서, / 폭넓은 차량 및 도로 안전 법규의 도입에 따라 (1960년대 중반 시작된) /
고속도로 사망 수는 감소했다 / 1966년의 약 51,000건에서 2000년의 42,000건으로 // 마일 수가
(연간 주행한) 거의 300퍼센트 증가했음에도 불구하고.

▶ following: ~에 따라

SUMMARY 미국의 고속도로 사망자 수는 법적인 개입으로 인해 감소했다.

04 **(1) we**

해설 (1) 주어는 앞의 전명구(During ~ change)와 부사구(as parents)를 제외한 we이다.

구문 During a time of stress or change, as parents, / <u>**we**</u> <u>want</u> to protect our children, // but it's *during this time of protection* /
                                                 S   V
that we are taking away the ability (to make decisions).
스트레스나 변화의 시기 동안에, 부모로서, / 우리는 자녀들을 보호하기를 원한다 // 그러나 바로 이 보호의 시기 동안이다 /
우리가 (결정을 내리는) 능력을 빼앗고 있는 것은.
▶ it is ~ that 강조구문이 during this time of protection을 강조한다.
▶ to make decisions는 the ability를 수식하는 to부정사의 형용사적 용법으로 쓰였다.

05 **TOPIC** taking   **(1) many developing countries, have joined**   **(2) to compete over tourists with countries with strong and familiar brands**   **(3) many developing countries 또는 these countries**

해설 (1) 부사구 Through ~ decades 뒤에 주어 many developing countries가 쓰였다.
(2) it은 가목적어로, 진목적어 to compete 이하를 가리킨다.
(3) 문맥상 '이러한 나라들(많은 개발도상국들)'이 강력하고 친숙한 브랜드를 가진 나라들과 관광객을 놓고 경쟁하는 것을 어렵게 만들었다는 의미로 them은 앞에 나온 many developing countries(= these countries)를 가리킨다.

구문 Throughout the last two decades / <u>**many developing countries**</u> <u>have joined</u> the global tourism market /
                                               S   V
as part of globalization processes, // but these countries had suffered from negative public and media image
[which made it challenging / for them to compete over tourists with countries (with strong and familiar brands)].
지난 20년 동안 / 많은 개발도상국들이 세계의 관광 시장에 참여해왔다 /
세계화 과정의 일환으로 // 그러나 이러한 나라들은 부정적인 대중과 미디어의 이미지 때문에 어려움을 겪었다
[어렵게 만든 / 그들(많은 개발도상국들)이 (강력하고 친숙한 브랜드를 가진) 나라들과 관광객을 두고 경쟁하는 것을].
▶ which의 선행사는 negative public and media image이며, 주격 관계대명사로 쓰였다.
▶ for them은 진목적어 to compete over tourists ~ brands의 의미상의 주어이다.
TOPIC 개발도상국들이 세계의 관광 시장의 주도권을 <u>잡는</u> 것의 어려움

06 **FILL-IN** ②   **(1) the dullness ~ in worldly affairs**

해설 **FILL-IN** 세상사에 대한 관심 결여 등과 같은 노쇠의 증상에 대해서 언급하고 있으므로, 이는 뇌의 사회적 기능의 '저하(deterioration)'를 의미함을 알 수 있다. ascent는 '상승, 향상'의 의미이다.
(1) 주어는 the dullness ~ affairs로 명사구가 열거된 형태이며 동사는 were represented이다.

구문 From the late nineteenth century, / <u>**the dullness (found in the senile), their isolation and withdrawal,**</u>
                                                               S
<u>**their clinging to the past and lack of interest in worldly affairs**</u> / <u>were represented</u> / as the symptoms of senility /
                                                                          V
— the inevitable deterioration of the brain.
19세기 후반부터 줄곧 / (노인들에게 발견되는) 울적함, 그들의 고립과 위축,
과거에 대한 연연, 그리고 세상사에 대한 관심 결여는 / 기술되었다 노쇠의 증상 /
즉 뇌의 피할 수 없는 (기능의) 저하로서.
▶ 주어는 the dullness ~, their isolation and withdrawal, their clinging ~ and lack ~이므로 복수동사 were가 쓰였다.

07 **(1) was** **(2) *The Road Less Traveled***

해설 (1) 주어는 *The Road Less Traveled*이고 동사는 was이다. 그 사이에 삽입어구(by ~ Peck)가 들어간 형태이다.
(2) 문맥상 *The Road Less Traveled*를 읽고 친구들에게 말했다는 의미이다.

구문 Twenty-five years ago, / ***The Road Less Traveled***, (by psychiatrist M. Scott Peck), was just another

S
V

psychology/relationship book (lying unnoticed on bookstore shelves). Then a few people read it, told their friends,

and set off a chain reaction [that is still going on].

25년 전에 / (정신과 의사 M. Scott Peck이 저술한) *The Road Less Traveled*는 그저 흔한
심리/인간관계 서적이었다 (서점 진열대에 주목 받지 못한 채 놓여있던). 그러다가 소수의 사람이 그것을 읽고, 친구들에게 말했고,
[여전히 계속되고 있는] 연쇄 반응을 일으켰다.

▶ lying unnoticed on bookstore shelves는 another psychology/relationship book을 수식하는 현재분사구이다.
▶ 두 번째 문장의 that은 주격 관계대명사이며, 선행사는 a chain reaction이다.

08 SUMMARY motivate **(1) the awareness ~ distrusted** **(2) might identify**

해설 (1) 주어는 동격절(that one is distrusted)의 수식을 받는 the awareness이며 동사는 can provide이다.
(2) who realizes ~ at work는 an employee를 수식하는 주격 관계대명사절로, 문장의 주어는 an employee이며 동사는 삽입어구 upon
reflection 뒤의 might identify이다.

구문 Numerous times / **the awareness [that one is distrusted]** / can provide the necessary incentive for self-reflection: //

S₁ =
V₁

an employee [who realizes // she isn't being trusted by her co-workers with shared responsibilities at work],

S₂
upon reflection, / might identify areas [where she has consistently let others down].

V₂

여러 번 / [신임을 얻지 못한다는] 인식은 / 자기반성에 필요한 동기를 제공할 수 있다 //
직원은 [깨닫는 // 자신이 직장에서 공유된 책무에 대해 동료들에게 신임을 받고 있지 않다는 것을]
반성을 통해 / [자신이 지속적으로 다른 사람들을 실망시킨] 부분들을 알아볼지도 모른다.

SUMMARY 다른 사람들로부터의 불신은 누군가에게 자신을 되돌아보도록 동기를 부여할 수 있다.

UNIT 03 명사구 주어의 의미 범위

01 **(1) Scaling up from the small to the large**

해설 (1) 동명사구 Scaling up ~ large가 주어이다.

구문 **Scaling up from the small to the large** is often accompanied / by an evolution from simplicity to complexity /

S
V
while maintaining basic elements unchanged or conserved; // this is familiar in engineering, economics, companies, cities,
organisms, (and perhaps most dramatically), evolutionary process.

작은 것에서 큰 것으로 규모를 확대하는 것은 종종 수반한다 / 단순함에서 복잡함으로의 진화를 /
기본적인 요소는 변하지 않거나 보존된 상태로 유지하면서 // 이는 공학, 경제학, 회사, 도시,
유기체, (그리고 어쩌면 가장 극적으로는) 진화 과정에서 흔하다.

▶ 동명사구 주어는 단수 취급하므로 단수동사 is가 쓰였다.
▶ A be accompanied by B: A는 B를 수반하다, A에 뒤이어 B가 오다
▶ while maintaining basic elements unchanged or conserved는 접속사 while을 남긴 분사구문이며, 목적어인 basic elements와
목적격보어인 분사가 '변하지 않거나 보존되는' 수동의 관계이므로 과거분사 unchanged, conserved가 쓰였다.
▶ 세미콜론(;) 다음의 this는 앞 문장 전체의 내용을 가리킨다.

02 **(1) would save** **(2) investigate**

해설 (1) 동명사구 reducing ~ 5 percent가 주어이며, 동사는 would save이다.
(2) 조사하다(investigate): 무언가에 대한 사실을 알아내려고 하다

구문 A laboratory investigated a huge call center [where the emphasis was on productivity]; //
reducing the average call handle time / at that call center by just 5 percent / would save the company $1 million
　　　　　　　　　　　　　　　　S　　　　　　　　　　　　　　　　　　　　　　　　　　　V
a year.
한 연구실에서 [생산성에 주안점을 두었던] 한 대규모 콜센터를 조사했다 //
평균 업무 처리 통화 시간을 줄이는 것은 / 그 콜센터 한 곳에서 단지 5%만 / 연간 그 회사에 1백만 달러를 절약시킬 것이다.

03 **(1) is**

해설 (1) Knowing ~ artwork가 동명사구 주어이며 동사는 is이다.

구문 **Knowing who an author is** and **what his or her likely intentions are (in creating text or artwork)** / is tremendously
　　　　　　　　　　　　　　　　　　　S　　　　　　　　　　　　　　　　　　　　　　　　　　　　　　　　　V
important to most of us, // since our culture places great worth / on the identity of speakers, writers, and artists.
작가가 누구인지, 그리고 (글이나 예술 작품을 창작하는 것에 관한) 그 사람의 의도로 생각되는 것이 무엇인지 아는 것은 /
우리 대부분에게 엄청나게 중요하다 // 우리의 문화는 큰 가치를 두기 때문이다 / 화자, 작가, 예술가의 정체성에.

04 **(1) ⓐ** **(2) to read an exciting, vivid plot in a novel**

해설 (1) stimulated가 주어 The metaphor ~ voice의 동사이며, concerned는 areas of the brain을 수식하는 과거분사이다.
(2) to부정사구 to read ~ novel이 주어로 쓰였다.

구문 **The metaphor 'a liquid chocolate voice'** stimulated areas of the brain (concerned both with language and with taste), //
　　　　　　　　S₁　　　　　　　　　　　　V₁
and **to read an exciting, vivid plot in a novel** / stimulated parts of the brain [that coordinate movements].
　　　　　　　　S₂　　　　　　　　　　　　　　　　V₂
'흐르는 초콜릿 목소리'라는 은유는 (언어와 미각 둘 다와 관련된) 뇌의 영역을 자극했다 //
그리고 소설 속 흥미진진하고 생생한 줄거리를 읽는 것은 / [움직임을 조정하는] 뇌의 부분을 자극했다.

05 **SUMMARY** **induces** **(1) college graduates in a new stage of life**

해설 (1) 주어의 범위는 college graduates와 이를 수식하는 전명구 in ~ life이다.

구문 Being lost in lots of opportunities / and having no idea of where they are, / **college graduates (in a new stage of life)**
　　　S
should accept // that they are lost / in order to learn more about themselves.
　　　V
수많은 기회 속에서 길을 잃고 / 그들이 어디에 있는지 전혀 모르기 때문에, / (삶의 새로운 단계에 있는) 대학 졸업자들은
받아들여야 한다 // 그들이 길을 잃었다는 것을 / 그들 자신에 대해 더 많이 알기 위해.
▶ 분사구문인 Being lost in ~ opportunities와 having ~ are가 and로 병렬 연결되었다.
= College graduates in a new stage of life **are lost** in ~ opportunities and **have** ~ are, and they should accept that ~.
▶ 분사구문이 〈being+과거분사〉 형태일 때, being은 종종 생략된다.
= Lost in lots of opportunities ~,
▶ 간접의문문 where they are는 전치사 of의 목적어로 쓰였다.
SUMMARY 길을 잃은 느낌을 받아들이는 것은 자기 인식을 유발한다.

06 `TOPIC` cope with　　(1) making yourself prepared to solve the problem next time

`해설` (1) 동명사구 making ~ time이 주어이다.

`구문` When you get negative feedback from your boss, // **making yourself prepared to solve the problem next time** /
　　　　　　　　　　　　　　　　　　　　　　　　　　　　　　　　　S

feels better / than getting upset about your failure to solve it this time.
　V

상사로부터 부정적인 피드백을 받으면 // 다음번에 그 문제를 해결하도록 준비하는 것이 /

더 낫게 느껴진다 / 그것을 이번에 해결하지 못하는 것에 대해 속상해하는 것보다.

▶ making의 목적어 yourself가 '준비되는' 수동 관계이므로 목적격보어로 과거분사 prepared가 쓰였다.

▶ 동명사구 주어는 단수 취급하므로 단수동사인 feels가 쓰였다.

`TOPIC` 상사로부터의 부정적인 피드백에 대처하는 방법

07 `FILL-IN` ②　　(1) To help students develop a rich body of knowledge in our content areas

`해설` `FILL-IN` 교과 과정에서 학생들이 풍부한 지식을 개발할 수 있도록 도와야 한다는 내용 뒤에, '그렇게 하지 않으면' 학생들의 능력을 방해한다는 흐름이 자연스럽다. 따라서 빈칸에는 without(~이 없으면)이 알맞다.

(1) to부정사구 To help ~ areas가 주어이다.

`구문` **To help students develop a rich body of knowledge in our content areas** / is one of our first and most important
　　　V'　　O'　　　　　　　　　　　　　　　　　　　C'　　　　S　　　　　　V

tasks as teachers // — without doing so, / we handicap considerably their ability (to engage in cognitive activities

(like thinking and evaluating and creating)).

학생들이 우리 교과 과정의 풍부한 지식을 개발하도록 돕는 것은 / 교사로서 우리의 첫 번째이자 가장 중요한 과업 중 하나이다

// 그렇게 하지 않으면 / 우리는 그들의 능력을 상당히 방해한다 ((생각하고 평가하고 창작하는 것과 같은) 인지 활동에 관여하는).

▶ 주어로 쓰인 to부정사는 단수 취급하므로 단수동사 is가 쓰였다.

▶ to engage in ~ creating이 their ability를 수식하는 형용사적 용법으로 쓰였으며, 그 안의 like thinking ~ creating은 전명구로 앞의 명사 cognitive activities를 수식한다.

UNIT 04　명사절 주어의 의미 범위

01 `FILL-IN` ②　　(1) what separates innovators from noncreative professionals
　　　　　　(2) (to successfully connect seemingly unrelated questions, problems, or ideas from different fields)

`해설` `FILL-IN` 겉보기에 관련 없는 의문점들, 문제들 혹은 생각들을 연결시키는 능력이라고 했으므로 '연결 짓기(associating)'가 적절하다.

(1) what이 이끄는 명사절이 주어이다.

(2) to successfully 이하가 앞의 명사 the ability를 수식한다.

`구문` According to research, / **what separates innovators from noncreative professionals** // is "associating": /
　　　　　　　　　　　　　　　　　S　　　　　　　　　　　　　　　　　　　V

the ability (to successfully connect seemingly unrelated questions, problems, or ideas from different fields).

한 연구에 따르면 / 혁신적인 사람들을 창의적이지 않은 전문가들과 구분 짓는 것은 // '연결 짓기'이다 /

즉, 능력이다 (겉으로 보기에는 관련 없는 의문점들, 문제들, 혹은 서로 다른 분야에서 나온 생각들을 성공적으로 연결시키는).

▶ what절 주어를 단수 취급하여, 단수동사 is가 쓰였다.

02 **(1)** issues　　**(2)** matters　　**(3)** 그들이 여성이라는 사실

해설 (1) that이 이끄는 관계사절은 issues를 수식한다. 술부 arise가 수식어구보다 짧아서 수식어구인 관계사절이 술부 뒤로 간 형태이다.

(2) Whether가 이끄는 명사절이 주어이며, 동사는 matters이다.

(3) the fact 이후의 that절은 동격절로, the fact를 보충 설명한다.

구문 When issues arise [that touch on women's rights], // women start to think of gender as their principal identity.

Whether such women are American or Iranian / or whether they are Catholic or Protestant //
　　　　　　　　　　　　　　　　　　　　　　　　　　S

matters less than the fact [that they are women].
‾‾‾‾‾
V

문제가 발생하면 [여성의 권리에 관해 언급하는] // 여성들은 성별을 그들의 주요한 정체성으로 생각하기 시작한다.

그러한 여성들이 미국인인지 이란인인지 / 혹은 그들이 가톨릭교인지 개신교인지는 //

사실보다 덜 중요하다 [그들이 여성이라는].

▶ that은 issues를 선행사로 하는 주격 관계대명사로, 관계사절의 동사는 선행사에 수 일치하여 복수동사 touch가 쓰였다.

▶ whether절 주어는 단수 취급하므로 단수동사 matters가 쓰였다.

---

03 **(1)** the particular characteristics of SNS, the potential long-term impact of a seemingly trivial act

(2) should be discussed

해설 (1) 전치사 about의 목적어로 두 개의 명사구가 and로 병렬 연결된 형태이다.

(2) How가 이끄는 명사절 뒤에 동사 should be discussed가 쓰였다.

구문 How we (as parents) can raise awareness (of children from a very early age) (about the particular characteristics
　　　　　　　　　　　　　　　　　　　　　　　　　　　　　　　　S

of SNS and the potential long-term impact of a seemingly trivial act)) // should be discussed.
　　　　‾‾‾‾‾　　　　　　　　　　　　　　　　　　　　　　　　　　　　　‾‾‾‾‾‾‾‾‾
　　　　　　　　　　　　　　　　　　　　　　　　　　　　　　　　　　　　　　V

어떻게 우리가 (부모로서) (아주 어린 나이부터 아이들의) 인식을 높일 수 있는지는 (SNS의 특유의 특성들과

겉보기에는 사소한 행동의 잠재적인 장기적 영향에 관한) // 논의되어야 한다.

---

04 TOPIC contemplated　　**(1)** is encouraged　　**(2)** benefit to one individual or group

해설 (1) 의문사 Who가 이끄는 명사절과 삽입어구 especially ~ groups 뒤에 동사 is encouraged가 쓰였다.

(2) 주어인 benefit와 이를 수식하는 전명구 to ~ group이 주어의 범위이다.

구문 Who will benefit from economic and social policy, (especially when the policy may involve or affect multiple individuals
　　　　　　　　　　　　　　　　S

or groups), / is encouraged to be considered by policy makers // — particularly where benefit (to one individual or
　　　　　　‾‾‾‾‾‾‾‾‾　　　　　　　　　　　　　　　　　　　　　　　　　　　　　　　　　　　　　S'

group) may lead to increased risk to another.
　　　　‾‾‾‾‾‾‾
　　　　　V'

경제와 사회적 정책에서 누가 이익을 얻을 것인지는 (특히 정책이 여러 개인이나 집단을 포함하거나 영향을 미칠 수도 있을 때)

/ 정책 입안자들에 의해 고려되도록 권장된다 // 특히 한 개인이나 집단에 대한 이익이

다른 개인이나 집단에 증가된 위험으로 이어질 수 있는 경우에.

▶ 주어로 쓰인 간접의문문(Who will benefit ~ policy)은 단수 취급하므로, 단수동사 is가 쓰였다.

▶ 대시(—) 이후의 where는 '~한 경우[상황, 곳]'의 의미를 나타내는 접속사로 쓰였다.

▶ another 뒤에 individual or group이 생략되었다.

TOPIC 경제와 사회적 정책에서 무엇이 심사숙고되어야 하는가

05 **(1) whatever you pursue** **(2) 다른 모든 것들이 같다면** **(3) has**

해설 (1) whatever가 이끄는 절이 문장의 주어로 쓰였다.

(2) all other things being equal은 주어를 남긴 분사구문으로, 문맥상 '조건'의 의미인 if all other things are equal로 해석하는 것이 자연스럽다.

(3) 주어로 쓰인 동명사구(thinking positively)는 단수 취급하므로 단수동사 has가 알맞다.

구문 If the situation is depressing, / **whatever you pursue** is going to be helped by thinking positively, // and when the

$\underset{\text{S}}{\qquad\qquad}$ $\underset{\text{V}}{\qquad\qquad}$

situation is good, / you will miss out on a lot of gains with the pessimistic approach. Therefore, thinking positively, (all

other things being equal), has some benefits.

상황이 암울하다면 / 여러분이 추구하는 어떤 것이든 긍정적으로 생각하는 것으로 도움을 받을 것이다 // 그리고 상황이 좋으면

/ 여러분은 비관적인 접근으로 많은 이익을 놓칠 것이다. 그러므로 긍정적으로 생각하는 것은,

(다른 모든 것들이 같다면), 약간의 이점을 갖는다.

▶ 복합관계사절 주어는 단수 취급하므로 단수동사 is가 쓰였다.

06 **TOPIC** **why** **(1) tends**

해설 (1) 주어로 쓰인 복합관계대명사절(whoever knows ~ affairs)은 단수 취급하므로, 단수동사 tends가 알맞다.

구문 By producing gossip, / **whoever knows another's personal affairs** tends to turn the fact [that he knows] /

$\underset{\text{S}}{\qquad\qquad}$ $\underset{\text{V}}{\qquad}$

into something (socially valuable like social recognition and prestige), // because he assumes /

that some of the "fame" of the subject of gossip, [as whose "friend" he presents himself], / will rub off on him.

가십을 만들어 냄으로써, / 다른 사람의 개인적인 사정을 알고 있는 누구든지 [그가 알고 있는] 사실을 바꾸는 경향이 있다 /

(사회적 인식과 명성과 같은 사회적으로 가치 있는) 무언가로 // 그가 가정하기 때문에 /

가십 대상의 '명성'의 일부가 [그가 자신을 '친구'로 소개하는] / 자신에게 옮겨갈 것이라고.

▶ 〈turn A into B(A를 B로 바꾸다)〉에서 A에는 목적격 관계대명사 that절(that he knows)이 수식하는 the fact가, B에는 형용사구(socially valuable ~ prestige)가 수식하는 something이 쓰였다.

▶ assumes 뒤의 that은 접속사로 목적어 역할을 하는 명사절을 이끈다. that절의 주어는 some of ~ gossip이며, 동사는 will rub off이다.

▶ as whose "friend" he presents himself는 〈전치사(as)+관계대명사(whose)〉가 이끄는 절로 the subject of gossip을 선행사로 한다. 이때 전치사 as는 동사 presents와 함께 〈present A as B (A를 B라고 소개[묘사]하다)〉의 형태로 쓰였다.

TOPIC 사람들이 어떻게 그리고 왜 남 얘기를 하는가

UNIT 05 주어 뒤의 수식어구의 여러 형태 Review the Basics with longer sentences

01 (1) (between the amount of information and the quality of decision-making) (2) ②

해설 (1) 문장의 주어는 The positive correlation이고, 동사는 has이다. between the amount of information and the quality of decision-making이 주어를 수식한다.

(2) 빈칸 다음의 a person 이하는 주어와 동사를 갖춘 절의 형태이고 the chance와 동격 관계를 이루고 있다. 따라서 동격절을 이끄는 접속사 that이 알맞다.

구문 The positive correlation **(between the amount of information and the quality of decision-making)** / has limitations; //
                         S   V
the more the options, / the greater the chance [that a person will make no decision at all].

(정보의 양과 의사결정의 질 사이의) 양의 상관관계는 / 한계를 가지고 있다 //
선택권이 많을수록, / 가능성이 크다 [사람이 어떤 결정도 내리지 않을].

▶ between A and B: A와 B 사이의

▶ 세미콜론(;) 이하에는 '~할수록 …하다'라는 의미의 〈the+비교급 ~, the+비교급 …〉 구문이 쓰였다. 문장의 끝에 비교급 뒤에 나오는 be동사(is)가 생략된 형태이다.

02 (1) should be (2) are

해설 (1) 문장의 주어는 the link이고 connecting ~ the user는 주어를 수식하는 현재분사구이며, 동사는 should be이다.

(2) because가 이끄는 절에서 주어는 관계사절 who provide rapid feedback의 수식을 받는 people이므로 복수동사 are가 알맞다.

구문 For innovation to be less challenging, / the link **(connecting the company and the community, the producer**
                                                          S
and the user), / should be tighter // because people **[who provide rapid feedback]** are a source of good ideas.
                    V   S'   V'

혁신이 (달성하기) 덜 어렵기 위해서는, / 관계가 (회사와 사회, 생산자와 사용자를 연결하는)
/ 더욱 긴밀해야 한다 // 왜냐하면 [신속한 피드백을 제공하는] 사람들이 좋은 발상의 원천이기 때문이다.

▶ For innovation은 to be less challenging의 의미상 주어이다.

03 TOPIC reasons (1) has (2) degradation

해설 (1) 주어는 과거분사구 associated with ~ developed countries의 수식을 받는 Environmental degradation이므로 단수동사 has가 알맞다.

(2) 악화(degradation): 어떤 것이 더 나빠지는 과정

구문 Environmental degradation **(associated with mining and mineral processing / in developed countries)** / has been
                          S   └ V ┘
much reduced in recent years / owing to development of strategies and legislation (to mandate improved pollution-control
measures).

환경의 악화는 (광업 및 광물 가공과 관련된 / 선진국의) /
최근 몇 년 동안 크게 줄었다 / 계획과 법률의 개발 덕분에 (개선된 공해 방지 조치를 의무화하는).

TOPIC 환경 악화 감소의 이유들

04 (1) [who have experienced a major loss]

(2) on what they can gain from their circumstance, on what they have lost

해설 (1) 주격 관계대명사절 who have experienced a major loss가 주어인 Many를 수식한다.

(2) 'B라기보다는 오히려 A'라는 뜻의 〈A rather than B〉 구문에서 전명구 on what they can gain from their circumstance와 on what they have lost가 각각 A, B 자리에 쓰여 병렬구조를 이룬다.

구문 Many **[who have experienced a major loss]** / often <u>go</u> on to achieve remarkable feats / in spite of their hardships, //
S   V
because they focus on what they can gain from their circumstance / <u>rather than</u> on what they have lost.

[큰 손실을 경험한] 많은 이들은 / 종종 나아가서 놀랄만한 위업을 달성한다 / 고난에도 불구하고 //

왜냐하면 그들은 자신의 상황으로부터 그들이 얻을 수 있는 것에 초점을 맞추기 때문이다 / 그들이 잃은 것에 (초점을 맞추기보다는).

---

05 (1) [to which countries can succeed in the robot era]　　(2) 사람들이 자신들의 삶에 얼마나 로봇을 기꺼이 받아들이는지

해설 (1) 주절의 주어는 the degree이고 〈전치사+관계대명사〉가 이끄는 관계사절 to which countries can succeed in the robot era가 주어를 수식한다.

(2) 대시(—) 이하에서 culture에 대한 부연 설명을 제시한다. 따라서 culture는 '사람들이 자신들의 삶에 로봇을 얼마나 기꺼이 받아들이는지'를 의미한다.

구문 As robotics starts to spread, // the degree **[to which countries can succeed in the robot era]** <u>will depend</u> in part on
S   V
culture / — on how readily people accept robots into their lives.

로봇 공학이 확산되기 시작하면서, // 정도는 [국가들이 로봇 시대에 성공할 수 있는] 부분적으로 문화에 달려 있을 것이다

/ 즉, 사람들이 자신들의 삶에 로봇을 얼마나 기꺼이 받아들이는지에.

▶ 관계사절 안에서 관계대명사가 전치사 to의 목적어로 쓰여서 〈전치사+관계대명사〉 형태인 to which로 쓰였다.

---

06 **TOPIC** danger　　(1) (an environmental asset, capable of cleaning up vehicle emissions overnight)

(2) (disappearing in the name of biofuels)

해설 (1) 첫 번째 문장의 주어는 Biofuels이며, 동격어구 an environmental asset과 형용사구 capable of cleaning up vehicle emissions overnight가 주어를 수식한다.

(2) 두 번째 문장의 주어 Forests는 현재분사구 disappearing in the name of biofuels의 수식을 받는다.

구문 Biofuels, an environmental asset, **(capable of cleaning up vehicle emissions overnight)**, / <u>may cause</u> more harm than
S └──── = ────┘   V
good in the long run. Forests **(disappearing in the name of biofuels)** <u>equate</u> to a loss of habitat for endangered species.
                   S   V
환경 자산인 바이오 연료는 (하룻밤 사이에 차량 배기가스를 없앨 수 있는) / 장기적으로 득보다 실이 더 많을지도 모른다.

(바이오 연료라는 명목으로 사라지는) 숲들은 멸종 위기에 처한 종들의 서식지 손실과 같다.

TOPIC 바이오 연료를 사용하는 것의 <u>위험성</u>

---

07 (1) (of paying for the rights to use the recordings commercially)　　(2) thorny

해설 (1) 주절의 주어는 the thorny issue이고, 동격을 나타내는 〈of+명사〉 형태의 구 of paying ~ recordings commercially가 주어를 수식한다.

(2) 곤란한(thorny): 어려운 점이나 논란이 많은 것으로 가득한

구문 When we play music in the store, // the thorny issue **(of paying for the rights (to use the recordings commercially))**
                                                            S
<u>is brought</u> up.
V
우리가 가게에서 음악을 틀 때, // 곤란한 문제가 (권한을 위해 돈을 지불하는 것에 대한 (음반을 상업적으로 사용할))

제기된다.

▶ to use the recordings commercially는 to부정사의 형용사적 용법으로 the rights를 수식한다.

08 **(1)** [that your partner appreciates things going right for you] **(2)** ②

해설 (1) 접속사 that이 이끄는 절 that your partner ~ for you가 주어 The fact와 동격을 이룬다.

(2) 빈칸 뒤의 he respects your dreams and values the relationship은 〈주어+동사+목적어〉를 갖춘 완전한 문장이므로 불완전한 절을 이끄는 관계대명사 what이 아닌 완전한 절을 이끄는 접속사 that이 알맞다.

구문 The fact [**that your partner appreciates things (going right for you)**] means // not only that he is pleased for you /
　　　　　S　　　=　　　　　　　　　　　　　　　　　　　　　V
but that he respects your dreams and values the relationship.

사실은 [당신의 파트너가 (당신에게 잘 되는) 일들을 고맙게 여긴다는] 의미한다 // 그가 당신을 위해 기뻐할 뿐 아니라 /

그가 당신의 꿈을 존중하고 관계를 소중하게 여긴다는 것을.

▶ 'A뿐만 아니라 B도'라는 의미의 〈not only A but (also) B〉 구문에서 A와 B 자리에 동사 means의 목적어 역할을 하는 that절이 쓰였다.

UNIT 06 〈주어+긴 수식어구〉 뒤의 동사 찾기

01 **TOPIC** poor **(1)** is **(2)** [that we are very bad judges of how we will feel in the future]

해설 (1) 주어 One을 전명구 of the most ~ on humans가 수식하며 동사는 is이다.

(2) 접속사 that으로 시작하는 절인 that we ~ in the future가 the discovery와 동격을 이룬다.

구문 One (of the most interesting things (to come out of the new psychological research on humans)) / **is** the discovery
　　　S　　　　　　　　　　　　　　　　　　　　　　　　　　　　　　　　　　　　　　V
[that we are very bad judges of how we will feel in the future]. We overestimate the extent [to which good and bad experiences will affect us].

((인간에 대한 새로운 심리 연구에서 나온) 가장 흥미로운 것 중) 하나는 / 발견이다

[우리는 우리가 미래에 어떻게 느낄지에 대해 매우 형편없는 판단자라는]. 우리는 정도를 과대평가한다 [좋은 경험과 나쁜 경험이 우리에게 영향을 미칠].

▶ 첫 번째 문장의 how we will feel in the future는 전치사 of의 목적어 역할을 하는 간접의문문이다.

▶ 두 번째 문장의 the extent to which ~ us에서 to which 이하는 〈전치사+관계대명사〉로 시작하는 관계사절로 앞의 the extent를 수식한다.

TOPIC 우리는 우리 자신에 대해 서투른 심판이다.

02 **(1)** produces

해설 (1) 주어 A process of inquiry를 과거분사구 aimed at building ~ knowledge와 주격 관계대명사절 which is ~ confirmation이 수식하며 동사는 produces이다.

구문 A process of inquiry (aimed at building a body of knowledge) [which is constantly open to rejection or confirmation]
　　　S
produces science, / not the affirmation of a set of beliefs.
　　　V　　　O

탐구 과정은 (일련의 지식을 쌓는 것을 목표로 하는) [부정이나 확증에 지속적으로 열려 있는]

과학을 만들어 낸다 / 일련의 믿음의 확인이 아니라.

03 **(1)** appear **(2)** (areas), (strong currents), (unclean waters)

해설 (1) 주어 Corals를 현재분사구 living ~ the sun이 수식하며 동사는 appear이다.

(2) 주어를 수식하는 현재분사구 안에 각각 관계대명사 that절의 수식을 받는 명사 세 개가 등위접속사 or로 병렬 연결되었다.

구문 Corals (living in areas [that bring cold water to the surface], / in strong currents [that eliminate any harmful by-products of
　　　S
bleaching], / or in unclean waters [that block the harmful rays of the sun]) / **appear** to be less sensitive to bleaching.
　　　　　　　　　　　　　　　　　　　　　　　　　　　　　　　　　　　　　　V

산호는 (지역에 사는 [차가운 물을 수면으로 가져오는] / 강한 해류에서 (사는) [백화 현상의 해로운 부산물을 제거하는]

/ 또는 깨끗하지 않은 물에서 (사는) [태양의 유해한 광선을 차단하는]) / 백화 현상에 덜 민감한 것으로 보인다.

04 **(1) accelerated**

해설 (1) 주어 The shift in energy regimes from wood to coal과 두 번째 주어인 the introduction of the steam engine in the late eighteenth century이며 and로 병렬 연결되었으며, 동사는 부사 greatly의 수식을 받는 accelerated이다.

구문 The shift (in energy regimes from wood to coal) / and the introduction (of the steam engine in the late eighteenth century) /
S₁　　　　　　　　　　　　　　　　　　　　　　　　　　　　S₂
greatly **accelerated** the pace, flow, and density of economic activity.
　　　　　V
(목재에서 석탄으로의 에너지 체제의) 이동과 / (18세기 후반의 증기 기관의) 도입은 /
경제 활동의 속도, 흐름, 밀도를 크게 가속화했다.

---

05 FILL-IN ② **(1) ②** **(2) make**

해설 FILL-IN 프로젝트에서 더 많이 노력하고 공헌하는 사람이 '더 큰' 이익을 얻는 것은 공평하다는 문맥이 적절하므로, greater가 알맞다.
(1) It's와 that을 제외하면 문장이 성립하지 않으므로 It은 가주어이고 that 이하가 진주어이다.
(2) who가 이끄는 주격 관계대명사절 내에서 exert more effort와 병렬구조를 이루는 부분이다. 복수 선행사 those에 수 일치하여, exert와 마찬가지로 복수동사인 make가 알맞다.

구문 It's not unfair // that those [who exert more effort or make greater contribution to a project] / **should receive** greater
　　　　　　　　　　　S'　　　　　　　　　　　　　　　　　　　　　　　　　　　　　V'
benefit from it.
(~은) 불공평하지 않다 // 사람들이 [프로젝트에 더 많은 노력을 기울이거나 더 큰 기여를 하는] / 그것으로부터 더 큰 이익을 받아야 하는 것은.

---

06 **(1) [when you took a leap of faith and expanded beyond your comfort zone]** **(2) enthusiasm**

해설 (1) when you ~ comfort zone은 시간의 관계부사절로서 주어 Those moments를 수식한다.
(2) 열정(enthusiasm): 어떤 주제나 목적에 대한 굉장한 흥미 또는 관심

구문 Those moments [when you took a leap of faith / and expanded beyond your comfort zone] / **are** precious gifts, //
　　　S　　　　　　　　　　　　　　　　　　　　　　　　　　　　　　　　　　V
as they can remind you of the joy [that is available to you // when you live life with enthusiasm].
그 순간들은 [당신이 믿음의 도약을 하고 / 당신의 안전지대 너머로 뻗어나갔던] / 귀중한 선물들이다. //
그것들이 당신에게 기쁨을 상기시킬 수 있기 때문에 [당신이 얻을 수 있는 // 삶을 열정적으로 살아갈 때].
▶ remind[inform, notify, warn, convince] A of B: A에게 B를 상기시키다[알리다, 경고하다, 확신시키다]
▶ 여기서 with는 어떤 일을 할 때의 태도나 방식 등을 나타낸다.
　e.g. He behaved **with** great confidence. 그는 굉장히 자신 있게 행동했다.

---

07 SUMMARY **challenges** **(1) achieving, maneuvering** **(2) are**

해설 (1) 동명사 Financing은 등위접속사 and로 achieving, maneuvering과 연결되어 병렬구조를 이룬다.
(2) 주어로 동명사구 세 개가 이어지며 동사는 복수동사 are이 쓰였다.

구문 Financing a college education, / achieving academically, / and maneuvering around the multitude of social, psychological,
　　S₁　　　　　　　　　　　　　　S₂　　　　　　　　　　　　　　　　S₃
and political obstacles [that impede the path to a bachelor's degree] / **are** often much higher hurdles than admission.
　　　　　　　　　　　　　　　　　　　　　　　　　　　　　　　　　　V
대학 교육에 자금을 대는 것, / 학업적으로 성취하는 것, / 그리고 다수의 사회, 심리,
정치적 장애물을 피해 잘 처리하는 것은 [학사 학위 과정을 방해하는] / 종종 입학 허가보다 훨씬 더 높은 장애물이다.
▶ 부사 much는 비교급 higher를 수식하며 '훨씬'의 뜻을 나타낸다.
SUMMARY 당신이 대학에 입학하게 된 후에도 여전히 많은 다른 난제들이 있다.

UNIT 07 〈주어+여러 수식어구〉 뒤의 동사 찾기

01 **(1) Many people** **(2) criticized**

해설 (1) trying to save the tigers(호랑이를 보호하기 위해 노력하고 있는)는 문맥상 바로 앞의 명사 Bangladesh가 아닌 Many people을 수식한다.

(2) 문장의 주어는 맨 앞에 있는 Many people이다. 전명구 in India and other places와 현재분사구 trying to save the tigers ~ extinction은 주어의 수식어구이다. 현재분사구에 보충 설명하는 관계사절 which ~ extinction이 포함되었으며 동사는 그 뒤의 criticized이다.

구문 Many people (in India and Bangladesh) (trying to save the tigers, // which face the danger of extinction), /
<u>S</u>
<u>criticized</u> a picture of people (hunting tigers) on the magazine cover.
<u>V</u>

(인도와 다른 방글라데시에 있는) 많은 사람은 (호랑이를 보호하기 위해 노력하고 있는, // 그것들은 멸종 위기에 직면했는데), /
잡지 표지에 있는 (호랑이를 사냥하는) 사람들의 사진을 비판했다.

02 **(1) The ability** **(2) is**

해설 (1) to communicate effectively with each other and with passengers(서로, 그리고 승객들과 효과적으로 소통하는)는 The ability(능력)를 수식한다.

(2) 주어는 The ability이고 전명구 of ~ and so on과 to부정사구 to communicate ~ passengers는 주어의 수식어구이다. 동사는 그 뒤의 is이다.

구문 The ability (of airline cabin crew, pilots, and so on) (to communicate effectively with each other and with passengers) /
<u>S</u>
<u>is</u> vital / to prevent crises.
<u>V</u>

능력은 (항공사 객실 승무원, 조종사 등의) (서로, 그리고 승객들과 효과적으로 의사소통하는) /
필수적이다 / 위기를 예방하기 위해.

03 **(1) ①** **(2) Travelers**

해설 (1) ⓐ 이하의 are far from home(고향에서 멀리 떨어져 있는)은 문맥과 복수동사 are로 보아 주어인 Travelers를 수식한다. 따라서 선행사는 사람이므로 관계대명사 who가 알맞다.

(2) they는 '주변의 현지인들과 다른(differ from the locals around them)' 사람들이므로 Travelers를 가리킨다.

구문 Travelers (from the same country) [who are far from home] / **<u>can feel</u>** immediate connectedness, /
<u>S</u> <u>V</u>
sharing observations about how they differ from the locals around them.

(같은 나라에서 온) [고향에서 멀리 떨어져 있는] 여행객들은 / 즉각적인 유대감을 느낄 수 있다. /
그들 주변의 현지인들과 그들이 어떻게 다른지에 대한 의견을 공유하며.

▶ sharing 이하는 동시동작을 나타내는 분사구문이며, how가 이끄는 간접의문문은 전치사 about의 목적어 역할을 한다.

04 **FILL-IN** **①** **(1) were**

해설 **FILL-IN** had의 목적어로 '훨씬 더 빠른 회복(a much faster recovery)'이 언급된 것으로 보아, 의학적 합병증도 '더 적게' 겪었음을 추론할 수 있다. 따라서 빈칸에는 fewer가 알맞다.

(1) who가 이끄는 주격 관계대명사절 who ~ optimistic의 선행사는 patients이므로, 관계사절 내의 동사는 복수동사 were가 알맞다.

구문 In some research, / patients (going into artery-related surgery) [who were more optimistic] / **<u>had</u>** a much faster recovery
<u>S</u> <u>V</u>
and fewer medical complications / during and after surgery // than did more pessimistic patients.

몇몇 연구에서, / 환자들은 (동맥과 관련된 수술에 들어간) [더 낙관적이었던] / 훨씬 더 빠른 회복과
더 적은 의학적 합병증을 겪었다 / 수술 동안 그리고 수술한 후에 // 더 비관적인 환자들이 그랬던 것보다.

▶ than did more pessimistic patients에서 did는 had를 대신해서 쓰인 대동사이다.

05 FILL-IN ② (1) informs

해설 FILL-IN 콜론(:) 이하의 절에서 기밀 정보(a tip)가 수익을 내는 전략적 결정에 정보를 제공한다고 했으므로, 정보(information)가 돈이라는 문맥이 알맞다.

(1) 주어 a tip은 전명구 about ~ discussion의 수식을 받으며, 동사는 그 뒤의 informs이다.

구문 In the business world, / information is money: // a tip (about anything (from a competitor's marketing campaign /
                                                          S
to an under-the-table merger discussion)) / **informs** strategic decisions [that might yield millions of dollars in profits].
                                              V

사업의 세계에서, / 정보는 돈이다 // 기밀 정보는 (어떠한 것에 대한 (경쟁자의 마케팅 활동에서부터 /

비밀리의 합병 논의에 이르기까지)) / 전략적 결정에 정보를 제공한다 [수익 수백만 달러를 낼 수 있는].

---

06 (1) an analysis, demonstrated (2) a diet providing more than 400 micrograms of folate daily (3) enroll

해설 (1) 주어는 명사 an analysis이다. 동사는 주어를 수식하는 전명구 of data ~ health study 뒤의 demonstrated이다.

(2) 주어 a diet와 이를 수식하는 현재분사구 providing ~ daily가 주어의 범위이다.

(3) 등록하다(enroll): 명부, 목록 또는 기록에 기재하거나 등록하다

구문 In the spring of 1998, / an analysis (of data from the records for more than 80,000 women (enrolled in the long-running
                             S
health study)) / **demonstrated** // that a diet (providing more than 400 micrograms of folate daily)
                  V   S′
might reduce a woman's risk of heart attack by almost 50 percent.
  V′

1998년 봄에, / 분석은 (80,000명이 넘는 여성들에 대한 기록의 데이터 (장기간의 건강 연구에서 등록된))

/ 보여 주었다 // 식이 요법이 (매일 400마이크로그램이 넘는 엽산을 제공하는)

여성의 심장 마비의 위험을 거의 50%만큼 감소시킬 수도 있다는 것을.

▶ 여기서 by는 양 혹은 정도를 나타낼 때 쓰는 전치사로 '~만큼, ~의 정도까지'의 뜻을 가진다.

UNIT 08 동사 자리, 준동사 자리

01 (1) is (2) to hit

해설 (1) 주어는 to say로 시작하는 to부정사구의 수식을 받는 The reason이며, to say의 목적어 역할을 하는 that절(that a pianist ~ in sequence) 뒤에 동사 is가 이어지는 구조이다.

(2) that이 이끄는 절의 동사로 takes가 쓰였으므로 ⓐ는 준동사 자리이다. 앞의 명사 an intent를 수식하는 준동사 to hit이 알맞다.

구문 The reason to say // that a pianist has no awareness of an intention (to strike each key in sequence) / **is** that conscious
                                                                                                        O′   V   S′
perception of an intent (to hit a particular note) takes longer / than the motor response (to play the note).
                                                   V′

말하는 이유는 // 피아노 연주자가 의도에 대한 인지가 없다고 (각각의 건반을 차례차례로 치려는) /

(특정 음을 치려는) 의도에 대한 의식적인 지각이 더 오래 걸린다는 것이다 / (음을 연주하려는) 운동 반응보다.

---

02 (1) add (2) allows

해설 (1) Because가 이끄는 절의 주어는 the interior angles of a triangle이고, ⓐ는 절의 동사 자리이므로 준동사가 아닌 동사 add가 알맞다.

(2) 주어는 knowing the sum of two of the angles로 ⓑ는 문장의 동사의 자리이다. 동명사구 주어이므로 단수동사 allows가 알맞다.

구문 Because the interior angles (of a triangle) always **add up to** 180 degrees, // knowing the sum (of two of the angles) /
                    S′   V′   S
allows you to calculate the third instantly.
  V   O   C

삼각형의 내각(內角)은 항상 합계가 180도가 되기 때문에, // (두 각의) 합을 아는 것은 /

당신이 세 번째를 즉시 계산할 수 있게 한다.

▶ the third는 the third angle에서 angle이 생략된 것이다.

03 **(1)** acting **(2)** 주변 사람들처럼 행동하려는 자연스러운 경향

해설 (1) 주절의 주어는 Those이고 동사는 need이므로, ⓐ는 준동사 자리이다. 따라서 주어를 수식하는 현재분사구를 이끄는 acting이 알맞다.

(2) to behave like the people around you와 a natural tendency는 동격 관계이므로 '당신의 주변 사람들처럼 행동하려는' 자연스러운 경향을 일컫는다.

구문 Those (already acting in a socially desirable way) **need** approval, // because there is a natural tendency
　　　　S　　　　　　　　　　　　　　　　　　　　　　 V

(to behave like the people around you), / even if that behavior is harmful.

(이미 사회적으로 바람직한 방식으로 행동하는) 사람들은 인정을 필요로 한다. // 왜냐하면 자연스러운 경향이 있기 때문이다

(당신의 주변 사람들처럼 행동하려는), / 그런 행동이 해롭더라도.

---

04 **(1)** struggling

해설 (1) 문장의 동사는 spend이므로 ⓐ 자리에는 주어를 수식하는 현재분사 struggling이 알맞다.

구문 Most job candidates (struggling to get hired after graduation) / **spend** a lot of time / crafting and sending out résumés, //
　　　　　　　　　　　S₁　　　　　　　　　　　　　　　　　　　V₁　　O₁

but generally they **don't take** time (to think about what will really make them happy).
　　　　　　　　S₂　　V₂　　O₂

대부분의 구직자들은 (졸업 후에 고용되려고 애쓰는) / 많은 시간을 보낸다 / 이력서를 공들여 만들고 보내는 데 //

하지만 대개 그들은 시간을 갖지 않는다 (무엇이 정말로 그들을 행복하게 만들지를 생각할).

▶ 〈spend A(시간, 노력 등) v-ing〉: v하는 데 A를 보내다[쓰다]

▶ what will really make them happy는 전치사 about의 목적어로 쓰인 명사절이다. 절 안에 〈make+목적어(them)+목적격보어(happy)〉(~가 …하게 만들다)〉 구조가 쓰였다.

---

05 **(1)** are **(2)** ⓐ

해설 (1) 문장의 주어는 관계사절 who say ~ what people think의 수식을 받는 People이고, 그 뒤에 동사 are가 이어지는 구조이다.

(2) ⓑ, ⓒ, ⓓ의 people은 불특정 일반인들을 나타내고, ⓐ는 그러한 일반 대중의 생각에 신경 쓰지 않는다고 말하는 사람들을 나타낸다.

구문 People [who say // they don't care what people think] / **are** usually desperate to have people think //
　　　　　S　　　　　　　　　　　　　　　　　　　　　　　　　　V　　　　　　　　　　 V　　O′　　C

they don't care what people think.

사람들은 [말하는 // (다른) 사람들이 생각하는 것에 신경 쓰지 않는다고] / 보통 필사적으로 (다른) 사람들이 (~라고) 생각하게 하려 한다 //

자신이 (다른) 사람들이 생각하는 것을 신경 쓰지 않는다고.

↳ 다른 사람들이 생각하는 것에 신경 쓰지 않는다고 말하는 사람들은 실제로는 다른 사람들이 그렇게(자신들이 신경 쓰지 않는다고) 생각하도록 하려 한다.

▶ 두 개의 what people think는 각각 동사 care의 목적어 역할을 하는 관계대명사절이다.

▶ have+목적어+목적격보어: ~가 …하게 하다

---

06 **(1)** ~ is founded ⓘs **(2)** 사람은 유죄로 입증될 때까지는 무죄로 추정된다는 가정

해설 (1) 〈전치사+관계대명사〉가 이끄는 절 on which ~ is founded가 주어 One of the principles를 수식하며, 그 뒤에 문장의 동사 is가 이어지는 구조이다.

(2) the assumption 뒤의 that절 that one ~ guilty가 동격으로 the assumption의 내용을 보충 설명한다.

구문 One of the principles [on which our judicial system is founded] / **is** the assumption [that one is presumed innocent //
　　　　　　　　　　S　　　　　　　　　　　　　　　　　　　　　　　 V

until proven guilty].

원칙들 중 하나는 [(그 위에) 우리의 사법제도가 기반을 둔] / (~라는) 가정이다 [사람은 무죄로 추정된다는 //

유죄로 입증될 때까지는].

▶ until proven guilty에서 proven 앞에는 〈S′+be(one is)〉가 생략되어 있다. '시간 · 조건 · 양보' 등을 나타내는 부사절의 주어와 주절의 주어가 같을 경우, 부사절의 〈S′+be〉는 종종 생략된다.

해설 (1) Any space는 과거분사구 looked ~ two의 수식을 받으며, 동사는 그 뒤의 수동태 is seen이다.

(2) ⓑ의 as는 is seen as 형태로 쓰여 '~로(서) 여겨지다'라는 의미로, 자격·기능을 나타내는 전치사로 쓰였다. ⓒ의 as는 '~할 때'의 의미로, 시간을 나타내는 절을 이끄는 부사절 접속사로 쓰였다.

(3) 주어는 of the bus in front of you의 수식을 받는 the back이므로 단수동사 is가 알맞다.

구문 Any space (looked at by commuters for a moment or two) / **is seen** as a likely spot for a bit of commercial promotion: //
　　　　S　　　　　　　　　　　　　　　　　　　　　　V

as you look upwards in the subway, // you are confronted with a row of ads; // while you wait in a traffic jam, //

the back (of the bus in front of you) is acting as a billboard on wheels.
　　　S　　　　　　　　　　　　　　V

어떤 공간도 (통근자들이 잠깐 동안 바라보는) / 약간의 상업적인 홍보를 하기 좋은 장소로(서) 여겨진다 //

지하철에서 위쪽을 보면, // 당신은 줄지어 늘어선 광고와 마주친다 // 당신이 교통 체증 속에서 기다리는 동안, //

(당신 앞에 있는 버스의) 뒷부분은 바퀴 달린 광고판 역할을 하고 있다.

TOPIC 광고는 당신이 보는 어디에나 있다.

UNIT 09 명사 수식어 자리   Review the Basics with longer sentences

01   **(1) [who seek constant ~ rigorous science]   (2) rigorous**

> 해설 (1) 문장의 보어는 people이고, 이를 관계사절 who seek ~ rigorous science가 수식한다.
> (2) 엄밀한(rigorous): 철저하고 정확한

> 구문 Scientists should be people [who seek constant improvement and transparency / for the benefit of sound,
> C
>
> rigorous science].
>
> 과학자들은 사람들이어야 한다 [끊임없는 향상과 투명성을 추구하는 / 믿을만하고 엄밀한 과학을 위해].

02   **FILL-IN ①   (1) (to do what we think is right)   (2) 우리가 생각하기에 옳은 것**

> 해설 FILL-IN 우리가 유혹에 굴복하는 것(we give in to temptation)은 의지의 '나약함' 때문이므로 weakness가 알맞다.
> (1) 절의 목적어는 the courage이고, to do what we think is right는 the courage를 수식하는 to부정사의 형용사적 용법으로 쓰였다.
> (2) 관계사 what이 이끄는 절에 we think(우리가 생각하기에)가 삽입된 형태이다.

> 구문 Sometimes we lack the courage (to do what (we think) is right), // or we give in to temptation, / knowing /
> O
>
> that we are doing wrong things / due to weakness of will.
>
> 때때로 우리는 용기가 부족하다 ((우리가 생각하기에) 옳은 것을 할) // 또는 우리는 유혹에 굴복한다, / 알면서도 /
> 우리가 잘못된 일을 하고 있다는 것을 / 의지의 나약함 때문에.
> ▶ knowing ~은 분사구문으로, although we know ~를 의미한다.
> ▶ that we are ~ will은 knowing의 목적어 역할을 하는 명사절이다.

03   **(1) [who shape general opinions]   (2) 무료 샘플이나 그들이 계획하고 있는 일의 초기 내부 공개를**

> 해설 (1) 주절의 간접목적어는 the influential people이고, 주격 관계대명사절 who shape general opinions가 이를 수식한다.
> (2) 직접목적어는 free samples ~ planning이다. 〈전치사+명사절〉 구조인 at what they are planning이 an early, inside look을 수식하는
> 구조로 해석한다.

> 구문 New businesses often give the influential people [who shape general opinions] / free samples or
> IO   DO₁
>
> an early, inside look (at what they are planning), // so that they can build buzz and anticipation.
> DO₂
>
> 새로운 사업은 (여론을 형성하는) 영향력 있는 사람들에게 종종 준다 / 무료 샘플이나
> 초기 내부 공개를 (그들이 계획하고 있는 일의) // 그들이 소문과 기대를 만들어낼 수 있도록.
> ▶ so that S´+V´: V´하도록, V´하기 위해서 ((목적))

04   **(1) struggle   (2) (put upon them ~ 'normal' is)**

> 해설 (1) struggle은 지각동사 see(seen)의 목적격보어로 쓰였다.
> (2) 문맥상 '그들에게 가해지는 기대와 압력'이라는 의미로, 과거분사구 put upon them ~ 'normal' is가 앞의 명사를 수식한다.

> 구문 I've seen so many people struggle tremendously / to fit into boxes or to live up to expectations or pressures (put upon
> V   O   C
>
> them / by whatever society's concept of 'normal' is).
>
> 나는 너무 많은 사람이 엄청나게 고군분투하는 것을 봐왔다 / 틀에 맞추거나 기대 혹은 압력에 부응하기 위해 (그들에게 가해지는
> / '정상'에 대한 사회의 기준이 무엇이든지에 의해서).
> ▶ to fit into ~ pressures는 목적을 나타내는 to부정사의 부사적 용법으로 쓰였다.
> ▶ whatever society's concept ~ is는 전치사 by의 목적어로 쓰인 명사절이다.

05 **(1)** needs   **(2)** a multitude of complex functions required to keep us alive

해설 (1) 주절의 주어는 the body이고, 동사는 needs이다.

(2) to fuel의 목적어는 a multitude of complex functions이고, 이를 과거분사구 required 이하가 수식한다.

구문 Even while we are asleep // the body needs energy / to fuel a multitude of complex functions **(required to keep us alive)**.

V'　　　　　　　　　O'

우리가 잠든 동안에도 // 신체는 에너지를 필요로 한다 / 다수의 복잡한 기능에 연료를 공급하기 위해서 (우리가 생명을 유지하는 데 필요한).

▶ to fuel ~ alive는 목적을 나타내는 to부정사의 부사적 용법으로 해석하는 것이 자연스럽다.

06 **(1)** *Future Shock*

(2) a person can have, of too much change happening too quickly, 사람이 가질 수 있는, 너무 많은 변화가 너무 빨리 일어나는 것에 대한

해설 (1) 콤마(,) 이후에 동격을 이루는 어구가 쓰였다.

(2) to describe의 목적어는 the perception이며, 관계대명사 which[that]가 생략된 관계사절 a person can have와 전명구로 이루어진 구 of too much change happening too quickly가 이를 수식한다.

구문 Alvin Toffler's book, *Future Shock*, has sold more than six million copies // since it was first published in 1970.

It introduced the term "future shock" / to describe the perception [a person can have] (of too much change

V'　　　　　　O'

happening too quickly).

앨빈 토플러의 책 〈미래 충격〉은 600만 부 넘게 팔렸다 // 1970년에 처음 출판된 이래로.

그 책은 '미래 충격'이라는 용어를 소개했다 / 인식을 묘사하기 위해 [사람이 가질 수 있는] (너무 많은 변화가

너무 빨리 일어나는 것에 대한).

▶ to describe the perception은 목적을 나타내는 to부정사의 부사적 용법으로 쓰였다.

▶ happening은 전치사 of의 목적어로 쓰인 동명사이며, too much change는 happening의 의미상 주어이다.

07 **(1)** multiplies   **(2)** increasingly similar products ~ between

해설 (1) 문장의 주어는 of products within a category의 수식을 받는 the number이므로 단수동사 multiplies가 알맞다. (*cf.* the number of: ~의 수)

(2) to become의 보어로 명사 products가 쓰였다. increasingly similar와 관계대명사절 which 이하는 이를 수식한다.

구문 As the number of products (within a category) multiplies, // they start to become increasingly similar products

V'　　　　　C'

[which we can't distinguish between], / almost to the point of absurdity.

(한 범주 내의) 제품의 수가 증가함에 따라, // 그것들은 점점 더 비슷한 제품이 되어가기 시작한다.

[우리가 구별할 수 없는] / 거의 터무니없을 정도로.

▶ which는 increasingly similar products를 선행사로 하는 목적격 관계대명사이다.

08 **(1)** the growing conditions ~ in check

해설 (1) 전치사 from 뒤의 목적어는 the growing conditions이며, 관계대명사 that절 이하는 이를 수식한다.

구문 When you cultivate peaches indoors, // the only difference may arise from the growing conditions

[that make it necessary to keep growth and fruiting in check]; // having too many fruits makes individual fruits smaller.

복숭아를 실내에서 재배할 때 // 유일한 차이는 재배 환경에서 발생할 수도 있다

[성장과 열매 맺기를 억제하는 것을 필요하게 만드는] // 너무 많은 열매를 맺는 것은 각 열매를 더 작게 만든다.

▶ that은 conditions를 선행사로 하는 주격 관계대명사이므로, 선행사에 수 일치하여 관계사절에는 복수동사 make가 쓰였다.

▶ make it necessary의 it은 가목적어이고, to keep growth ~ in check가 진목적어이다.

UNIT 10 목적어 뒤의 목적격보어 찾기

01 **TOPIC** new findings (1) [who study archaeology] (2) (to) rethink

해설 (1) 주격 관계사절 who study archaeology가 목적어 scientists를 수식한다.

(2) force의 목적격보어인 to rethink ~와 (to) argue ~가 and로 연결되어 병렬구조를 이룬다.

구문 New discoveries constantly <u>force</u> <u>scientists</u> [who study archaeology] / **to rethink the dating (given to major**

                        V   O   C₁

developments in human prehistory) / |and| **argue about the dates [that human life began and changed]**.

                                                            C₂

새로운 발견들은 끊임없이 [고고학을 연구하는] 과학자들을 강요한다 / 연대 결정을 다시 생각하도록

(인간의 선사 시대의 주요 발전에 주어진) / 그리고 [인간의 삶이 시작되고 변화했던] 시기에 대해 논의하도록.

▶ 〈force+O+C(to-v)〉: O가 v하도록 강요하다

▶ that human life began and changed는 the dates를 선행사로 하는 관계부사절이다.

TOPIC 새로운 발견들이 과학자들에게 무엇을 의미하는가?

02 (1) know

해설 (1) the ability를 수식하는 to부정사구 to let ~ others에서 to let은 participants in a social group을 목적어로, ⓑ 이하를 목적격보어로 한다.

사역동사 let은 목적격보어로 동사원형을 취하므로 know가 알맞다.

구문 Social interaction requires numerous talents and abilities, (including the ability (to <u>let</u> <u>participants in a social group</u> /

                                                                  V'   O'

know the intentions and beliefs of others)).

               C'

사회적 상호 작용은 많은 재능과 능력을 필요로 한다 (능력을 포함하여 (사회적 집단의 참여자들이 ~하게 하는 /

다른 사람들의 의도와 생각을 알게)).

03 (1) a strange decision, essential for ~ health (2) 어떤 결정이 내려지든 상관없이

해설 (1) 첫 번째 절의 목적어는 getting up early, 목적격보어는 a strange decision이다. 목적어와 목적격보어 사이의 삽입어구에 유의한다. 또한, 두

번째 절의 목적어는 having choice and control in your life, 목적격보어는 essential 이하이다.

(2) regardless of는 '~에 상관없이'라는 의미이며, 이 전명구의 목적어로 의문사절 what decision is taken이 함께 쓰여 '어떤 결정이 내려지든

상관없이'라는 의미를 나타낸다.

구문 Some people <u>might find</u> <u>getting up early</u>, (especially at the weekend), **a strange decision**, // but regardless of

                         V₁   O₁   C₁

what decision is taken / I <u>find</u> <u>having choice and control in your life</u> / **essential for personal well-being and general**

                                V₂   O₂   C₂

health.

몇몇 사람들은 일찍 일어나는 것을 (특히 주말에) 이상한 결정이라고 생각할지 모른다 // 그러나 어떤 결정이 내려지든 상관없이

/ 나는 당신의 삶에 선택권과 통제력을 갖는 것이 (~라고) 생각한다 / 개인의 행복과 전반적인 건강을 위해 필수적이라고.

04 **(1) competent or a success**　　**(2) procrastinate**

[해설] (1) to consider의 목적어는 yourself이며, because of what you accomplish는 삽입어구이다. 목적격보어는 그 뒤의 competent or a success이다.

(2) 미루다(procrastinate): 대개 당신이 하기를 원하지 않기 때문에 무언가를 하는 것을 나중으로 미루다

[구문] If you habitually procrastinate, // you lose yourself plenty of opportunity (to <u>consider</u> <u>yourself</u>, (because of what you
　　　　　　　　　　　　　　　　　　　　　　　　　　　　　　　　　V'　　　　O'

accomplish), / **competent or a success**).
　　　　　　　　　　　　C'

당신이 습관적으로 미룬다면, // 당신은 많은 기회를 잃는다 (당신을 (~라고) 여기는 (당신이 성취하는 것으로 인해)

/ 유능하거나 성공한 사람이라고).

▶ to consider 이하는 opportunity를 수식하는 to부정사의 형용사적 용법으로 쓰였다.

05 **(1) to have an understanding ~ concerns**

[해설] (1) to부정사구 to have 이하가 목적격보어로 쓰였다.

[구문] The unstable qualities of childhood / <u>require</u> <u>a writer, translator, or any other workers</u> (in the early childhood education
　　　　　　　　　　　　　　　　　　　　　V　　O

industry) / **to have an understanding** (of the freshness of language (to the child's eye and ear), / and
　　　　　　　　　　　　　　C　　　　　　O'1

the child's affective concerns).
　　　　　　O'2

어린 시절의 불안정한 특성은 / 작가, 번역가 또는 다른 종사자들에게 요구한다 (유아 교육 업계에 있는)

/ 이해하는 것을 ((아이의 눈과 귀에 들어오는) 언어의 생소함에 대한 / 그리고

아이의 정서적인 관심 사항에 대한).

▶ 〈require+O+C(to-v)〉: O가 v할 것을 요구하다

06 **(1) ①**　　**(2) subjects**

[해설] (1) 각 절의 목적어는 subjects, the conditions among them이다. 각각 이어지는 to different conditions는 부사구, to examine 이하는 '목적(~하기 위하여)'을 나타내는 부사적 용법의 to부정사구이다. to부정사구를 목적격보어로 착각하지 않도록 주의한다.

(2) '피실험자들' 간의 조건이라는 의미로 them은 앞의 subjects를 가리킨다.

[구문] In experiments, / a researcher randomly <u>assigns</u> <u>subjects</u> to different conditions, / and <u>manipulates</u> <u>the conditions</u>
　　　　　　　　　　　　　　　　S　　　　　V₁　　O₁　　　　　　　　　　　　　　V₂　　　O₂

(among them) / to examine cause-and-effect relationships.

실험에서, / 연구자는 무작위로 피실험자들을 서로 다른 상황에 배치한다 / 그리고 상황들을 조작한다

(그들(피실험자들) 간의) / 인과 관계를 조사하기 위해.

UNIT 11 명사 뒤의 여러 수식어구

01 [FILL-IN] **①**　　**(1) [that could lead to the emotions that they fear], 그들이 두려워하는 감정들을 초래할 수 있는**

[해설] [FILL-IN] 두 번째 문장에서 사람들은 두려운 감정을 초래하는 어떤 상황도 직면하지 않으려고 한다고 설명하므로, 우리는 모두 고통스러운 감정에서 '벗어나고 싶어 함'을 알 수 있다. 따라서 get away from(~에서 벗어나다)이 알맞다.

(1) 관계대명사 that이 이끄는 주격 관계대명사절 that could ~ they fear가 앞의 명사를 수식한다. 그 안에 the emotions를 수식하는 목적격 관계대명사절 that they fear가 포함된 구조이다.

[구문] We all want to get away from painful emotions. As a result, / most people try not to confront <u>any situation</u> **[that could**

lead to the emotions [that they fear]] / — or worse, / some people try not to feel any emotions at all!

우리 모두는 고통스러운 감정에서 벗어나고 싶어 한다. 그 결과로, / 대부분의 사람들은 어떤 상황도 직면하지 않으려 애쓴다

[감정들을 초래할 수 있는 [그들이 두려워하는]] / 더 심하게는 / 어떤 사람들은 어떤 감정도 전혀 느끼지 않으려고 애쓴다!

02 **(1) who** **(2) helping, protecting, taking care of**

> 해설 (1) 관계사절 experience ~ of time은 문맥상 employees를 선행사로 하므로 사람을 나타내는 관계대명사 who가 알맞다.
>
> (2) 전치사 for의 목적어로 쓰인 동명사 helping, protecting, taking care of가 등위접속사 or로 연결되어 병렬구조를 이루며, 모두 other people을 공통 목적어로 취한다.

> 구문 Burnout is a special kind of psychological consequence of stress (**afflicting employees [who experience high levels of work stress day in and day out / for an extended period of time]**). It is especially likely to occur // when employees are responsible for helping, protecting, or taking care of other people.
>
> 극도의 피로는 스트레스로 인한 특수한 종류의 심리적인 결과이다 (직원들을 괴롭히는
>
> [매일 높은 수준의 업무 스트레스를 경험하는 / 장기간]). 이것(극도의 피로)은 특히 발생할 가능성이 있다 //
>
> 직원들이 다른 사람들을 돕거나 보호하거나 돌볼 책임이 있을 때.
>
> ▶ afflicting employees ~ period of time은 a special kind ~ of stress를 수식하는 현재분사구이며, 그 안에 employees를 선행사로 하는 주격 관계대명사절 who ~ period of time이 쓰였다.

03 **(1) (disregarding ~ to think), (programmed ~ attention)** **(2) anything**

> 해설 (1) 현재분사 disregarding과 과거분사 programmed가 이끄는 구가 and로 병렬 연결되어 robots를 수식한다.
>
> (2) 관계대명사 that이 이끄는 절 that requires ~ to think가 앞의 명사 anything을 선행사로 한다.

> 구문 We often overlook various aspects of our lives [that are desperate for attention] // until they become serious crises. It's as if we are robots (**disregarding anything [that requires putting in extra time and energy / to think]**, / **and programmed to respond on cue / to whatever demands the least time and attention**).
>
> 우리는 [관심을 간절히 원하는] 우리의 삶의 다양한 면을 종종 간과한다 // 그것들이 심각한 문제가 될 때까지.
>
> 마치 우리가 로봇인 것 같다 (어떤 것도 무시하는 [여분의 시간과 에너지를 들이는 것이 필요한 / 생각할] /
>
> 그리고 때맞춰 응답하도록 설정된 / 무엇이든 가장 적은 시간과 관심을 요구하는 것에).

04 **(1) is** **(2) the core of strength**

> 해설 (1) 주어는 전명구 in the process of growing up의 수식을 받는 The turning point이고, is가 동사, when이 이끄는 절이 보어의 역할을 한다.
>
> (2) 관계대명사 that은 바로 앞의 you가 아닌 the core of strength를 선행사로 하는 관계사절을 이끈다.

> 구문 The turning point (in the process of growing up) is // when you discover the core of strength (**within you**) [**that survives all hurt**].
>
> (성장 과정의) 전환점은 ~이다 // 힘의 핵심을 발견할 때 (당신 안에 있는) [모든 상처를 견뎌 내는].

05 **(1) whose** **(2) people**

> 해설 (1) ⓐ 다음의 관계사절이 〈주어+동사(old companion animal passes away)〉의 구조를 이루며, old companion animal과 people은 소유의 관계이므로 소유격 관계대명사 whose가 알맞다.
>
> (2) who는 주격 관계사절 who choose ~ animal을 이끌어 문장의 주어인 people을 선행사로 한다.

> 구문 There are people [**whose old companion animal passes away**] and [**who choose to adopt a new companion animal**], // which is their way of replacing a loss with a gain.
>
> 사람들이 있다 [자신의 오랜 반려동물이 세상을 떠난] 그리고 [새로운 반려동물 입양을 선택하는]
>
> // 이것은 얻는 것으로 상실감을 대체하는 그들의 방식이다.
>
> ▶ which 이하는 앞 절 전체의 내용을 보충 설명한다.

06 **(1) (of our leaders), (to improve education and reduce crime)** **(2) pessimistic**

> 해설 (1) 전명구 of our leaders와 to부정사구 to improve ~ crime이 각각 the ability를 수식한다.

(2) 비관적인(pessimistic): 모든 상황에서 최악의 일이 일어날 것이라고 생각하는 것

구문 Collectively / we can grow pessimistic (— about the direction of our country / or the ability **(of our leaders) (to improve education and reduce crime)** —) // but private optimism, (about our personal future), / remains incredibly resilient.

집단적으로 / 우리는 점점 비관적으로 될 수 있다 (나라의 방향이나 / 역량에 관해서 (지도자의)

(교육을 개선하고 범죄를 줄일)) // 그러나 개인적 낙관주의는 (우리의 개인적인 미래에 관한) / 여전히 놀라울 정도로 회복력이 있다.

07　(1) who　(2) a state-of-the-art artificial one

해설 (1) 선행사는 사람인 a Swiss man이므로 관계대명사 who가 알맞다. 바로 앞의 명사 a left hand를 선행사로 착각하지 않도록 주의한다.
(2) which가 이끄는 절 which he ~ smartphone은 문맥상 바로 앞의 명사를 선행사로 한다.

구문 A newspaper recently had several features (about developments in the field of prosthetic devices). One of the articles mentioned a Swiss man **(born without a left hand)** **[who was fitted with a state-of-the-art artificial one [which he controls from his smartphone]]**.

한 신문은 최근 몇 가지 특집 기사를 실었다 (보철 기기 분야에서의 발전에 관한). 그 기사들 중 하나는

스위스 남자에 관해서 말했다 (왼손 없이 태어난) [최첨단 인공 손을 장착한

[그가 자신의 스마트폰으로 조종하는]].

▶ born without a left hand는 a Swiss man을 수식하는 과거분사구이다.

▶ who was ~ smartphone은 a Swiss man을 선행사로 하는 주격 관계대명사절이며, 그 안의 which ~ his smartphone은 a state-of-the-art artificial one을 선행사로 하는 목적격 관계대명사절이다.

UNIT 12　수식어구의 범위

01　(1) turned (into)　(2) (similar to oatmeal and other whole grains)

해설 (1) Ground and mixed with milk는 수동 분사구문이며, 문장의 주어는 slippery elm bark, 동사는 turned into이다.
(2) a soothing, nutritious food는 형용사구 similar to ~ whole grains의 수식을 받으며, 콤마(,) 이후는 이를 보충 설명하는 관계사절이다.

구문 Ground and mixed with milk, / slippery elm bark turned into a soothing, nutritious food **(similar to oatmeal and other whole grains)**, // which was used to treat sore throats, coughs, colds, and upset stomachs.

갈려서 우유와 섞이면 / 북미 느릅나무 껍질은 통증을 완화시키고 영양이 있는 음식이 되었다 (오트밀과

다른 통곡물과 비슷한) // 이것은 인후염, 기침, 감기, 그리고 배탈을 치료하는 데 사용되었다.

▶ Ground and mixed with milk 앞에는 Being이 생략되었다.

= When it(= slippery elm bark) was ground and mixed with milk, ~.

02　(1) over-analyzing　(2) 부정적인 사람 주변에 있는 것　(3) [why the person is the way he is]

해설 (1) 전치사 Instead of의 목적어로 쓰인 동명사 focusing과 over-analyzing이 이끄는 구가 등위접속사 or에 의해 병렬구조를 이룬다.
(2) it은 의문사 how가 이끄는 절의 가주어이며, to be around a negative person이 진주어이다.
(3) the reasons를 관계부사절 why the person is the way he is가 수식한다. he is는 the way를 선행사로 하는 관계부사절로, 관계부사 how와 선행사 the way는 함께 쓰일 수 없어 관계부사가 생략된 형태이다.

구문 Instead of focusing on how hard it is to be around a negative person, / ⌐or⌐ over-analyzing the reasons **[why the person is the way [he is]]**, / try not to care and concentrate on your work and your life in general.

부정적인 사람 주변에 있는 것이 얼마나 힘든가에 집중하는 것 대신 / 혹은 [그 사람이 왜 그런지] 이유를 지나치게 분석하는 것 대신

/ 신경 쓰지 않으려 하고 당신의 일과 전반적인 당신의 삶에 집중하라.

03 **(1) [that comes ~ about themselves]** **(2) occurs**

해설 (1) 관계대명사 that이 이끄는 절의 범위는 문장 끝까지이다. 관계사절 안에 부사절인 when절과 그 절의 동사 understand의 목적어 역할을 하는 that절이 포함되었다.

(2) understand의 목적어 역할을 하는 that절의 주어는 every event이고 in their lives는 주어의 수식어구므로 단수동사인 occurs가 알맞다.

구문 Hundreds of people take the crucial step / toward finding their true self and their purpose, // after they experience the profound transformation [that comes when they understand // that every event in their lives occurs / to teach them something about themselves].

수백 명의 사람이 중대한 발걸음을 내디딘다 / 그들의 진정한 자아와 목적을 찾는 것을 향해. // 그들이 심오한 변화를 경험한 후에 [그들이 이해할 때 생기는 // 인생의 모든 사건이 일어난다는 것을 / 자신들에게 스스로에 대한 어떤 것을 가르치기 위해].

↘ 인생의 모든 일이 자신들에 대한 무언가를 가르치기 위해 일어난다는 것을 이해할 때 심오한 변화가 생기는데, 이후에 사람들은 인생의 중대한 발걸음을 내디딘다.

04 **TOPIC turn into** **(1) tested** **(2) [where people ~ social beings]**

해설 (1) 문맥상 새로운 행성에 관한 논리적 가능성이 '시험되는' 것이며 proposed와 함께 be에 연결되는 수동태이므로, 과거분사형인 tested가 알맞다.

(2) 관계부사 where가 이끄는 절이 a place를 수식하며, 그 범위는 문장 끝까지이다. 관계부사절의 목적어를 수식하는 to부정사구 to grow ~ beings가 포함된 구조이다.

구문 Through philosophical thinking, / a logical possibility of a new planet will be proposed and tested, // and then astronauts, engineers, and computer programmers will come to transform this possibility into reality, / into a place [where people have sufficient physical and existential conditions (to grow as personalities and social beings)].

철학적인 사고를 통해 / 새로운 행성에 대한 논리적인 가능성이 제안되고 시험될 것이다 // 그리고 난 후 우주비행사, 공학자, 컴퓨터 프로그래머가 이 가능성을 현실로 바꾸게 될 것이다 / 장소로 [사람들이 충분한 물리적 조건과 존재 조건을 갖춘 (인격체와 사회적 존재로 성장할)].

▶ into a place 이하는 앞의 into reality를 구체적으로 부연 설명한다.

TOPIC 새로운 행성에 대한 가설이 현실로 바뀔 수 있는 방법

05 **(1) [you'd like]** **(2) (to) skip**

해설 (1) 목적격 관계대명사 that이 생략된 관계사절 you'd like가 any place를 수식한다. 뒤의 to skip을 like의 목적어로 착각하여, 관계사절 범위로 포함하지 않도록 주의한다.

(2) to skip과 get은 등위접속사 and로 병렬 연결되었다. get 앞의 to는 반복되어 생략된 형태이다.

구문 Shopping online means // you can shop at any time and at almost any place [you'd like] / to skip the long lines and get a good deal on a flat screen.

온라인으로 쇼핑하는 것은 의미한다 // 당신이 언제든 거의 모든 장소에서 쇼핑할 수 있다는 것을 [당신이 원하는] / 긴 줄을 건너뛰고 평면 화면에서 좋은 가격을 얻기 위해.

▶ means 다음에는 명사절을 이끄는 접속사 that이 생략되었다.

▶ 여기서 a flat screen은 온라인 쇼핑을 하는 전자 기기의 화면을 의미한다.

06 **(1) ②** **(2) [many unexpected events invite us to take]**

해설 (1) 여기서 while은 대조를 나타내는 의미가 아니라, '~하면서, ~하는 동안'의 시간적 의미이다.

(2) the risk를 목적격 관계대명사 that[which]이 생략된 관계사절 many unexpected ~ to take가 수식한다. the risk는 목적어, a joyous adventure는 목적격보어이다.

Only when we stretch beyond our known capacities, (while gladly affirming / that we may fail), // can we make the risk
$\underset{V}{\rule{0pt}{0pt}}$ $\underset{O}{\rule{0pt}{0pt}}$

[many unexpected events $\overset{S'}{\text{invite}}$ $\overset{V'}{\text{us}}$ $\overset{O'}{\text{to take}}$ ●**]** / a joyous adventure.
$\underset{C}{\rule{0pt}{0pt}}$

우리가 알고 있는 능력을 넘어서 뻗어 나가야지만, (기꺼이 확인하면서 / 우리가 실패할 수도 있다는 것을) // 우리는 위험을 만들 수 있다

[많은 예상치 못한 일들이 우리가 무릅쓰도록 하는] / 즐거운 모험으로.

▶ 준부정어 only가 이끄는 어구가 문장 맨 앞에 나와, 주절은 〈조동사(can)+주어(we)+동사(make)〉의 어순으로 도치가 일어났다.

▶ while gladly affirming that we may fail은 접속사를 남긴 분사구문으로, 부사절과 주절 사이에 삽입되었다.

= while we gladly affirm that we may fail

▶ ●는 선행사 the risk가 원래 위치했던 자리이다.

---

07 〔SUMMARY〕 **against** **(1) [whom we would choose to speak to]** **(2) gives**

〔해설〕 (1) 목적격 관계대명사 whom이 이끄는 절 whom we ~ speak to가 앞의 명사를 수식한다.

(2) 동명사구 exploring ~ that way가 주어이고, 동사는 gives이다.

〔구문〕 For most of us, / the last person **[whom we would choose to speak to** ●**]** is / anyone [who is likely to object to or
$\underset{S}{\underline{\rule{2.5cm}{0pt}}}$ $\underset{V}{\rule{0pt}{0pt}}$ $\underset{C}{\rule{0pt}{0pt}}$

oppose our ideas]; // however, / exploring // why they think that way / gives us valuable insights or other perspectives /
$\underset{S}{\rule{0pt}{0pt}}$ $\underset{V}{\rule{0pt}{0pt}}$ $\underset{IO}{\rule{0pt}{0pt}}$ $\underset{DO}{\rule{0pt}{0pt}}$

on the way [things get done].

우리 대부분에게 / 마지막 사람은 [우리가 말을 걸기로 택하는] (= 우리가 결코 말을 걸고 싶지 않은 사람은) ~이다 / 누군가

[우리의 생각에 반대하거나 대항할 것 같은] // 그러나, / 탐구하는 것은 // 그들이 그렇게 생각하는 이유를 / 우리에게 귀중한 통찰력이나 다른 관점을 준다 /

[일이 이루어지는] 도중에.

▶ the last person to-v: 결코 v할 것 같지 않은 사람

▶ ●는 선행사 the last person이 원래 위치했던 자리이다.

▶ on the way: ~ 도중에, ~하는 중에

〔SUMMARY〕 우리는 우리와 반대되는 사람으로부터 배울 수 있다.

UNIT 13 삽입절을 포함하는 관계사절

01 [FILL-IN] ② (1) (we believe)

[해설] [FILL-IN] This saying은 앞 문장의 One man is no man(세상은 혼자 살아갈 수가 없다)을 가리키는데, 이는 '공동체(community)'에 대한 인간의 욕구를 보여주는 말이다.
(1) 관계대명사 which가 이끄는 절에 〈주어+동사〉 형태인 we believe가 삽입되었다.

[구문] There is an ancient proverb [that states, "One man is no man."] This saying underscores our basic human need (for community), // **which (we believe) underscores our need (for relationships and social life)**.
옛날 속담이 있다 ['세상은 혼자 살아갈 수가 없다.'라고 말하는]. 이 속담은 우리 인간의 기본적인 욕구를 분명히 보여 준다
(공동체에 대한) // 이는 (우리가 믿기에) 우리의 욕구를 분명히 보여 준다 (인간관계와 사회생활에 대한).

02 (1) (they suppose) (2) hurts (3) peer

[해설] (1) 주격 관계대명사 that이 이끄는 절에 〈주어+동사〉 형태인 they suppose가 삽입되었다.
(2) 주격 관계대명사절 that they suppose ~ feelings의 선행사는 conduct이다. ⓐ는 관계사절 내에 but으로 이어지는 또 다른 동사 자리이므로 단수동사인 hurts가 알맞다.
(3) 또래(peer): 다른 특정인과 나이, 지위 또는 능력이 같은 사람

[구문] Many children are socialized / to refrain from conduct [that (they suppose) is a normal competitive behavior / but actually hurts their peers' feelings].
많은 아이들은 사회화된다 / 행동을 삼가도록 [(그들이 생각하기에) 정상적인 경쟁 행동인 /
그러나 사실은 그들 또래의 감정을 상하게 하는].

03 (1) are

[해설] (1) 주격 관계대명사 that의 선행사는 things이므로, 관계사절의 동사는 복수동사인 are가 알맞다. 삽입절 we think에 주의한다.

[구문] Most would agree // that it takes considerable psychological effort / to get ourselves to do things [that (we think) **are immoral**]. And we suffer the psychic "cost" (of living with ourselves / after committing an immoral act).
대부분은 동의할 것이다 // 상당한 심리적인 노력이 든다는 것에 / 우리 스스로 일들을 하도록 하는 것이 [(우리가 생각하기에)
비도덕적인]. 그리고 우리는 심리적인 '대가'에 시달린다 (자긍심을 유지하는 것에 대한 / 비도덕적인 일을 저지른 후에).
▶ 〈get+O+to-v(C)〉: O가 v하도록 하다

04 (1) the viewers, the challenging lives of ballet dancers (2) (I'm sure)

[해설] (1) the viewers에게 the challenging lives of ballet dancers를 보여 주었다는 의미이다.
(2) which가 이끄는 주격 관계대명사절에 I'm sure가 삽입되었다.

[구문] The movie showed the viewers the challenging lives of ballet dancers / in the most shocking and beautiful way, /
　　　　　　　S　　V　　IO　　　　　　　　DO
leaving an impression [which (I'm sure) will last in their minds for a long time].
그 영화는 관람객들에게 발레 무용수들의 힘든 삶을 보여 주었다 / 가장 충격적이고 아름다운 방식으로, /
그리고 인상을 남겼다 [(내가 확신컨대) 그들의 기억에 오래 남을].

05 **(1) Allow** **(2) is**

해설 (1) 명령문의 동사원형 Allow와 resist가 등위접속사 and로 병렬 연결되었다.

(2) which가 이끄는 관계사절의 선행사는 the thing이므로 관계사절의 동사는 단수동사 is가 알맞다. 삽입절 you feel에 주의한다.

구문 Allow your children to find something (exciting and wonderful), // and resist the temptation (to try to turn your children's
 　　　V₁　　　O₁　　　　　C₁　　　　　　　　　　　　　　　　　V₂　　　　O₂

attention / to the thing [which (you feel) is a more valuable use of their time]). As long as they find something

(worth experiencing), // it will be a success.

당신의 아이들이 무언가를 찾도록 해라 (신나고 멋진) // 그리고 유혹을 참아라 (당신의 아이들의 관심을 돌리려는

/ (~한) 것에 [(당신이 생각하기에) 그들의 시간을 더 유용하게 사용하는]). 그들이 어떤 것을 발견하는 한

(경험할 가치가 있는) // 그것은 성공일 것이다.

▶ worth v-ing: v할 가치가 있는

06 SUMMARY exceptional **(1) (they expect)** **(2) ②**

해설 (1) 목적격 관계대명사 that이 이끄는 절에 they expect가 삽입되었다.

(2) 성공적인 학생들은 역경을 해결할 수 있는 도전으로 보기 '때문에' 그들의 비범한 특징이 희망이라는 문맥이 자연스럽다.

구문 The most extraordinary characteristic (among successful students) might be the hope [they constantly express] //
 　　　　　　　　　　　　　S　　　　　　　　　　　　　　　　V　　　　C

since they see adversities / as challenges [that (they expect) they can solve].

가장 비범한 특징은 (성공적인 학생들 사이에서) 희망일 것이다 [그들이 끊임없이 표출하는] //

그들이 역경을 보기 때문이다 / 도전으로 [(그들이 예상하기에) 그들이 해결할 수 있는].

SUMMARY 긍정적인 태도가 성공적인 학생들의 가장 **특별한** 특성이다.

07 **(1) self-healing smartphone screens** **(2) (we used to believe), 우리가 믿곤 했던**

해설 (1) self-healing smartphone screens를 수식하는 두 개의 관계사절 that ~, which ~가 이어지는 구조이다.

(2) which가 이끄는 주격 관계대명사절에 we used to believe가 삽입되었다. used to-v는 'v하곤 했다'라는 의미이다.

구문 We are getting closer and closer / to self-healing smartphone screens [that can repair cracks on their own]
[which (we used to believe) were impossible to create].

우리는 점점 가까워지고 있다 / 자가 복원 스마트폰 화면에 [스스로 금을 수리할 수 있는]

[(우리가 믿곤 했던) 만들기에 불가능하다고].

UNIT 14 착각하기 쉬운 단어의 역할

01 **(1) indicate** **(2) change**

해설 (1) 주어 The responses of children과 동사 indicate 사이에 삽입절 as they grow to adulthood가 포함된 형태이다.

(2) 동사 indicate의 목적어 역할을 하는 첫 번째 명사절에서 접속사 that이 생략되었다. that절의 주어는 their feelings이며 동사는 change이다.
여기서 change는 명사가 아닌 동사로 쓰였다.

구문 The responses of children (as they grow to adulthood) indicate // their feelings (for their parents) **change**, /
 　　　　　　　　　　　S　　　　　　　　　　　　　　　　V　　　　S'₁　　　　　　　　　V'₁

and that more than half feel more positive about their upbringing / as they age.
 　　　　　　S'₂　　　　V'₂

아이들의 반응은 (그들이 어른으로 성장함에 따라) 보여 준다 // 그들의 감정이 (그들의 부모에 대한) 변한다는 것을 /

그리고 절반 이상이 자신들의 가정 교육을 더욱 긍정적으로 느낀다는 것을 / 나이가 들어감에 따라.

02 **(1) forms** **(2) the "hidden curriculum,"** **(3) the rules of the game**

해설 (1) 주어 The kind of knowledge는 목적격 관계대명사 which[that]가 생략된 관계사절 students acquire ~ be students의 수식을 받으며, 동사는 forms이다. 여기서 form은 명사가 아닌 동사로 쓰였다.

(2) which가 이끄는 관계대명사절은 앞의 명사 the "hidden curriculum"을 보충 설명한다.

(3) ⓒ 앞의 no one writes down과 함께 the rules of the game을 수식하는 목적격 관계대명사절이 접속사 but으로 연결된 형태이다.

구문 The kind of knowledge [students acquire // when they go to school [and] they learn how to be students] **forms** /
　　　　　　　　　　　S　　　　　　　　　　　　　　　　　　　　　　　　　　　　　　　　　　　　　　V

what educators call the "hidden curriculum," // which refers to all the unspoken beliefs and procedures [that regulate

classroom life] / — the rules of the game [no one writes down [but] that teachers and students have internalized /

in their expectations about each other].

지식의 종류는 [학생들이 습득하는 // 그들이 학교에 가고 학생이 되는 법을 배울 때] 형성한다 /

교육자들이 '잠재적 교육 과정'이라고 부르는 것을 // 그리고 이것은 모든 암묵적인 믿음과 절차들을 가리킨다

[교실 생활을 규제하는] / 즉, 이것은 게임의 규칙이다 [아무도 적어 두지 않지만 교사와 학생들이 내면화한 /

서로에 대한 기대 속에].

▶ The kind of knowledge 다음에는 목적격 관계대명사 which[that]가 생략되었다.

▶ the rules of the game을 수식하는 관계대명사절 no one writes down과 that teachers ~ each other은 but으로 병렬 연결되었다.
　첫 번째 관계사절의 관계대명사 which[that]는 생략된 형태이다.

03 SUMMARY **time** **(1) seems**

해설 (1) 주어는 Wine consumption decline이며, 동사는 seems이다. 동사로 자주 쓰이는 decline이 명사로 쓰인 것에 유의한다.

구문 Today, the average French meal has been slashed down to 38 minutes, // and wine is a victim of the disappearance of

the leisurely meal. Wine consumption **decline** consequently seems to us / a by-product of the emergence of the faster,
　　　　　　　　　　　　　　　　　　　　S　　　　　　　　　　　　　　　V　　　　　　　　　　C

more modern, on-the-go lifestyle.

오늘날, 프랑스의 평균 식사 시간은 38분으로 대폭 줄었다 // 그리고 와인은 여유로운 식사가 사라진 것의 희생양이다.

와인 소비 감소는 결과적으로 우리에게는 (~인 것으로) 보인다 / 더 빠르고, 더 현대적이고, 분주한 생활 방식 출현의 부산물로.

SUMMARY 프랑스에서 식사 시간의 감소는 와인 소비의 감소로 이어졌다.

04 **(1) 아이들과 관련된 사회적 상호 작용이 적절히 수행되고 그들의 의견이 존중된다고 가정하면** **(2) conduct**

해설 (1) assuming (that)은 '~라고 가정하면'이라는 의미의 분사 형태의 접속사이며, that절(that social ~ are respected)을 이끈다.

(2) 수행하다(conduct): 어떤 일을 조직적으로 하는 것

구문 Children can learn to build relationships of trust, / **assuming** // that social interactions (involving the children)
　　S′₁

are conducted fairly / and their opinions are respected.
　V′₁　　　　　　　　　　S′₂　　　　V′₂

아이들은 신뢰 관계를 쌓는 법을 배울 수 있다 / (~라고) 가정하면 // 사회적 상호 작용이 (아이들과 관련된)

적절히 수행된다고 / 그리고 그들의 의견이 존중된다고.

05 **(1) ②**

해설 (1) 조상들이 말하는 방법을 배우기 전에는 포옹과 토닥임으로 위로했지만, 언어가 '발명되자마자' 동정과 조언의 말로 위로했다는 문맥이 적절하다. 따라서 '~하자마자'라는 의미의 접속사 once가 알맞다. given that은 '~을 고려하면'이라는 의미이다.

구문 Our ancestors probably consoled each other / with hugs and pats / long before they learned how to talk, //

but **once** language was invented / they found a new way of providing consolation / by offering words of sympathy

and advice.

우리의 조상들은 아마 서로를 위로했을 것이다 / 포옹과 토닥임으로 / 그들이 말하는 방법을 배우기 아주 오래 전에는 //

그러나 언어가 발명되자마자 / 그들은 위로를 제공하는 새로운 방법을 알게 되었다 / 동정과 조언의 말을 전함으로써.

▶ once: ~하자마자, ~할 때; 일찍이, 옛날에

06 **(1)** you repeat ~ in the morning, 당신이 아침에 조깅하는 것과 같은 행동을 반복할 때마다　**(2)** the behavior

해설 (1) 명사 형태의 접속사 every time은 '~할 때마다'라는 의미이다.
(2) 행동과 '그 행동'이 발생하는 상황 사이의 연관성이 발달한다는 의미가 적절하므로 it은 the behavior를 가리킨다.

구문 Researchers theorize // that **every time** you repeat a behavior (such as going jogging in the morning), / associations develop in your memory (between the behavior and the context [in which it occurs]).
연구자들은 이론화한다 // 당신이 행동을 반복할 때마다 (아침에 조깅하는 것과 같은), /
당신의 기억 속에서 연관성이 발달한다고 (행동과 상황 사이의 [그것(= 행동)이 발생하는]).
▶ in which it occurs는 the context를 선행사로 하는 관계대명사절이다.

07 **(1)** (to unify ~ dominant language)　**(2)** 의사소통의 편의와 강화된 집단 정체성을 포함하여

해설 (1) wanting 다음의 to부정사구 to unify ~ language가 wanting과 동격을 이루며 이를 설명한다.
(2) including은 '~을 포함하여'라는 v-ing 형태의 전치사이다.

구문 There are many valid reasons (for wanting (to unify a country or region / under one, dominant language)), /
<u>V</u>　　　　<u>S</u>
including ease of communication and strengthened group identity.
여러 타당한 이유가 있다 (원하는 것에는 (나라나 지역을 통합하기를 / 하나의 지배적인 언어로)) /
의사소통의 편의와 강화된 집단 정체성을 포함하여.

08 **(1)** ①　**(2)** are prepared

해설 (1) 첫 번째 문장의 다소 어려운 의미를 두 번째 문장에서 풀어서 말하고 있으므로 '간단히 말해서'라는 의미의 Put simply가 적절하다. contrarily 는 '이에 반하여'라는 의미이다.
(2) who have ~ a particular area는 individuals를 수식하는 관계대명사절이며, 동사는 그 뒤의 are prepared이다.

구문 Intuitions can yield better outcomes than rational models / depending on the level of the experience of the decision maker. **Put simply**, / individuals [who have a lot of experience (i.e., experts) in a particular area] are prepared to be more effective / with intuition than rational decision making.
직관은 이성적인 모델보다 더 나은 결과를 산출할 수 있다 / 의사 결정자의 경험 수준에 따라.
간단히 말해서, / 개인은 [특정 분야에서 경험이 많은 (즉, 전문가)] 더 효과적일 준비가 되어 있다 /
이성적인 의사 결정보다 직관으로.

UNIT 15 부사의 자유로운 위치

01 **(1)** (below our consciousness)　**(2)** 억압된 욕망, 분노, 그리고 열망

해설 (1) below our consciousness는 장소 부사구로, 보통 〈There+V+S+장소 부사구〉의 어순으로 쓰이지만 긴 주어와 자리가 서로 바뀌어, below our consciousness가 동사와 주어 사이에 삽입된 형태이다.
(2) 문맥과 관계사절의 복수동사 affect로 보아, 선행사는 앞의 repressed desires, resentments, and aspirations이다.

구문 There exists (**below our consciousness**) / a swamp (of repressed desires, resentments, and aspirations
<u>V</u>　　　　　　　　　　　　　　　<u>S</u>
[that affect our day-to-day behavior]).
존재한다 (우리의 의식 내면에) / 늪이 (억눌린 욕망, 분노, 그리고 열망의
[우리의 일상 행동에 영향을 미치는]).

02 **(1)** (in a very real sense)   **(2)** [you are exposed to], [you form]

해설 (1) 동사 determine과 determine의 목적어 역할을 하는 명사절(who you are) 사이에 전명구 in a very real sense가 삽입되었다.

(2) you are exposed to와 you form은 각각 앞의 명사(the ideas, the attitudes)를 선행사로 하는 관계대명사절로, 목적격 관계대명사 which[that]가 생략된 형태이다.

구문 The language and culture (of your particular community) / determine **(in a very real sense)** who you are /
       S   V   O
by limiting the ideas [you are exposed to] / and shaping the attitudes [you form].
언어와 문화는 (당신의 특정한 지역 사회의) / (아주 실질적인 의미에서) 당신이 누구인가를 결정한다 /
사상을 제한함으로써 [당신이 접하는] / 그리고 사고방식을 형성함으로써 [당신이 만들어 내는].

03 **(1)** (in the world today)

(2) [who desired ~ unhappiness of others], 다른 사람들의 불행을 갈망하기보다 그들 자신의 행복을 더 갈망하는

해설 (1) 〈There+V+S〉에서 동사와 주어 사이에 in the world today가 삽입되었다.

(2) 주격 관계대명사절 who desired ~ of others가 people을 수식한다.

구문 If there were **(in the world today)** / a majority of people [who desired their own happiness more //
            V'   S'
than they desired the unhappiness of others], // we could have paradise in a few years.
만약 (~이) 있다면 (오늘날 이 세상에) / 다수의 사람들이 [그들 자신의 행복을 더 갈망하는 //
다른 사람의 불행을 갈망하기보다] // 우리는 몇 년 후에 낙원을 얻을 수 있을 텐데.

▶ 현재의 사실과 반대로 가정하는 가정법 과거 구문이다.

▶ there were 다음에 이어져야 할 If절의 주어(a majority ~ of others)가 관계사절의 수식을 받아 길어져 뒤로 이동한 형태이다.

04 **(1)** (across class, gender, or cultural difference), (in principle)   **(2)** to guide and determine

해설 (1) 주어와 동사 사이, 동사와 목적어 사이에 전명구가 삽입되었다.

(2) to reflect ~ actions와 to guide 이하가 등위접속사 and로 병렬 연결되어 the capacity를 수식한다.

구문 The modern notion of equality is based on a rather complex idea: // all of us, **(across class, gender, or cultural**
                                                                       S
difference), / have **(in principle)** the capacity (to reflect upon our own thoughts and actions, / and to guide and
                        V   O
determine our own lives).
평등의 현대적 개념은 다소 복잡한 사상에 토대를 두고 있다 // 즉, 우리 모두는, (계층, 성, 또는 문화 차이 전체에 걸쳐), /
(원론적으로) 능력을 가지고 있다 (우리 자신의 생각과 행동을 숙고하는, / 그리고
우리 자신의 삶을 이끌고 결정하는).

05 **(1)** the data

해설 (1) for ~ mechanism은 삽입된 전명구이며, 주어는 the data이다.

구문 It's easy to see // that, **(for a feedback system / to work as a performance improvement mechanism)**, /
the data (generated by the system) must be fed back in a timely manner.
    S'   V'
아는 것은 쉽다 / (피드백 시스템이 / 성과 개선 기제로서 기능하려면) /
(시스템에 의해 만들어진) 그 정보는 시기적절하게 주어져야만 한다는 것을.

▶ that절은 진주어 역할을 하는 to see의 목적어 역할을 한다.

▶ for a feedback system은 to work의 의미상의 주어이다.

06 FILL-IN ② **(1) aid**

해설 FILL-IN 의욕을 북돋우는 요인 중 하나가 회사와 직원들 사이의 교환에 대한 신뢰라고 했으므로, 도움이 눈에 띄지 않더라도 '보답 받는다(be repaid)'라는 문맥이 자연스럽다.

(1) even if it goes unnoticed는 삽입절이며, given to the firm or to coworkers는 주어 aid를 수식하는 과거분사구이다.

구문 One key factor [that boosts morale] / is trust in an implicit exchange (between the firm and employees); //
    S   V

employees know // that **(even if it goes unnoticed)**, aid (given to the firm or to coworkers) / will eventually be repaid.
                                                          S′   V′

한 가지 중요한 요인은 [의욕을 북돋우는] / 암암리의 교환에 대한 신뢰이다 (회사와 직원들 사이의) //
직원들은 알고 있다 // (비록 눈에 띄지 않더라도) 도움은 (회사나 동료들에게 준) / 결국 보답 받는다는 것을.

07 **(1) describes   (2) plunged into**

해설 (1) 관계대명사와 동사 사이에 전명구 with a sense of marvel이 삽입되었고, 동사는 describes이다.

(2) 동사구 plunged ~ words와 came up dripping이 병렬을 이룬다.

구문 In the essay, / there is a Virginia Woolf saying [which, **(with a sense of marvel)**, describes the act of coining a new word].
"It is wonderful," (she wrote), // "as if thought plunged into a sea of words / and came up dripping."

수필에 / 버지니아 울프의 말이 있다 [(경이감으로) 신조어를 만드는 행위를 묘사하는].
"그것은 대단하다," (그녀는 썼다) // "마치 생각이 어휘의 바다에 뛰어들어서 / 물을 뚝뚝 흘리며 올라오는 것처럼."

↘ 한 수필에서 버지니아 울프는 신조어를 만드는 행위를 경이롭게 묘사했다. 그녀는 "그것은 마치 생각이 어휘의 바다에 뛰어 들어갔다가 물을 뚝뚝 흘리며 다시 올라오는 것처럼 대단하다."라고 썼다.

▶ 주절의 시제와 동일한 때를 나타내는 as if 가정법 과거 구문이 쓰였다.

08 **(1) [who fear flying objectively irrationally]   (2) (once it is brought to light)**

해설 (1) 주격 관계대명사절 who fear flying objectively irrationally가 people을 수식한다.

(2) that이 이끄는 관계사절 안에 접속사 once가 이끄는 삽입절이 삽입되었다.

구문 If you empathetically ask people [who fear flying objectively irrationally] / about their reasoning, // you may discover a logical leap or a traumatic association (from an earlier time) [that, **(once it is brought to light)**, can be examined and modified / by the people themselves].

사람들에게 공감하여 물어본다면 [비행기 타는 것을 객관적으로 비이성적으로 두려워하는] / 그들의 사고에 대해 // 당신은
논리적인 비약 혹은 대단히 충격적인 연상을 발견할지도 모른다 (이전 시기로부터의) [(그것이 일단 드러나면), 진찰되고
완화될 수 있는 / 그들 스스로에 의해].

UNIT 16 분사구문의 특이한 형태

01 **(1) Machines   (2) (formerly performed by human hands)**

해설 (1) 문장의 시점보다 앞선 〈having p.p.〉 형태의 분사구문 having taken over ~ hands의 의미상의 주어와 문장의 주어(laboring jobs)가 다르므로 분사구문 앞에 의미상의 주어 Machines가 쓰였다.

(2) 과거분사구 formerly performed by human hands가 the work를 수식하며 formerly는 과거분사 performed를 수식하는 부사이다.

구문 *Machines* **having taken over the work (formerly performed by human hands)**, / laboring jobs are becoming fewer each year.

기계가 일을 대신하게 되면서 (이전에는 사람의 손으로 행해졌던) / 노동직이 매년 적어지고 있다.

▶ laboring jobs는 동명사 주어가 아닌 것에 주의한다. 현재분사 laboring이 jobs를 수식하는 형태이다.

02 **(1) underwent** **(2) revised or updated**

> **해설** (1) published in 1987 in U.S.는 주어 뒤에 삽입된 과거분사구이고, 동사는 그 뒤의 underwent이다.
> (2) with의 목적어 thousands of new words and most of its entries와 목적격보어가 수동 관계이므로 과거분사 revised or updated가 알맞다.

> **구문** The second edition of a large dictionary, (published in 1987 in U.S.), / underwent an extensive change, / **with *thousands of new words and most of its entries* revised or updated**.
> 대사전의 제2판은, (미국에서 1987년에 출판된), / 광범위한 변화를 겪었다 /
> 수천 개의 새로운 단어와 대부분의 표제어가 개정되거나 업데이트되면서.
> ▶ with+O+v-ing/p.p.: O가 v하면서[v되어]

03 **(1) changing** **(2) being** **(3) breakthrough**

> **해설** (1) with의 목적어 exciting breakthroughs와 목적격보어가 능동 관계이므로 현재분사 changing이 알맞다.
> (2) with+O+v-ing/p.p. 구문이며, with의 목적어 terms와 목적격보어는 능동 관계(용어가 어휘 중 일부가 '되는')이므로 현재분사 being이 알맞다.
> (3) 획기적 발전(breakthrough): 많은 노력 끝에 오는 발견 혹은 업적

> **구문** Modern biology is as important as it is inspiring, / **with *exciting breakthroughs* changing our very society**; //
> biology has even entered criminal investigations, / **with *terms* (*such as DNA fingerprinting*) now being part of our vocabulary**.
> 현대 생물학은 영감을 주는 만큼 중요하기도 하다 / 흥미진진한 획기적 발전이 바로 우리의 사회를 바꾸면서 //
> 생물학은 범죄 수사에도 착수해 왔다 / 용어가 (DNA 지문 감정과 같은) 이제 우리의 어휘 중 일부가 되면서.

04 **(1) tourists**

> **해설** (1) visiting은 의미를 명확히 하기 위해서 앞에 접속사 when을 둔 분사구문의 분사이며, visiting의 의미상의 주어는 문장의 주어 tourists와 같다.

> **구문** While the general education level of tourists (traveling abroad) continues to rise, // tourists are still confronted with challenges / *when* **visiting a foreign country**.
> 여행자들의 일반적인 교육 수준이 (해외 여행을 하는) 계속 늘어남에도 불구하고 // 여행자들은 여전히 어려움에 직면한다
> / 외국을 방문할 때.

05 **(1) elected officials and budget planners** **(2) [none of them have experienced before]**

> **해설** (1) accustomed는 의미를 명확히 하기 위해서 앞에 접속사 although를 둔 분사구문의 분사이며, accustomed의 의미상의 주어는 문장의 주어 elected officials and budget planners이다.
> (2) 목적격 관계대명사 which[that]가 생략된 관계대명사절 none of ~ before가 something을 수식한다.

> **구문** *Although* **accustomed to the ups and downs (of the ordinary economic cycle)**, / elected officials and budget planners are facing something [none of them have experienced before]: / shortfalls (happening year after year).
> 비록 오르내림에 익숙해졌지만 (일상적인 경제 주기의) / 선출된 공무원과 예산 입안자들은
> (~한) 것에 직면하고 있다 [누구도 이전에는 경험해본 적 없는] / 즉, (해마다 반복되는) 부족액.
> ▶ accustomed 앞에는 being이 생략되었다.

06 **(1) ⓐ**

> **해설** (1) ⓐ는 예술 애호가를 가리키며, ⓑ, ⓒ는 Bertoldo di Giovanni를 가리킨다.

> **구문** Bertoldo di Giovanni is a name [even the most enthusiastic lover of art is unlikely to recognize]. **The greatest sculptor of his time**, / he was the teacher of Michelangelo, the greatest sculptor of all time.
> Bertoldo di Giovanni는 이름이다 [가장 열광적인 예술 애호가조차도 알기 힘든]. 그 시대의 가장 위대한 조각가였던
> / 그는 미켈란젤로의 스승이었다, 역대 가장 위대한 조각가인.
> ▶ The greatest sculptor of his time는 앞에 Being이 생략된 분사구문이다.

07 (1) an active civil society is full

해설 (1) 분사구문 Full of ~ citizens를 Because로 시작하는 부사절로 바꿔야 한다. 분사구문의 의미상 주어인 an active civil society를 부사절의 주어로 쓰고, 주어에 수 일치하여 단수동사 is, 분사구문의 나머지 어구 full 이하를 완성한다.

구문 **Full of educated, informed, and empowered citizens**, / an active civil society is needed / to counterbalance big government, a powerful private sector, and special interest groups.

교육받고, 지식이 많고, 권한을 가진 시민들로 가득 차 있기 때문에, / 활발한 시민 사회는 필요하다 / 큰 정부, 강력한 민간 부문, 그리고 특수 이익 집단의 균형을 맞추기 위해.

▶ Full of ~ citizens는 앞에 Being이 생략된 분사구문이다.

08 (1) recovered

해설 (1) 분사구문의 의미상 주어는 a significant amount of their investment(그들의 투자의 상당한 양)이며, 의미상 주어와 분사가 '회수되다'라는 수동의 관계이므로, 과거분사 recovered가 알맞다.

구문 The idea of Football Leagues across Europe has been replaced / by an international competition (financed by foreign funders), / *a significant amount of their investment* **recovered from commercial exploitation of players**.

유럽 전역의 축구 리그라는 생각은 대체되어왔다 / 국제적인 경쟁으로 인해 (외국 투자자들의 자금을 받는) / 그들 투자의 상당한 양은 선수들의 상업적 이용으로 회수된다.

UNIT 17 생략 · 공통구문 Review the Basics with longer sentences

01 (1) ✔ 표시는 아래 [구문] 참고, 첫 번째 ✔: should, 두 번째 ✔: be directed

해설 (1) and 이하에서 문맥상 should not be directed at ~ 형태가 되어야 하는데, 반복되는 should be directed가 생략되어 not만 남은 형태이다.

구문 A certain amount of self-examination is useful, // but that should be directed / toward what to do in a given situation / **and ✔ not ✔ at only blaming yourself severely.**

어느 정도의 자기 성찰은 유용하다 // 그러나 그것은 향해져야 한다 / 주어진 상황에서 무엇을 해야 할 지로 /
자신을 심하게 탓하는 것만으로가 아니라.

02 (1) (to) explore   (2) different kinds of philosophical theories

해설 (1) see는 a chance를 수식하는 to부정사구로 앞의 to explore과 병렬 관계이다. to부정사구가 병렬 연결되었을 때, 두 번째 to부정사의 to는 생략 가능하다.

(2) 문맥상 '여러 종류의 철학 이론'을 말해왔다는 의미로 them은 different kinds of philosophical theories를 가리킨다.

구문 Majoring in philosophy, / I had a chance (to explore different kinds of philosophical theories / and (to) see // what thinkers (in different periods) have had to say about them).

철학을 전공해서 / 나는 기회가 있었다 (여러 종류의 철학 이론을 탐구할 / 그리고 볼 //
(여러 시대의) 사상들이 그것들에 대해 말해온 것을).

▶ Majoring in philosophy는 이유를 나타내는 분사구문이다.
 = Because[As, since] I majored in philosophy, ~.

03 TOPIC cut back on   (1) it[plastic] is   (2) indefinitely

해설 TOPIC 첫 번째 문장에서 많은 회사가 플라스틱을 줄이려고 노력한다고 언급한 후에 그 이유가 등장한다.

(1) 부사절과 주절의 주어가 같을 경우, 부사절의 〈S′+be〉는 종종 생략된다. 접속사 once 뒤에 it[plastic] is가 생략되었다.

(2) 무기한으로(indefinitely): 정해진 끝이 없는 기간 동안

구문 Many companies are trying to reduce as many plastics as possible these days. Plastic is not always easily or economically recyclable, // and **once manufactured,** / plastic may last virtually indefinitely.

요즘 많은 회사가 가능한 한 많은 플라스틱을 줄이려고 노력하고 있다. 플라스틱이 항상 쉽게 혹은 경제적으로 재활용 가능한 것은 아니다
// 그리고 일단 제조되면 / 플라스틱은 사실상 무기한으로 남아있을지도 모른다.

▶ not always: 항상 ~은 아닌 ((부분부정))

TOPIC 많은 회사가 플라스틱을 줄이려고 노력하는 이유

04 (1) ✔ 표시는 아래 [구문] 참고, it[learning] is

해설 (1) 부사절과 주절의 주어가 같을 경우, 부사절의 〈S′+be〉는 종종 생략된다. 접속사 although 뒤에 it[learning] is가 생략되었다.

구문 Performance is something [you do] [that brings about an observable change in the external world]; // learning, on the other hand, is a change within the learner, // **although ✔ often a result of interaction with the external world.**

성과는 어떤 것이다 [당신이 행하는] [외부 세계에 가시적인 변화를 초래하는] //
반면에. 학습은 학습자 내면에서의 변화이다 // 비록 그것이 종종 외부 세계와의 상호 작용에서 나오는 결과이기는 하지만.

05 **(1) (for actual reading, writing, and discussion of text)** **(2) ①**

해설 (1) 전명구 for actual ~ text가 밑줄 친 주어를 수식하는 구조이다.

(2) 빈칸 앞에서는 읽기, 쓰기, 토론을 위한 시간과 기회가 필요하다고 언급하며, 빈칸 뒤에서는 그 교육이 확립되고 번성하지 않을 것이라고 하고 있다. 따라서 빈칸에는 'If not(그렇지 않으면)'이 알맞다.

구문 A great deal of time and opportunity (for actual reading, writing, and discussion of text) / needs to be presented to
　　　　　　　　　　　S　　V　　　　　O
students, / as well as good reading instruction; // **If not**, / the instruction will not take hold and flourish.

많은 양의 시간과 기회가 (실제 읽기, 쓰기, 그리고 글에 관한 토론을 위한) / 학생들에게 주어져야 한다

/ 양질의 읽기 교육뿐만 아니라 // 그렇지 않으면 / 그 교육은 확립되고 번성하지 않을 것이다.

▶ 주어는 전치사구 for ~ text의 수식을 받는 A great deal of time and opportunity(많은 양의 시간과 기회)이므로 단수동사 needs가 쓰였다.

▶ If not = If it(= a great deal of time and opportunity for actual ~ text) is not presented

---

06 **(1) borrowing from, adding to, changing of** **(2) innovative**

해설 (1) borrowing from, adding to, changing of가 등위접속사 or로 연결되어 old ideas를 공통 목적어로 갖는다.

(2) 혁신적인(innovative): 새로운 발상을 내놓거나 사용하는

구문 The heart of all innovative conceptions / lies in borrowing from, adding to, [or] changing of old ideas, //
　　　　　　　　　　　　　　　　　　　　　　S　　　　　　V
which is why American novelist Mark Twain said, / "There is no such thing as a new idea."

모든 혁신적인 개념의 핵심은 / 오래된 사상에서 빌리거나, 그것에 더하거나, 그것을 바꾸는 데 있다 //

그리고 이것이 미국 소설가 마크 트웨인이 말한 이유이다 / "새로운 아이디어라는 것은 없다."라고.

▶ which는 앞 절 전체를 보충 설명한다.

---

07 **(1) a reduction in the sum total of human thought and knowledge, an impoverishment of the human race**

해설 (1) 두 개의 명사구 a reduction ~ knowledge, an impoverishment ~ race가 등위접속사 and로 연결되어 목적어 역할을 한다.

구문 The loss of any one language means / a reduction in the sum total (of human thought and knowledge) /
　　　　　　　　　　　　　　　　　　　　　　　　　　　　　　　　O₁
[and] an impoverishment of the human race.
　　　　　O₂

어느 한 언어의 상실은 의미한다 / 총합의 감소를 (인류의 생각과 지식의) /

그리고 인류의 빈곤을.

UNIT 18 생략구문

01 **(1) (studied in the natural sciences)** **(2) possible**

해설 (1) 과거분사구 studied ~ sciences가 앞의 명사를 수식한다.

(2) not 뒤에는 인간 상호 작용의 세계에서는 '가능하지' 않다는 의미로, 앞에서 반복되는 possible이 생략되었다.

구문 Some studies show // that prediction is possible for only a subset of systems (studied in the natural sciences), /

and **not for the world of human interactions**, / as some parts of human behavior tends to be quite unpredictable.

몇몇 연구는 보여 준다 // 예측은 시스템의 일부에서만 가능하다는 것을 (자연 과학에서 연구되는) /

그리고 인간 상호 작용의 세계에서는 가능하지 않다는 것을 / 인간 행동의 몇몇 부분은 상당히 예측 불가능한 경향이 있기 때문에.

---

02 **(1) in an effort to** **(2) are introducing**

해설 (1) create ~ environment는 motivate their employees와 함께 In an effort to에 공통으로 연결되는 어구이다. and 뒤에 공통어구가 생략되었다.

(2) In an effort to ~ environment는 전치사구이며, a growing number of organizations가 주어, 그 뒤의 are introducing이 동사이다.

구문 In an effort to motivate their employees / and **create a more productive work environment**, / a growing number of
S
organizations are introducing new workplace designs (like open cubicles) / to encourage communication.
V

그들의 직원에게 동기를 부여하기 위해서 / 그리고 더 생산적인 업무 환경을 조성하기 위해서 / 점점 더 많은 수의

기업이 새로운 업무 공간 디자인을 도입하고 있다 (개방형 칸막이 같은) / 의사소통을 촉진하기 위해서.

▶ in an effort to-v: v하기 위해서, v하는 노력의 일환으로

---

03 | **(1) What is hopefully clear   (2) (made us aware of) more efficient strategies**

해설 (1) 문장의 주어는 관계대명사 what이 이끄는 명사절 What is hopefully clear이며 동사는 그 뒤의 is이다.

(2) for 앞에는 반복되는 (made us aware of) more efficient strategies가 생략되었다.

구문 What is hopefully clear is // that the difficulties of this team project made us aware of / not only more efficient strategies
S   V
for the division of work, / but also **for collaboration**.

희망적이게도 분명한 것은 ~이다 // 이번 팀 프로젝트의 어려움은 우리가 알게 했다는 것 / 업무 분배의 더 효과적인 전략들뿐만 아니라,

/ 협동의 더 효과적인 전략들.

▶ that 이하의 절은 문장의 보어 역할을 한다.

---

04 | **(1) ✔ 표시는 아래 [구문] 참고, of**

해설 (1) the vaguest idea 뒤에 전치사 of가 생략되었다. what we mean by "thinking."은 생략된 of의 목적어이다.

구문 It has always been a common topic (of popular discussion) / whether animals "think," // and we
could not take any sides / without having the vaguest idea (✔ what we mean by "thinking.")

(~은) 항상 흔한 (인기 있는 토론의) 주제였다 / 동물들이 '생각하는지' // 그리고 우리는

어느 편도 들 수 없을 것이다 / 아주 모호한 생각도 없는 채로 (우리가 의미하는 '생각하는 것'이 무엇인지에 관한).

---

05 | **FILL-IN ②   (1) involve**

해설 **FILL-IN** 우리가 내리는 결정의 대부분은 존재에 관한 것이 아니라 차를 마실 것인지 커피를 마실 것인지 등의 결정이라고 했으므로 '사소한'이라는

의미의 trivial이 알맞다.

(1) but 뒤에는 주어 Most of our daily decisions가 things 이하 내용을 '포함한다'라는 내용이 와야 하며, 동사 involve가 생략된 형태이다.

구문 Most of our daily decisions do not involve existential decisions (such as a career choice), / but things (like having tea or
S   V   O₁   O₂
coffee, using our credit cards or paying cash, or other seemingly trivial decisions).

우리의 일상적인 결정의 대부분은 존재에 관한 결정을 포함하지 않는다 (직업 선택과 같은) / 그러나 (~한) 것들을 포함한다 (차를 마실 것인지 아니면

커피를 마실 것인지, 신용카드를 사용할 것인지 현금을 낼 것인지, 또는 다른 겉보기에 사소한 결정과 같은).

---

06 | **FILL-IN ①   (1) ✔ 표시는 아래 [구문] 참고, are**

해설 **FILL-IN** 다른 해석에 '열려 있는' 방식으로 결점이 있다면, 결과물은 인정될 수 없다는 문맥이 적절하므로, '열려 있는'이라는 의미의 open이 알맞다.

(1) (A(it)+B(is)+C(tight))(A′(its conclusions)+C′(compelling))의 구조에서 A′와 C′ 사이에 동사 are가 생략되었다.

구문 If an investigation is flawed in such a way [that the results are open to plausible alternative interpretations], // the findings
cannot be admitted as evidence. It must be designed // so that it is tight / and its conclusions ✔ compelling.

조사가 그런 방식으로 결점이 있다면 [결과가 그럴 듯한 대체되는 해석에 열려 있는] //

결과물은 증거로 인정될 수 없다. 그것은 고안되어야 한다 // 엄격하도록 / 그리고 그 결과가 설득력 있도록.

07   **(1)** ✔ 표시는 아래 [구문] 참고, may be dismissed   **(2)** [that all of a sudden ~ their identity]

해설 (1) 주어 many others의 동사 may be dismissed가 반복되어 생략된 형태이다.

(2) 동격을 나타내는 that절 that all ~ identity가 a feeling을 보충 설명한다.

구문 Even a good worker may be dismissed for countless reasons, // and **many others** ✔ **for reasons** [they're not even responsible for]. In such a case, / these people might suffer from social and mental trauma, / leading to emotional stress and a feeling [that all of a sudden they have been disassociated / from what once was their identity].

훌륭한 근로자일지라도 셀 수 없이 많은 이유로 해고될 수도 있다 // 그리고 많은 다른 사람들도 이유로 해고될 수도 있다

[심지어 그들의 책임이 아닌]. 그러한 경우에 / 이런 사람들은 사회적, 정신적 외상을 겪을 수도 있다 / 그리고 이것은 감정적인 스트레스와

기분을 유발한다 [갑자기 그들이 단절되었다는 / 한 때 그들의 정체성이었던 것으로부터].

UNIT 19   접속사 · 관계사의 생략

01   **FILL-IN** ②   **(1)** is creating   **(2)** ✔ 표시는 아래 [구문] 참고, that

해설 **FILL-IN** '스몰 리빙'으로 인한 깨달음이 더 큰 것이 좋은 것이 아니라고(bigger things are not better) 했으므로, '더 많은(more)' 것을 반드시 얻을 필요는 없다는 문맥이 자연스럽다.

(1) 주어는 a movement이고 이를 과거분사구 referred to as "small living"이 수식한다. 동사는 그 뒤의 진행형 is creating이다.

(2) have realized의 목적어 역할을 하는 명사절 bigger things are not better 앞에 접속사 that이 생략되었다.

구문 As a movement (referred to as "small living") is creating waves (against wasteful consumption), // an increasing number of
<u>   S′   V′</u>
global citizens have realized / ✔ **bigger things are not better**, / [and] that more things shouldn't necessarily be obtainable.

움직임이 ('스몰 리빙'이라고 불리는) 흐름을 만들면서 (낭비하는 소비에 반하는) // 점점 더 많은 수의 세계 시민이 깨달았다

/ 더 큰 것이 좋은 것이 아니라는 것을 / 그리고 더 많은 것이 반드시 얻을 수 있어야 하는 것은 아니라는 것을.

---

02   **(1)** 충고하는 것을 삼가는 것은 항상 쉬운 것은 아니다   **(2)** ✔ 표시는 아래 [구문] 참고, 첫 번째 ✔: who(m) 또는 that, 두 번째 ✔: that

해설 (1) It은 가주어이며 to refrain from giving advice가 진주어이다. 부분부정(not always) 표현에 유의하여 해석한다.

(2) we care about과 we have to offer는 각각 people과 the best thing을 선행사로 하는 목적격 관계대명사가 생략되었다. 최상급 선행사에는 관계대명사 that을 쓴다.

구문 It is not always easy / to refrain from giving advice, (especially when we are with people [✔ **we care about**]), // but advice is not always the best thing [✔ **we have to offer**]. Usually, / simply trusting people and saying "You are competent enough to get through this," / is sufficient.

(~은) 항상 쉬운 것은 아니다 / 충고하는 것을 삼가는 것은, (특히 우리가 사람들과 함께 있을 때 [우리가 아끼는]) // 그러나 충고가

항상 최선은 아니다 [우리가 제공할]. 보통 / 그저 사람들을 믿고 "당신은 이것을 끝낼 만큼 유능합니다."라고 말하는 것이

/ 충분하다.

▶ ~ enough to-v: v할 만큼 ~한

---

03   **(1)** ✔ 표시는 아래 [구문] 참고, that   **(2)** challenge

해설 (1) we have as we become successful은 The greatest challenge를 선행사로 하는 목적격 관계대명사 that이 생략된 관계대명사절이다.

(2) 도전 과제(challenge): 달성하기 위해 많은 기술, 에너지, 결단력을 필요로 하는 것

구문 The greatest challenge [✔ **we have** // **as we become successful**] / is never to rest on our success, / never to feel like we've done it. The moment you feel like you've done it, // that's the beginning of the end.

가장 큰 도전 과제는 [우리가 받는 // 성공하게 되면서] / 절대로 성공에 안주하지 않는 것이고, / 절대로

우리가 다 해낸 것처럼 느끼지 않는 것이다. 당신이 다 해냈다고 느끼는 순간 // 그때가 종말의 시작이다.

▶ The moment는 '~하는 순간'이라는 의미로 명사 형태의 접속사이다.

04 **(1) ✔ 표시는 아래 [구문] 참고, why 또는 that**

해설 (1) eggs crack when they're in boiling water는 The main reason을 선행사로 하는 관계부사절로, 이유를 나타내는 관계부사 why[that]가 생략되었다.

구문 The main reason [✔ **eggs crack // when they're in boiling water**] / is the difference (between the temperatures (of the hot water and the cool egg)).
<u>S</u>   <u>V</u>

주요한 이유는 [달걀에 금이 가는 // 그것들이 끓는 물에 있을 때] / ((뜨거운 물과 차가운 달걀의) 온도 사이의) 차이이다.

---

05 **(1) ✔ 표시는 아래 [구문] 참고, which 또는 that**   **(2) ✔ 표시는 아래 [구문] 참고, which 또는 that**

해설 (1) we didn't choose는 all the options를 선행사로 하는 목적격 관계대명사 which[that]가 생략된 관계대명사절이다.
(2) we devote to making decisions, we have to spend on other aspects of life는 각각 앞의 the time을 선행사로 하는 목적격 관계대명사 which[that]가 생략된 관계대명사절이다.

구문 Too many choices also increase our regret (for all the options [✔ **we didn't choose**]). The time [✔ **we devote to making decisions**] / decreases the time [✔ **we have to spend on other aspects of life**], / such as forming close relationships.

너무 많은 선택은 우리의 후회도 증가시킨다 (모든 선택권에 대한 [우리가 선택하지 않은]). 시간은 [우리가 결정하는 데 들이는]
/ 시간을 감소시킨다 [우리가 삶의 다른 측면에 쓸] / 친밀한 관계를 형성하는 것과 같은.

---

06 **(1) ①**   **(2) ✔ 표시는 아래 [구문] 참고, where 또는 that**

해설 (1) 대조를 나타내는 문맥이 없으며, '~하는 동안'이라는 시간의 부사절로 해석하는 것이 자연스럽다.
(2) this traditional view of a scientist still holds true, science is at work는 각각 many places, the only place를 선행사로 하는 관계부사 where[that]가 생략된 관계부사절이다.

구문 The person (doing the science) is almost always wearing a white lab coat / and probably is looking rather serious // while
<u>S</u>   ⌐—— <u>V₁</u> ——⌐   <u>V₂</u>
engaged in some type of experiment. While there are many places [✔ **this traditional view of a scientist still holds true**], // labs aren't the only place [✔ **science is at work**], / and science is happening all around us: // even at work in the kitchen // when cooking meals.

(과학에 종사하는) 사람은 거의 항상 흰색 실험실 가운을 입고 있고 / 아마 다소 진지해 보일 것이다 //
어떤 종류의 실험에 몰두하는 동안. 많은 곳이 있지만 [과학자에 대한 이런 전통적인 견해가 여전히 사실로 여겨지는]
// 실험실은 유일한 곳이 아니다 [과학이 작용하는] / 그리고 과학은 우리 주변의 모든 곳에서 일어나고 있다 // 심지어
주방에서도 일어난다 // 음식을 요리할 때.

---

07 **(1) Leaving**   **(2) human bodies do**   **(3) validity**

해설 (1) leave A aside는 'A를 제쳐놓다[차치하다]'라는 뜻으로, 분사구문의 의미상 주어인 I가 '제쳐놓는' 능동 관계이므로, 현재분사 Leaving이 알맞다.
(2) the way를 선행사로 하는 human bodies do는 관계부사 that 또는 〈전치사＋관계대명사〉 형태인 in which가 생략된 관계사절이다.
(3) 유효성(validity): 합리적이거나 올바르거나 일반적으로 수용되는 상태

구문 Leaving ethical aspects aside, / I doubt the validity of animal experimentation // when it is assumed / that animals' bodies respond to drugs / in the way [**human bodies do**].

윤리적인 측면은 제쳐놓고, / 나는 동물 실험의 유효성이 의심스럽다 // 추정될 때 / 동물의 몸이
약물에 반응한다고 / [인간의 몸이 반응하는] 방식으로.

↳ 동물 실험의 비윤리적인 측면 외에도, 나는 인간의 몸이 반응하는 것처럼 동물의 몸이 약물에 반응할 것이라는 가정의 유효성이 의심스럽다.

UNIT 20 if 또는 if절이 생략된 가정법

01 **(1) would** **(2) If I were a student having hardships because of the current situation**

> **해설** (1) 가정법 과거 문장이므로 주절에는 조동사의 과거형 would가 알맞다.
>
> (2) Were I a student ~ situation은 if가 생략되어 주어와 동사가 도치된 절이므로, 〈If+주어(I)+동사(were) ~〉 형태로 바꾼다.

> **구문** **Were** I a student (having hardships / because of the current situation), // education **would** not **be** important / until the personal situation got resolved.
>
> 내가 학생이라면 (어려움을 겪고 있는 / 현재의 상황 때문에), // 교육은 중요하지 않을 것이다 /
> 개인적인 상황이 해결될 때까지는.

02 **TOPIC** ① **(1) If I had taken packaged tours**

> **해설** **TOPIC** 과거 사실의 반대를 가정하는 가정법 과거완료 문장을 통해, 패키지여행을 했더라면 경험하지 못했을 것을 이야기하고 있으므로, 주제는 '혼자 여행하는 것의 장점'이 적절하다.
>
> (1) had I taken packaged tours는 if가 생략되어 〈조동사(had)+주어(I)+동사(taken) ~〉 형태로 도치된 절이므로, 〈If+주어(I)+동사(had taken) ~〉 형태로 바꾼다.

> **구문** In my own travels, / **had** I taken packaged tours, // I **would** never **have had** the eye-opening experiences [that have added so much to my appreciation of human diversity].
>
> 나 자신의 여행에서 / 패키지여행을 했더라면, // 나는 놀랄 만한 경험을 절대 하지 못했을 것이다
> [인간 다양성에 관한 나의 이해에 크게 보탬이 되었던].
>
> ▶ that 이하는 the eye-opening experiences를 선행사로 하는 주격 관계대명사절이다.

> **TOPIC** ① <u>혼자 여행하는 것의 장점</u>   ② 패키지여행의 특성

03 **(1) Had everyone**

> **해설** (1) 접속사나 관계사가 없고, 가정을 나타내는 문맥으로 보아 ⓐ는 if 가정법에서 if가 생략되어 주어와 동사의 도치가 일어난 자리임을 알 수 있다. 따라서 Had everyone이 알맞다.

> **구문** Had everyone (in our country) worked just one year more / beyond their expected age of retirement, // we could have compensated for much of the shortfall in the national finances.
>
> (우리나라에 있는) 모두가 일 년만 더 일했었다면 / 은퇴 예상 연령을 넘어서, //
> 우리는 국가 재정 부족분의 많은 부분을 메울 수 있었다.

04 **(1) If you should get an urgent request during the day** **(2) 긴급한 요청**

> **해설** (1) 밑줄 친 부분은 If가 생략되어 〈조동사(should)+주어(you)+동사(get) ~〉 형태로 도치된 절이므로, 〈If+주어(you)+동사(should get) ~〉 형태로 바꾼다.
>
> (2) 문맥상 it은 앞의 an urgent request를 가리킨다.

> **구문** **Should** you get an urgent request during the day, // schedule it accordingly / by reshuffling your already scheduled tasks / and making the urgent task a priority.
>
> 낮에 긴급한 요청을 받는다면, // 그것(긴급한 요청)을 적절히 계획하라 / 이미 계획된 업무를 조정함으로써
> / 그리고 그 긴급한 업무를 우선 사항으로 지정함으로써.

05 **(1)** had it come on a Sunday

(2) [that, had it ~ in the park], 만약 일요일에 그 날씨였더라면, 신문사들에 기록적인 공원의 인파를 보도하는 것을 가능하게 했을

해설 (1) 관계사절 내에 가정법 과거완료가 쓰였다. 가정법 if절에서 if가 생략되어 〈조동사(had)+주어(it)+동사(come) ~〉 형태로 도치되어 쓰였으며, 주절은 would have permitted the newspapers이다.

(2) 주격 관계대명사 that절 that, had ~ in the park에서 과거 사실의 반대를 가정하는 가정법 과거완료 구문을 바르게 해석한다.

구문 The weather was of the sort [that, (**had** it come on a Sunday), // **would have permitted** the newspapers / to report record-breaking crowds in the park].

그 날씨는 종류였다 [[만약 일요일에 그 날씨였더라면), // 신문사들에 (~을) 가능하게 했을 /

기록적인 공원의 인파를 보도하는 것을].

↳ 만약 일요일에 그 날씨였더라면, 신문사들이 공원에 기록적인 인파가 몰려들었다고 보도했을 정도로 좋은 날씨였다.

▶ if가 생략된 가정법 과거완료절이 that이 이끄는 관계사절에 삽입되었다.

= ~ that, if it had come on a Sunday, would have ~.

06 FILL-IN ① **(1)** ②

해설 FILL-IN 경쟁자는 공존할 수 없으며 한 경쟁자가 자원을 더 효율적으로 사용한다고 했으므로, 장기적으로는 '지배하게(dominate)' 될 것이라는 문맥이 알맞다.

(1) 첫 번째 절에서 경쟁자들은 공존할 수 없다고 했으므로, 문맥상 경쟁 상황을 가정하여 '두 경쟁자가 경쟁한다면' 한 경쟁자가 우위를 점할 것이라는 ②가 생략된 것으로 볼 수 있다. ①은 '자원들이 풍부하다면'이라는 의미로 문맥과 맞지 않다.

구문 There is a principle in ecology [that 'complete competitors cannot coexist']: // one competitor **would be expected** / to use resources slightly more efficiently than the other / and therefore come to dominate in the long term.

생태계에는 법칙이 있다 ['완전한 경쟁자는 공존할 수 없다'라는]. // 즉, 한 경쟁자는 예상된다 /

상대방보다 자원을 조금 더 효율적으로 쓸 것으로 / 따라서 장기적으로는 지배하게 될 것으로.

▶ a principle과 that절은 동격 관계이다.

07 **(1)** (of attaching commercial announcements to football players' uniforms) **(2)** ①

해설 (1) 전치사 of가 이끄는 전명구 of ~ uniforms가 The idea와 동격을 이룬다.

(2) 문맥상 '상업적인 광고가 축구 선수들의 유니폼에 부착되었다면'이라는 가정의 의미가 내포되어 있다. ②는 '축구 선수들의 유니폼이 누구에게든 떠올랐다면'이라는 의미로 문맥상 맞지 않다.

구문 The idea (of attaching commercial announcements to football players' uniforms) / would simply never have occurred to
  S ‾‾‾‾‾=‾‾‾‾‾‾‾‾   V
anyone // because the resulting disharmony (of color and text) / **would have detracted** from the visual unity of the team.

(축구 선수들의 유니폼에 상업적인 광고를 부착한다는) 생각은 / 그저 누구에게도 떠오르지 않았을 것이다

// 왜냐하면 결과적인 부조화가 (색깔과 문구의) / 팀의 시각적 통일성을 손상시켰을 것이기 때문이다.

UNIT 21 어순 변화 Review the Basics with longer sentences

01 FILL-IN ① (1) achieving your goals

해설 FILL-IN ▶ 빈칸 앞에서 아기들이 걷는 데 시간이 걸리는 것처럼 목표 달성도 시간이 걸린다고 했으므로, 당장의 '진전(progress)'이 보이지 않더라도 낙담해서는 안 된다는 문맥이 알맞다.

(1) '~도 역시 그렇다'라는 의미의 표현 〈so+V+S〉이므로 주어는 동명사구 achieving your goals이다.

구문 It takes some time for babies to begin to walk, / and **so** does achieving your goals, // so you must not get discouraged /

                                                 V   S

when you don't see progress right away.

아기들이 걷기 시작하는 데에는 어느 정도 시간이 든다. / 그리고 당신의 목표를 달성하는 것도 역시 그렇다(어느 정도 시간이 든다), // 그러므로 낙담해서는 안 된다 /

당장 진전이 보이지 않을 때.

02 (1) looking (2) 때때로 학생들도 역시 그렇지 못한다(어깨너머로 계속 보는 사람이 있으면 환경을 즐기지 못할 것이다)

해설 (1) 문장의 동사와 동시에 일어나는 상황을 나타내는 〈with+O+v-ing[p.p.]〉 분사구문이 쓰였다. with의 목적어 someone이 계속해서 '보는' 능동의 의미이므로 현재분사 looking이 알맞다.

(2) 〈neither+V+S〉는 'S도 역시 그렇지 않다'라는 의미이다.

구문 In all honesty, / office workers would not enjoy their environments quite as much / with someone constantly looking over

their shoulder, // and sometimes **neither** do the students.

                                                     V   S

솔직하게 말하면, / 직장인들은 그들의 환경을 그다지 즐기지 못할 것이다 / 누군가가 그들의 어깨너머로 계속 보는 채로

// 그리고 때때로 학생들도 역시 그렇지 못한다(환경을 즐기지 못할 것이다).

03 FILL-IN ② (1) researchers

해설 FILL-IN ▶ 빈칸 앞에서 과학은 실수하기 쉬운 과정이라고 했으므로 '항상 신뢰할 수는 없다(~ is not always reliable)'라는 것이 문맥상 알맞다.

(1) 'S도 역시 그렇지 않다'라는 의미의 표현 〈nor+V+S〉이므로 주어는 researchers이다.

구문 Science is not a means (for finding quick and certain facts), / but a slow, methodical process [that is prone to misstep],

// so the process is not always reliable, / **nor** are researchers 100 percent objective.

                                                      V   S   C

과학은 수단이 아니라 (빠르고 확실한 사실을 찾아내기 위한), / 느리고 조직적인 과정이다 [실수하기 쉬운].

// 그래서 그 과정은 항상 신뢰할 수는 없다. / 연구자들도 역시 100 퍼센트 객관적이지는 않다.

▶ 〈not A but B〉: A가 아니라 B

▶ not always: 항상 ~은 아닌 ((부분부정))

04 (1) exists

해설 (1) 유도부사인 there가 절 앞에 쓰여 〈there+V+S〉 어순으로 도치되었다. 주어는 no proof이므로 단수동사 exists가 알맞다.

구문 As statistics show / that fliers (aged 45 to 74) have fewer accidents / than those (between 26 and 44), /

and there exists no proof [that pilots in their 60's are less able than those in their 20's], // we can conclude /

that age and working ability are proportional in pilots.

통계가 보여주므로 / (45세에서 74세의) 조종사가 더 적은 사고를 낸다는 것을 / (26세에서 44세 사이의) 조종사보다 /

그리고 증거가 없으므로 [60대 조종사가 20대 조종사보다 덜 능력 있다는] // 우리는 결론을 내릴 수 있다 /

조종사의 나이와 업무 능력은 비례한다는 것을.

05 **(1) remains no nature** **(2) install**

해설 (1) 유도부사인 there가 절 앞에 쓰여 〈there+V+S〉 어순으로 주어와 동사가 도치된 remains no nature가 알맞다.
(2) 설치하다(install): 사용 또는 서비스를 위해 무언가를 짓는 것

구문 If nature is defined as a landscape (uninfluenced by humankind), // then **there** remains no nature on the planet at all, /
                                                                         V   S
because, for example, people changed their surrounding ecosystems / by installing orchards in the Amazon from
prehistoric times.
만약 자연이 (인류에 의해 영향을 받지 않은) 풍경으로 정의된다면, // 지구상에는 자연이 전혀 남아 있지 않다 /
왜냐하면, 예를 들어, 사람들은 주변 생태계를 바꿨기 때문이다 / 선사시대부터 아마존에 과수원을 설치함으로써.

06 **(1) difficult** **(2) Lessons**

해설 (1) ⓐ는 as가 이끄는 양보절 〈명사/형용사/부사+as+S′+V′〉에서 동사인 may be의 보어 자리이므로 형용사 difficult가 알맞다.
(2) 문맥상 '교훈들'을 선물로 볼 필요가 있다는 의미이므로 them은 주어 Lessons를 가리킨다.

구문 Lessons will show up every day of your life, // and difficult **as** some of them may be, / you need to change your
                                                                       C′   S′   V′
perception and see them as gifts.
교훈들은 당신의 삶에서 매일 나타날 것이며, // 비록 그것들 중 어떤 것은 힘들지라도, / 당신은 당신의 인식을 바꾸고
그것들(교훈들)을 선물로 볼 필요가 있다.
▶ 〈명사/형용사/부사+as+S′+V′〉: 비록 S′가 V′할지라도

07 **(1) Obscure** **(2) are** **(3) fundamental**

해설 (1) ⓐ는 as가 이끄는 양보절 〈명사/형용사/부사+as+S′+V′〉에서 보어인 형용사 Obscure가 문장 맨 앞에 쓰인 형태이다.
(2) the most fundamental assumptions가 주어이고, about ~ evaluated는 주어를 수식하는 전명구이다. 동사는 그 뒤의 are이다.
(3) 근본적인(fundamental): 어떤 것의 기본적인 성질이나 특성과 관련된

구문 Obscure **as** cultural change is from day to day, // when we look over a longer time span, / it becomes apparent /
       C′   S′   V′
that even the most fundamental assumptions (about morality and the standards [by which quality of life should be
                                         S′
evaluated]) / are subject to change.
             V′
문화적 변화가 나날이 눈에 띄지 않을지라도, // 우리가 더 긴 시간 동안 살펴보면, / 분명해진다 /
가장 근본적인 전제조차도 (도덕성과 기준에 대한 [삶의 질이 평가되어야 하는])
/ 변하기 쉽다는 것은.

UNIT 22 문장 앞으로 이동

01 **(1) we** **(2) has**

해설 (1) 준부정어 Only를 포함하는 부사절(when ~ caught)이 문장 맨 앞에 와서, 〈조동사(will)+주어(we)+동사(realize)〉 어순으로 도치가 일어났다.
(2) 현재완료 시제를 이루는 has가 앞 절에서 반복되어 생략되었다.

구문 **Only** when the last tree has died / and the last river been poisoned / and the last fish been caught // will we realize /
                                                                                                   조동사 S   V
that money is worthless.
오직 마지막 나무가 죽을 때만 / 마지막 강이 오염되고 / 마지막 물고기가 잡힐 (때만) // 우리는 깨달을 것이다 /
돈이 쓸모없다는 것을.
▶ 접속사 when이 이끄는 시간의 부사절에서는 현재가 미래를 대신하므로 미래완료 대신 현재완료가 쓰였다.

02 TOPIC benefits (1) does (2) a working song

해설 (1) 부정어를 포함하는 어구 Not only가 문장 맨 앞에 와서 〈조동사+주어+동사〉 어순으로 도치가 일어난 문장이다. 문장의 주어가 a working song이므로 단수동사인 does가 알맞다.

(2) 문맥상 '노동요'가 마음을 전환시킨다는 의미이므로 a working song을 가리킨다.

구문 **Not only** does a working song (like a sailor's shanty) provide the opportunity (to pull together) // but it also distracts the
　　　　　　조동사　　　S　　　　　　　　　　　　　　　　　V
mind / from the dullness of the task.

(선원들의 뱃노래 같은) 노동요는 (협력할) 기회를 줄 뿐만 아니라 // 그것(노동요)은 또한 마음을 전환시킨다

/ 그 일의 지루함으로부터.

TOPIC 노동요의 이로움

03 (1) the same company (2) (to) choose (3) outstanding

해설 (1) 부정어 rarely가 절 앞에 와서 〈조동사(will)+주어(the same company)+동사(make)〉 어순으로 도치가 일어났다.

(2) 문장의 진주어 역할을 하는 to부정사구 to choose ~ benefit과 rest ~ it이 등위접속사 and로 병렬 연결되었다. rest 앞의 to는 반복되어 생략된 형태이다.

(3) 뛰어난(outstanding): 극도로 훌륭하거나 인상적인

구문 The same company may change its product appeal in ads / from one medium to another, (for instance, from television to newspapers), // but **rarely** will the same company make different appeals in one ad. It is best / to choose one outstanding
　　　　　　　　　　　　　　　　　　　조동사　　　　S　　　　　V
reason or benefit / and rest your case on it.

같은 회사가 광고에서 제품의 매력을 바꿀 수도 있다 / 한 매체에서 다른 매체로 (예를 들어, 텔레비전에서 신문으로),

// 그러나 같은 회사가 한 광고에서 좀처럼 다른 호소를 하지 않을 것이다. (~은) 가장 좋다 / 하나의 뛰어난

이유나 장점을 고르는 것은 / 그리고 그것에 주장의 기초를 두는 것은.

04 FILL-IN ② (1) the ability

해설 FILL-IN 첫 번째 절에서 CAD는 이미지를 회전시킬 수 있다고 했으므로, 집이나 사무실 건물을 '여러 시점(many points of view)'에서 볼 수 있다는 문맥이 자연스럽다.

(1) 전치사 Among이 이끄는 부사구(Among ~ (CAD))가 문장 맨 앞에 와서 주어(the ability to rotate images)와 동사(is)가 도치되었다.

구문 **Among the virtues of Computer-assisted design(CAD)** / is the ability (to rotate images) // so that the designer can see
　　　　　　　　　　　　　　　　　　　　　　　　　　　　V　　　S
the house or office building from many points of view.

컴퓨터 지원 설계(CAD)의 장점들 중에는 / (이미지를 회전시키는) 능력이 있다 // 디자이너가

집이나 사무실 건물을 여러 시점에서 볼 수 있도록.

05 (1) the person (2) what to remember of the past, what to enjoy in the present, what to plan for the future

해설 (1) Happy는 보어, is는 동사, 관계사절의 수식을 받는 the person 이하가 주어이다. 주어가 매우 긴 데 비해 술부가 상대적으로 짧으면 〈보어+동사+주어〉 순으로 흔히 도치된다.

(2) 관계사절의 동사 knows의 목적어로 의문사 what이 이끄는 〈의문사+to-v〉 형태의 명사구 세 개가 등위접속사 and로 병렬 연결되었다.

구문 **Happy** is the person [who knows what to remember of the past, / what to enjoy in the present, / and what to plan for
　　　　　C　　V　　S　　　　　V'　　　　　O'₁　　　　　　　　　　O'₂　　　　　　　　　　　　　　O'₃
the future].

사람은 행복하다 [과거의 무엇을 기억할 것인가를 아는 / 현재 무엇을 즐길 것인가를 / 그리고 미래를 위해 무엇을 계획할 것인가를].

06 **(1) lies** **(2) [my grandmother made]**

해설 (1) 장소의 부사구 Under the large pile of clothes가 문장 맨 앞에 와서 주어와 동사가 도치되었다. 주어는 a beautiful sweater이므로 단수 동사 lies가 알맞다.

(2) a beautiful sweater를 선행사로 하는 목적격 관계대명사절 my grandmother made 앞에 관계대명사 which[that]가 생략된 형태이다.

구문 **Under the large pile of clothes** / lies a beautiful sweater [my grandmother made], //
　　　　　　　　　　　　　　　　　　　　　 V　　　　 S

which will be quite easy to find due to its unique color and special fabric.

큰 옷 무더기 아래에 / 예쁜 스웨터가 있다 [나의 할머니가 만든] //

이것은 독특한 색상과 특별한 천 때문에 찾기에 꽤 쉬울 것이다.

07 SUMMARY ① **(1) the fallacy**

해설 SUMMARY 약간의 증거만 가지고 결론에 도달하는 것보다 증거가 전혀 없는 채 결론에 도달하는 것이 훨씬 더 나쁘다는 내용의 문장이므로, 약간의 증거가 더 낫다고 요약할 수 있다.

(1) 보어(Even worse ~ a little evidence)를 강조하여 문장의 맨 앞에 둔 경우로, 주어(the fallacy ~)와 동사(is)가 도치되었다. 긴 주어를 뒤로 보낸 것으로 볼 수도 있다.

구문 **Even worse than reaching a conclusion / with just a little evidence** / is the fallacy (of reaching a conclusion /
　　　　　　　　　　　　　　　C　　　　　　　　　　　　　　　　　　　　 V　　 S

without any evidence at all).

결론에 도달하는 것보다 훨씬 더 나쁜 것은 / 단지 약간의 증거만을 가지고 / 오류이다 (결론에 도달하는 /

어떤 증거도 없는 채로).

▶ = The fallacy of ~ at all is even worse than reaching a conclusion with just a little evidence.

SUMMARY ① 약간의 증거는 증거가 없는 것보다 낫다.　② 결론에 도달하는 것은 논리적인 과정이다.

UNIT 23 문장 뒤로 이동

01 **(1) clear** **(2) (he thought)**

해설 (1) 목적어(his views ~ plan)가 상대적으로 길어 목적격보어(clear) 뒤로 이동했다.

(2) 관계대명사 which 뒤에 〈주어+동사〉인 he thought가 삽입되었다.

구문 The architect made clear **his views (on the city reform plan)**, // which (he thought) was not in the best interests of the
　　　 S　　 V　 C　　　　　　 O

public / and could harm the landscape of the whole city.

그 건축가는 그의 견해를 확실히 했는데 (도시 개선 계획에 대한) // (그가 생각하기에) 이것은 대중을 위한 최선이 아니었고

/ 도시 전체의 경관을 해칠 수도 있었다.

▶ = The architect made his views on the city reform clear, which ~.

02 **(1) that the beach ~ or amusement parks** **(2) (to visit)**

해설 (1) 목적어(that ~ parks)가 상대적으로 길어 부사구(in a survey ~ England) 뒤로 이동했다.

(2) to부정사구 to visit가 앞의 명사를 수식하는 구조이다.

구문 Researchers found in a survey of 542 households in England // **that the beach was rated a more enjoyable place**
　　　　　　　　 V　　　　　　　 M

(to visit) / than national parks, museums, or amusement parks.

연구원들은 영국의 542 가구를 조사한 것에서 알아냈다 // 해변이 더 즐거운 방문지로 평가되었음을

/ 국립공원, 박물관, 또는 놀이공원보다.

▶ = Researchers found that the beach ~ or amusement parks in a survey of 542 households in England.

03 **(1) A little gauge**

해설 (1) 현재분사 giving이 이끄는 현재분사구는 주어 A little gauge를 수식하며, 현재분사구에 비해 술부가 짧아서 현재분사구가 술부 뒤로 이동한 형태이다.

구문 A little gauge is hung on somewhere in every house / (giving feedback in real time to the homeowners / about how
S
high their energy consumption is).

모든 집 어딘가에 작은 측정기가 걸려 있다 (집주인에게 실시간으로 피드백을 제공하는 / 그들의 에너지 소비량이 얼마나 높은지에 대한).

04 **(1) the reason** **(2) was made** **(3) monument**

해설 (1) 동사 이후의 술부가 상대적으로 짧아서 the reason을 선행사로 하는 관계사절(why ~ made)이 술부 뒤로 이동한 형태이다.
(2) 주어인 Stonehenge와 a prehistoric monument ~ England는 동격 관계이며, 동사는 was made이다.
(3) 기념물(monument): 중요한 사람이나 사건을 사람들에게 상기시키기 위해 지어진 큰 건축물

구문 Do you think // the reason will ever be known [why Stonehenge, (a prehistoric monument (located in southwestern
S S' =
England)), was made]?
V'

당신은 생각하는가 // 이유가 언젠가는 알려질 것이라고 [스톤헨지가, (즉 선사시대의 역사적 기념물인 (영국 남서부에 있는)) 만들어진]?

▶ = ~ the reason why Stonehenge, ~, was made will ever be known?

05 **(1) animals and plants, [which are ~ to lead], species, [that are less fitted]**

해설 (1) 관계사절을 포함한 주부에 비해 술부가 짧아서, 주어를 수식하는 관계사절(which are ~ to lead, that are less fitted)을 술부(sustain themselves, die out) 뒤에 둔 형태이다.

구문 The result of the struggle for existence, natural selection, is // that animals and plants sustain themselves [which are best
S'
fitted to the life [they have to lead]], / while species die out [that are less fitted].
S'

생존을 위한 투쟁, 즉 자연 선택의 결과는 ~이다 // 동식물이 생존한다는 것
[[그것들이 살아야 하는] 삶에 가장 잘 맞는], / 반면에 [덜 맞는] 종들이 멸종된다는 것.

06 **(1) that**

해설 (1) ⓐ 이하가 주어, 동사, 보어를 갖춘 완전한 절이며, 문맥상 The opinion을 보충 설명하므로 동격절을 이끄는 접속사 that이 알맞다.

구문 The opinion is widely held [that knowledge of a language is merely one of many possible roads
S =
(to the understanding of a people)].

의견이 널리 퍼져있다 [어떤 언어에 대한 지식은 단지 여러 가능한 길 중의 하나일 뿐이라는
(어떤 민족을 이해하는)].

▶ 동격절을 포함하는 주부에 비해 술부(is widely held)가 상대적으로 짧아, 동격절이 술부 뒤로 이동했다.

07 **(1) [whether the computer ~ their real problems]** **(2) 인류가 자신들이 실제로 누구인지 알고, 자신들의 진짜 문제를 밝히는 것**

해설 (1) 동격절을 포함하는 주부에 비해 술부(persists and grows)가 짧아, whether 이하의 동격절이 술부 뒤로 이동했다.
(2) it은 가목적어이고 to know 이하가 진목적어이므로 이를 바르게 해석한다.

구문 The question persists and grows [whether the computer will make it easier or harder / for human beings
S = 가목적어 의미상 주어
to know who they really are, / and to identify their real problems].
진목적어

의문이 지속되고 커진다 [컴퓨터가 더 쉽게 만들지 아니면 더 힘들게 만들지라는 / 인류가
자신들이 실제로 누구인지 아는 것을 / 그리고 자신들의 진짜 문제를 밝히는 것을].

▶ = The question whether the computer ~ problems persists and grows.

▶ 진목적어로 쓰인 두 개의 to부정사구 to know ~ are, to identify ~ problems가 등위접속사 and로 병렬 연결되었다.

▶ who they really are는 know의 목적어로 쓰인 명사절이다.

08 FILL-IN ② **(1) the undeniable fact**

해설 FILL-IN 국제 업무에서 단일어 사용을 정당화하는 주장에는 효과적인 '의사소통(communication)'을 전제 조건으로 들 것임을 추론할 수 있다.

(1) 술부(emerges)가 동격절(that ~ communication)의 수식을 받는 주어(the undeniable fact)에 비해 상대적으로 짧아서 주어와 동사의 위치가 바뀌었다.

구문 Among the many arguments (justifying a monolingual approach to international business), / emerges the undeniable fact

　　　V　　　　　　S　　　　=

[that a fundamental precondition (of any successful international business enterprise) / is effective

communication].

여러 주장 중에서 (국제 업무에 대한 단일어 접근을 정당화하려는) / 부정할 수 없는 사실이 드러난다

[기본적 전제 조건은 (어떤 성공적인 국제 기업에서도) / 효과적인 의사소통이라는].

▶ = ~, the undeniable fact that a fundamental ~ effective communication emerges.

UNIT 24 이미 아는 정보+새로운 정보

01 **(1) diagnose, find** **(2) the teachers**

해설 (1) trained의 목적어 역할을 하는 세 개의 to부정사구(to identify ~, diagnose ~, find ~)가 등위접속사 and로 병렬 연결된 형태이다.

(2) 이미 언급된 정보(these things)를 포함하는 장소의 부사구 along with these things가 절 맨 앞에 와서 〈조동사(do)+주어(the teachers)+동사(need)〉 어순으로 도치가 일어났다.

구문 As teachers, / they've been trained to identify problems, diagnose what's causing the problems, and then find solutions
to those problems, // and **along with these things** / do the teachers need to find what's good in every student.

　　　　　　　　　　　　　　　　　　　　　　　　　　　　　　　　　　　　　조동사　　S　　　　　V

교사로서, / 그들은 문제를 발견하고, 무엇이 그 문제를 일으키는지 진단하고, 그리고 나서

그 문제들에 대한 해결책을 찾도록 훈련 받았다 // 그리고 이러한 것들과 함께, / 교사들은 모든 학생에게서 좋은 점을 발견해내야 한다.

▶ 이미 언급된 정보(these things)가 포함된 부사구 along with these things를 절 앞에 두고, 새로운 정보를 뒤로 보낸 문장이다.

02 FILL-IN ② **(1) [for which half of the responses were "don't know,"]** **(2) we, that option**

해설 FILL-IN 지식이 아닌 의견을 묻는 경우 '모른다' 선택지를 제공하면 안 된다는 이유로, '모른다'라는 선택지를 제공하는 것은 '효과가 없다 (ineffective)'라는 문맥이 알맞다.

(1) 〈전치사+관계대명사〉가 이끄는 절인 for which ~ know,"가 앞의 명사 a survey를 수식한다.

(2) 목적어 역할을 하는 이미 언급된 정보인 that option을 절 맨 앞에 둔 형태이며, 그 뒤에 주어 we와 동사가 쓰였다.

구문 If we imagine getting a survey [for which half of the responses were "don't know,"] / offering a "don't know" option can be
ineffective, // thus **that option** we shouldn't offer, / when the list of response options are matters of opinion, /

　　　　　　　　　　　　　　　　O　　　　　　S　　　V

not specific knowledge questions.

설문지를 받는다고 상상하면 [응답의 절반이 '모른다'인], / '모른다' 선택지를 제공하는 것은

효과가 없을 수 있다 // 그러므로 우리는 그 선택지를 제공하면 안 된다 / 응답 선택지 목록이 의견의 문제일 때 /

특정 지식 문제가 아닌.

▶ 목적어가 문장의 맨 앞에 쓰인 경우, 주어와 동사의 도치는 거의 일어나지 않는다.

03 **(1)** ✔ 표시는 아래 [구문] 참고, its horn is prized   **(2)** an environmental cost

해설 (1) 등위접속사 and 이후에 주어와 동사 its horn is prized가 반복되어 생략되었다.

(2) 이미 언급된 정보인 those를 포함하는 장소의 부사구 Behind those ~ are met가 문장 맨 앞에 와서 주어와 동사(is)의 도치가 일어났다.

구문 The African rhino is being pushed towards extinction // because its horn is prized / for sword handles in the Middle East and ✔ for traditional medicines in Asia. **Behind those consumption decisions, and the ways [in which our needs are met]**, / is an environmental cost.
   V   S

아프리카 코뿔소는 멸종으로 내몰리고 있다 // 그것의 뿔이 귀하게 여겨지기 때문에 / 중동에서는 칼의 손잡이로,
아시아에서는 전통적인 약품으로. 이러한 소비 결정과 방법의 이면에는 [우리의 필요가 충족되는].
/ 환경적인 비용이 있다.

---

04 **(1)** [in which we not only do no harm but also act to restore nature]   **(2)** are   **(3)** a law
    (4) ✔ 표시는 아래 [구문] 참고, that 또는 which

해설 (1) 〈전치사+관계대명사〉가 이끄는 절인 in which ~ nature가 앞의 명사 a world를 수식한다.

(2) 문장의 주어는 전명구 at all ~ global의 수식을 받는 conservation efforts이므로 복수동사인 are가 알맞다.

(3) 보어 역할을 하는 Especially needed가 문장 맨 앞에 와서 주어 a law와 동사 is가 도치되었다. 수식어구를 포함한 긴 주어를 뒤로 보낸 것으로 볼 수도 있다.

(4) the ocean faces는 the serious threats를 선행사로 하는 목적격 관계대명사절로, 관계사 that[which]이 생략되었다.

구문 Although creating a world [in which we not only do no harm / but also act to restore nature] / requires many laws, // conservation efforts (at all scales from the local to the global) / are hampered by a lack of political will.

Especially needed is a law (to spread awareness of the ocean's nature and the serious threats [✔ the ocean faces]).
      C   V S

세상을 만드는 것이 [우리가 해를 끼치지 않을 뿐만 아니라 / 자연을 복원하기 위한 활동도 하는] / 많은 법을 필요로 함에도 불구하고, //
보존하려는 노력은 (지역부터 전 세계에 이르는 모든 규모의) / 정치적인 의지의 부재로 방해 받고 있다.
법이 특히 필요하다 (해양의 특성과 심각한 위협에 대한 인식을 확산시키려는 [해양이 직면한]).

▶ 첫 번째 문장에서 많은 법이 필요하다고(~ requires many laws) 이미 언급했으므로, 두 번째 문장에서 Especially needed(특히 필요한)가 문장 앞에 쓰인 것으로 볼 수 있다.

---

05 **TOPIC** ②   **(1)** 하루 동안 우리의 척추 디스크에서 물이 빠져나오는 것   **(2)** the fact

해설 **TOPIC** 나이 든 사람들은 척추 디스크에 물이 더 적고, 척추 디스크가 나이가 들수록 뭉개진다고 언급하며, 나이가 들수록 키가 더 작아지는 이유를 설명하고 있다.

(1) it은 앞 절 전체를 가리킨다.

(2) 앞서 언급한 정보를 가리키는 this를 포함하며 보어 역할을 하는 Added to this가 문장 맨 앞에 쓰여, 주어 the fact와 동사 is가 도치되었다.

구문 Old people tend to get shorter. Water gets squeezed out of our spinal discs in the course of a day, // and it is more noticeable in older people / because there is less water in the discs to start with, // so it is hard for their spines to be
                                                                              가주어   의미상 주어   진주어
upright. **Added to this** is the fact [that the spinal discs break as you get older / because of a condition (called
       C   V S
osteoporosis)].

나이 든 사람들은 키가 작아지는 경향이 있다. 하루 동안 우리의 척추 디스크에서 물이 빠져나온다. // 그리고 이는
나이 든 사람들에게서 더 눈에 띈다 / 왜냐하면 애초에 디스크에 물이 더 적기 때문이다 // 그래서 그들의 척추는 똑바로 서 있기가 힘들다.
이것에 더해 사실이 있다 [척추 디스크가 나이 들수록 뭉개진다는 / 질병 때문에 (골다공증이라고 불리는)].

▶ the fact와 that 이하는 동격 관계이다.

TOPIC ① 골다공증의 원인은 무엇인가   ② 우리가 나이 듦에 따라 키가 작아지는 이유

06 **(1) an emphasis** **(2) ①** **(3) where**

해설 (1) 보어 Equally ~ this가 문장 앞에 나와서 주어 an emphasis와 동사 is가 도치되었다. 수식어구를 포함한 긴 주어를 뒤로 보낸 것으로 볼 수도 있다.

(2) this는 앞 문장 전체를 가리킨다.

(3) ⓑ 이하는 주어(students), 동사(draw), 목적어(links)를 갖춘 완전한 절이므로 관계부사 where가 알맞다.

구문 In English, / students learn grammar as well as creative writing; // in Art, / students acquire technical skills as well as express themselves. **Equally important, and associated to this**, / is an emphasis (on a cross-curricular approach), //
　　　　　　　　　　　　　　　　　　　　　　　　　　　　　　　C　　　　　　　V　　　S
where students draw links between subjects / rather than reducing them to sealed boxes. Great examples of this include / learning about Greece in Geography and the Ancient Greeks in History.

영어 과목에서, / 학생들은 창의적인 글쓰기뿐만 아니라 문법도 배운다 // 미술 과목에서, / 학생들은 그들 자신을 표현할 뿐만 아니라 전문적인 기교도 습득한다.
마찬가지로 중요하고 이와 연관된 것은, / (통합 교과 접근 방식에 대한) 강조인데, //
학생들이 과목 사이의 연계를 짓는 것이다 / 과목을 밀봉된 상자로 축소하는 것보다는. 이것의 좋은 예는 포함한다 /
지리학에서 그리스에 대해 배우는 것과 역사 과목에서 고대 그리스에 대해 배우는 것을.

▶ B as well as A: A뿐만 아니라 B도

▶ 이미 언급한 정보인 this를 포함하는 어구 Equally ~ this가 문장 맨 앞에 온 형태이다.

▶ 두 번째 문장에서 where 이하는 a cross-curricular approach를 보충 설명하는 관계부사절이다.

UNIT 25 병렬구조 Review the Basics with longer sentences

01 (1) that its people serve the public in an efficient and pleasing manner   (2) efficient

해설 (1) and에 의해 병렬로 연결된 두 개의 동사구 will allow, ensure의 목적어 역할을 하는 that절이 공통으로 연결되었다.

(2) manner를 수식하며 pleasing과 병렬 관계이므로 형용사 efficient가 알맞다.

구문 In order for a great company to satisfactorily serve the public, / it must have a philosophy and a method of doing business [which **will allow** and **ensure** // that its people serve the public in an **efficient** and **pleasing** manner].

좋은 회사가 만족스럽게 사람들에게 서비스를 제공하기 위해서는, / 그 회사는 사업을 운영하는 철학과 방법을 갖춰야 한다

[가능하게 하고 보장할 // 회사의 직원들이 효율적이고 만족스러운 방법으로 사람들에게 서비스를 제공하는 것을].

02 (1) an irrational generalization   (2) inflexibly   (3) hostility

해설 (1) 관계대명사 that은 관계사절 that is applied indiscriminately ~ for facts(무분별하게 혹은 융통성 없게 적용되는)를 이끌므로, 의미상 an irrational generalization(불합리한 일반화)을 선행사로 한다.

(2) 동사인 is applied를 수식하며, indiscriminately와 병렬 관계이므로 부사 inflexibly가 알맞다.

(3) 적대감(hostility): 누군가를 향한 비우호적이거나 위협적인 태도 혹은 감정

구문 Prejudice is an idea (based on an irrational generalization about a group [that is applied **indiscriminately** or **inflexibly** / with little regard for facts]), // and this can lead to hostility and discrimination.

편견은 생각이다 (어떤 집단에 대한 불합리한 일반화에 바탕을 둔 [무분별하게 혹은 융통성 없게 적용되는 /

사실을 거의 고려하지 않고]) // 그리고 이는 적대감과 차별로 이어질 수 있다.

▶ based on ~ facts는 an idea를 수식하는 과거분사구이다.

03 (1) overcoming

해설 (1) 전치사 by의 목적어이며, rendering과 병렬 관계이므로 동명사 overcoming이 알맞다.

구문 Cooking opened up whole new vistas of edibility / by **rendering various ingredients more digestible** / and **overcoming many of the chemical defenses** [which can be fatal to humans].

요리는 먹을 수 있는 것의 완전히 새로운 앞날을 열어주었다 / 다양한 재료를 더 잘 소화할 수 있도록 만들고 /

많은 화학적 방어물을 극복함으로써 [인간에게 치명적일 수 있는].

04 FILL-IN ②   (1) ✔ 표시는 아래 [구문] 참고, that

(2) that their evidence ~ by scientific methodology, that astrological papers ~ predictive value

해설 FILL-IN 점성술사들의 증거가 과학적으로 측정될 수 없다고 했으므로 과학적으로 사고하는 사람들이 점성술사를 '틀리다(wrong)'고 생각한다는 것이 알맞다.

(1) think의 목적어 역할을 하는 명사절을 이끄는 접속사 that이 생략되었다.

(2) seeing의 목적어 역할을 하는 두 개의 that절이 등위접속사 or로 병렬 연결된 형태이다.

구문 A scientifically-minded person would think ✔ astrologers are wrong, / seeing **that their evidence can't be measured by scientific methodology** / or **that astrological papers have shown** // that astrology has no significant predictive value.

과학적으로 사고하는 사람들은 점성술사들이 틀리다고 생각할 것이다 / 그들의 증거가 과학적 방법론으로 측정될 수 없으므로

/ 혹은 점성술을 연구하는 논문들이 보여주었으므로 // 점성술은 유의미한 예측치가 없음.

▶ -minded는 형용사나 부사 뒤에 쓰여 '(생각이) ~한; ~에 관심이 있는'이라는 형용사를 만든다.

▶ seeing (that): ~이므로, ~라는 점에서 보면

05 **(1) is** **(2) the past as better than it was, the present as worse than it is, the future as finer than it will be**

해설 (1) 주어는 관계부사 why가 생략된 관계부사절 people ~ happy의 수식을 받는 The reason이고, 동사는 is이다.
(2) view의 목적어 역할을 하는 세 개의 명사구가 등위접속사 and로 병렬 연결되었다.

구문 The reason [people find it so hard to be happy] is // that they always view **the past / as better than it was**, /
 S　　　　　가목적어　　　진목적어　V

the present / as worse than it is, / and **the future / as finer than it will be**.

[사람들이 행복하기가 너무 어렵다고 생각하는] 이유는 ~이다 // 그들이 항상 과거를 본다는 것 / 실제보다 더 좋게 /
현재를 / 실제보다 더 나쁘게 / 그리고 미래를 / 실제보다 더 멋지게.

---

06 **(1) the utility ~ easier, the usability ~ accessible**

해설 (1) 밑줄 친 and는 'A와 B 둘 다'라는 의미의 〈both A and B〉를 이루는 등위접속사이며, A와 B에는 각각 명사구 the utility ~ easier, the usability ~ accessible이 병렬 연결되었다.

구문 As online communication became more popular during the 1980s, // computer network companies sought to improve /
both **the utility of their services / by making connections easier** / and **the usability of their services /**
by making the computer networks more accessible.

1980년대에 온라인 통신이 더욱 대중화되면서 // 컴퓨터 네트워크 회사들은 개선하려 했다 /
그들의 서비스의 유용성과 / 연결을 더 쉽게 함으로써 / 서비스의 편리성 둘 다 /
컴퓨터 네트워크의 접근성을 더 높임으로써.

---

07 **(1) noncompetitive** **(2) 인류의 진보를 위해 일하려는 것**

해설 (1) 'A와 B 둘 다 아닌'이라는 의미의 〈neither A nor B〉에서 A와 B 자리에 각각 vacant, noncompetitive가 병렬 연결되었다.
(2) 전치사 of 이하와 her dream은 동격 관계이므로 이를 바르게 해석한다.

구문 Although the anthropological field was neither **vacant** nor **noncompetitive**, // the young scholar went on to pursue
her dream (of working for the betterment of mankind).

비록 인류학 분야는 비어 있지도, 경쟁이 없는 것도 아니었지만 // 그 어린 학자는 자신의 꿈을 추구하기 시작했다
(인류의 진보를 위해 일하려는).

---

08 **(1) emerged** **(2) ruling**

해설 (1) 이유의 의미를 나타내는 접속사 As가 이끄는 부사절에 세 개의 절(no American ~, no U.S. ~, the United States suffered ~)이 쓰였다.
따라서, 주절의 주어는 the United States이고 동사는 emerged이다.
(2) 'A뿐만 아니라 B도'라는 의미의 〈not only A but also B〉에서, A 자리에 쓰인 controlling ~ Atlantic과 병렬을 이뤄야 하므로, 현재분사
ruling이 알맞다.

구문 As no American cities were bombed except Pearl Harbor, / no U.S. territory was occupied, / and the United States
suffered less than one percent of the war's casualties, // the United States emerged from World War II /
　　　　　　　　　　　　　　　　　　　　　　　　　　　　　　　　　　　　S　　　　　　　V

not only **controlling the North Atlantic** but also **ruling all of the world's oceans**.

진주만 외에는 미국의 어떤 도시도 폭격 당하지 않았고 / 미국의 어떤 영토도 점령당하지 않았으며 / 미국이
전쟁 사상자 중 1%도 겪지 않았기 때문에. // 미국은 제2차 세계대전에서 부상했다 /
북대서양을 지배할 뿐만 아니라 전 세계 바다를 지배하면서.

01 **(1) believed**

> 해설 (1) 두 개의 동사 believed와 used 이하가 등위접속사 and로 병렬 연결되었다. 문맥을 정확히 파악하여 believed의 목적어 역할을 하는 명사절 that all beauty ~ math의 동사 explained와 병렬을 이루는 것으로 착각하지 않도록 한다.

> 구문 The ancient Greeks **believed //** that all beauty could be explained with math / and used a system / to find what they called the "Golden Ratio."

고대 그리스인들은 믿었다 // 모든 아름다움은 수학으로 설명될 수 있다고 / 그리고 방식을 사용하여 /
이른바 '황금비'라는 것을 발견했다.

  ▶ what they[we, you] call은 '이른바, 소위'로 해석한다. (= what is called)
  ▶ to find 이하는 '(~해서) v하다'라는 결과를 나타내는 부사적 용법의 to-v로 쓰였다.

02 **(1) being against something**

> 해설 (1) 목적어 역할을 하는 being against something과 being ~ ideas가 but으로 병렬 연결되었다.

> 구문 Being different from the crowd / does not necessarily mean **being against something**, /
> S   V   O₁
> but rather **being strong in one's support (for certain new ideas)**.
>   O₂

대중들과 다르다는 것이 / 반드시 무언가에 반대한다는 것을 의미하는 것은 아니다 /
그보다는 오히려 자신의 지지가 확고함을 (의미한다) (어떤 새로운 생각에 대한).

  ▶ not necessarily는 '반드시 ~는 아닌'이라는 의미로 부분부정을 나타낸다.

03 **(1) that it enables ~ have been suppressed, that it allows ~ , being yourself**   **(2) being yourself**

> 해설 (1) 밑줄 친 and는 문장의 보어 역할을 하는 두 개의 that절을 병렬 연결하고 있다.
> (2) 동명사구 being yourself가 to enjoy의 목적어이며, rather than to fear는 삽입어구이다.

> 구문 Some of the rewards (of learning to overcome social anxiety) are // **that it enables you to express aspects of yourself**
> S   V   C₁
> **[that may previously have been suppressed]**, / and **that it allows you to enjoy, (rather than to fear), being yourself**.
>   C₂

몇 가지 보상은 (사회적 불안을 극복하는 것을 배우는 것의) ~이다 // 그것이 당신 자신의 모습을 표현하게 해준다는 것
[이전에는 억눌렸을지도 모르는], / 그리고 당신이 평소 자신의 모습 그대로인 것을 (두려워하기보다는) 즐기게 해준다는 것.

04 **(1) depends**   **(2) being sensitive ~ of others, making amends ~ does occur**   **(3) complementary**

> 해설 (1) that절의 주어가 동명사구인 maintaining good social relations이므로, 단수동사인 depends가 알맞다.
> (2) 밑줄 친 and는 of의 목적어 역할을 하는 두 개의 동명사구 being sensitive ~ others, making amends ~ occur를 병렬 연결한다.
> (3) 상호 보완적인(complementary): 서로의 또는 다른 것의 질을 향상시키는 방법으로 결합하는

> 구문 Researchers have suggested // that maintaining good social relations / depends on the complementary processes
> (of **being sensitive to the needs of others** / and **making amends or paying compensation //**
> **when a violation does occur**).

연구자들은 시사해왔다 // 좋은 사회적 관계를 유지하는 것이 / 상호 보완적인 과정에 달려있다고
(즉 다른 사람들의 요구에 민감한 것과 / 보상하거나 보상금을 지급하는 것에 //
위반 행위가 실제로 일어났을 때).

  ▶ the complementary processes와 of being sensitive ~ occur는 동격 관계이다.

05 **(1) bought, assigned, stamped** **(2) inviting**

해설 (1) 세 개의 동사 bought, assigned, stamped가 등위접속사 and로 병렬 연결된 구조이다.

(2) ⓑ는 instructions의 수식어 자리이며, '안내문이 요청하는(invite)' 능동의 의미이므로 현재분사 inviting이 알맞다.

구문 A graphic designer (from San Francisco) [who had long been fascinated with graffiti], / **bought** 1,000 notebooks,
　　　　　　　　　　　　　　　　　　　　　　　　　　　　　　S　　　　　　　　　　　　　　　　　　　　　　　　　V₁

assigned each a number, / and **stamped** instructions (inviting people to write, draw, paint, or otherwise fill up
　V₂　　　　　　　　　　　　　　　　　　　V₃

the pages), / as part of a project (named "Everyone has something to say.")

(샌프란시스코 출신의) 그래픽 디자이너는 [그래피티에 오랫동안 매료되어있던] / 천 개의 공책을 사고,

각 권에 번호를 매겼다, / 그리고 안내문을 스탬프로 찍었다 (사람들이 글을 쓰거나, 그림을 그리거나, 색칠하거나, 또는 다른 방법으로 페이지를 채우도록 요청하는)

/ 프로젝트의 일환으로 ('누구나 말하고자 하는 것이 있다'는 이름의).

06 **(1) Both honest ~ wringing their hands, jurors should ~ and deception** **(2) 손가락을 깍지 끼거나 손을 비트는 행동**

해설 (1) 밑줄 친 and는 앞 절과 뒤의 절 전체를 연결하고 있다.

(2) them은 behaviors like interlocking their fingers or wringing their hands를 가리킨다.

구문 Both honest and dishonest individuals display behaviors (like interlocking their fingers or wringing their hands), //
and jurors should not automatically associate them with lying and deception.

정직하고 부정직한 사람들 둘 다 행동을 보인다 (손가락을 깍지 끼거나 손을 비트는), //

그래서 배심원들은 그것들을 거짓말과 속임으로 기계적으로 연관시켜서는 안 된다.

07 **(1) (by its very nature), (because ~ short-lived)** **(2) that positive emotion ~ thinking, that, because ~ impact**

해설 (1) 첫 번째 that절의 동사구 typically distorts or disrupts에서 부사와 동사 사이에 의미를 더하기 위한 by its very nature가 삽입되었다. 두 번째 that절에는 because가 이끄는 부사절이 콤마로 삽입되었다.

(2) 두 개의 that절이 등위접속사 or로 연결되어 to think의 목적어 역할을 한다.

구문 We tend to think // that positive emotion typically, (by its very nature), distorts or disrupts orderly, effective thinking /
or that, (because these emotions are short-lived), they cannot have a long-term impact.

우리는 생각하는 경향이 있다 // 긍정적인 감정이 전형적으로, (바로 그 본질상) 정돈되고 효과적인 사고를 왜곡하거나 방해한다고 /

또는, (그러한 감정들은 오래가지 않기 때문에), 장기적인 영향을 미칠 수 없다고.

08 **(1) The poor listener ~ his ability, the good listener ~ speaking**

해설 (1) 밑줄 친 but은 앞 절과 뒤의 절 전체를 연결하고 있다.

구문 The poor listener thinks / he has done his duty / when he has said his piece to the best of his ability, //
but the good listener is as keen on his work after he has spoken / as while he was speaking.

듣는 것을 잘 못하는 사람은 생각한다 / 자신의 의무를 다했다고 / 자신의 능력이 닿는 데까지 의견을 말했을 때, //

그러나 잘 듣는 사람은 자신이 말한 뒤에도 자신의 일에 열정적이다 / 말하고 있었을 때만큼.

▶ ⟨as ~ as ...⟩ 비교 표현을 사용하여, keen on his work를 기준으로 after he has spoken과 while he was speaking을 동등 비교하고 있다.

UNIT 27 등위접속사가 여러 개인 문장

01 **(1) being able to choose ~ and styles, being able to demand ~ the environment** **(2) exploit**

해설 (1) mean의 목적어 역할을 하는 두 개의 동명사구 being ~ styles, being ~ environment가 〈not A but B〉로 병렬 연결되었다.

(2) 착취하다(exploit): 자신의 이익을 얻기 위해 다른 사람을 부정하게 다루다

구문 Being a powerful, free individual does|n't| mean / **being able to choose between an infinite number of coffee flavors**
　　　　　　　　　　　　　　　　S　　　　　V　　　　　　　　　　　　　　　　　　　　　　　　　O₁
|and| styles, / **|but| being able to demand an economic system** [that respects, (rather than exploits), workers and
　　　　　　　　　　　　　　　　　　　　　　　　O₂
the environment].

강하고 자유로운 사람이 된다는 것은 의미하지 않는다 / 수많은 커피 맛과 종류 중에서 선택할 수 있게 되는 것을
/ 그러나 경제 체제를 요구할 수 있게 되는 것을 의미한다 [노동자와 환경을 (착취하기보다는) 존중하는].

02 **(1) we feel ~ by liars, we finally ~ do nothing**

해설 (1) 두 개의 절이 등위접속사 and로 병렬 연결되었다.

구문 When lack of information stops us from taking action, // **we feel / as though we will be exposed |or| we may be fooled**
by liars, / **|and| we finally decide / that it is safer to do nothing.** However, / if everyone thought like this, //
there'd be no Edisons or Picassos, and not many books, / films or new medicines, either.

정보의 부족이 우리가 행동에 옮기는 것을 막을 때, // 우리는 느낀다 / 마치 우리가 드러나거나 거짓말쟁이들에게 속을지도 모르는 것처럼,
/ 그리고 우리는 결국 결심한다 / 아무것도 하지 않는 것이 더 안전하다고. 그러나 / 모두가 이렇게 생각한다면, //
에디슨이나 피카소와 같은 사람들, 많은 책은 없을 것이며 / 영화나 새로운 약도 그러하다.

▶ stop A from v-ing: A가 v하는 것을 막다

▶ as though[if]: 마치 ~인 것처럼

03 **TOPIC ②** **(1) habitats are being destroyed or undermined**

해설 (1) because에 이어지는 두 개의 절이 등위접속사 and로 병렬 연결되었다.

구문 The populations of many birds species, (tricked by the increasingly weird and unstable weather), / are declining rapidly //
　　　　　　　　　　　　　　　　　　　S　　　　　　　　　　　　　　　　　　　　　　　　　　　　　　　　V
because **habitats are being destroyed |or| undermined |and| food sources are disappearing.**

많은 조류 종의 개체 수가, (점점 더 이상해지고 불안정해지는 날씨에 속은) / 빠르게 감소하고 있다 //
서식지가 파괴되거나 훼손되고 있고, 식량원이 사라지고 있기 때문에.

TOPIC ① 조류의 서식지와 식습관 사이의 관계 　② 조류의 개체수가 감소하는 주된 원인들

04 **(1) There are ~ Roman empire, the deeper cause ~ yields** **(2) fertility**

해설 (1) 등위접속사 but이 절과 절을 연결한다.

(2) 비옥도(fertility): 좋은 농작물이나 식물을 많이 생산하는 토양의 능력

구문 **There are numerous explanations (for the fall of the Roman empire),** // **|but| the deeper cause lies /**
in the declining fertility (of its soil) |and| the decrease (in agricultural yields).

(로마 제국의 멸망에 대한) 수많은 설명이 있다 // 하지만 더 깊은 원인은 있다 /
감소하는 (토양의) 비옥도와 (농작물 수확량) 감소에.

05 **(1) behave**

해설 (1) 목적어 a man의 목적격보어 역할을 하는 behave ~ children, fail ~ table이 등위접속사 or로 병렬 연결되었다.

구문 If you see a man **behave in a rude and uncivil manner / to his father** `or` **mother, his brothers** `or` **sisters, his wife** `or` **children, /** `or` **fail to exercise the common courtesies of life at his own table**, // you may at once decide / that he is uneducated, / whatever pretensions he may make to gentility.

만약 어떤 사람이 무례하고 정중하지 못한 방식으로 행동하는 것을 본다면 / 그의 아버지나 어머니, 형제나 자매, 아내나 아이들에게
/ 혹은 자신의 식탁에서 삶의 상식적인 예의를 행하지 않는 것을 (본다면), // 당신은 바로 결정할 것이다 /
그가 무지하다고 / 그가 고상해 보이기 위해 어떤 가식을 떨지라도.

▶ fail to-v: v하지 않다; v하지 못하다
▶ whatever: 어떠한 ~이라도; 무엇을 ~하더라도(= no matter what)

---

06 (1) highly formal procedures (2) whose
(3) for the discredit or exclusion ~ potentially harmful, for honoring ~ the membership

해설 (1) 부사구 In most stable organizations 뒤에 〈there+V+S〉 구문이 사용되었다.
(2) ⓐ 뒤의 절이 주어, 동사를 갖추어 완전하며, 문맥상 '그 사람들(those)의 활동'이라는 소유의 관계가 성립하므로, 소유격 관계대명사 whose가 알맞다.
(3) for가 이끄는 두 개의 전명구가 등위접속사 and로 연결되어 ceremonies를 수식한다.

구문 In most stable organizations / there are highly formal procedures, such as ceremonies (**for the discredit** `or` **exclusion of those [whose activities have been considered harmful** `and` **potentially harmful] /** `and` **for honoring those [whose services are believed to have contributed to the well-being of the membership]**).

대부분의 안정적인 단체에는 / 의식 같은 굉장히 공식적인 절차가 있다 (사람들의 불신 혹은 배제에 대한
[그들의 활동이 유해하거나 잠정적으로 유해하다고 판단되어 온] / 그리고 사람들에게 영광을 주는
[그들의 공로가 회원들의 행복에 기여해 왔다고 생각되는]).

UNIT 28 등위접속사 뒤의 삽입어구에 주의하라

01 (1) being, destroying
(2) that the odor is a form of pollution, that it should be ~ any further

해설 (1) 목적어 an odor의 목적격보어 역할을 하는 seeping, being, destroying이 이끄는 현재분사구가 병렬구조를 이룬다. destroying 앞의 삽입어구 even worse에 주의한다.
(2) 밑줄 친 and는 recognize의 목적어 역할을 하는 that절 두 개를 병렬 연결한다.

구문 If you imagine an odor **seeping into your home**, **being around you for 24 hours a day** `and`, (even worse), **destroying your ability to experience pleasant aromas**, // you can recognize / **that the odor is a form of pollution** / `and` **that it should be stopped from polluting our community any further**.

당신이 냄새가 집안에 배고, 하루 24시간 동안 당신 주변에 머물고, (훨씬 심하게는)
좋은 향기를 경험하는 능력을 파괴한다고 상상해보면, // 당신은 인지할 수 있다 / 냄새가 공해의 한 형태라는 것을 /
그리고 그것이 더는 우리 사회를 오염시키지 못하도록 막아져야 한다는 것을.

---

02 (1) a rapidly growing population, families like grown children of farmers (2) grew

해설 (1) when이 이끄는 절에서 support의 목적어로 두 개의 명사구가 or로 연결된 형태이다.
(2) 문장의 동사 grew와 moved on이 등위접속사 and로 병렬 연결되었다. moved on 앞의 삽입절 when ~ farmers에 주의한다.

구문 In archaeologists' view, / farming communities in the Middle East **grew**, / `and` (when local agriculture could no longer
　　　　　　　　　　　　　　　　　　　　S　　　　　　　V₁
support **a rapidly growing population** `or` **families (like grown children of farmers)**), **moved on** to another place.
　　V₂
고고학자들의 관점에서, / 중동의 농업 공동체들은 성장했고 / (지역 농업이
급증하는 인구나 (농부들의 다 큰 자녀들과 같은) 가족을 더는 부양할 수 없을 때), 다른 곳으로 옮겨갔다.

03 **(1)** distracting ~ busy, actively ~ future

해설 (1) such as의 목적어 역할을 하는 두 개의 동명사구가 등위접속사 and로 병렬 연결되었다. and 뒤의 수식어구 actively and tangibly에 주의한다.

구문 Some people postpone their thoughts and feelings / in order to focus on their daily responsibilities / by using various cognitive techniques, (such as **distracting themselves by keeping busy** / and **actively and tangibly taking steps toward the future**).

어떤 사람들은 그들의 생각과 감정을 미룬다 / 그들의 매일의 책무에 집중하기 위해 / 다양한

인지적 기술을 사용함으로써, (바쁘게 지내면서 그들 스스로의 주의를 산만하게 하는 것과 같은 / 그리고 적극적으로, 명백하게 미래를 향한 조치를 취하는 것과 같은).

04 **(1)** to encourage

해설 (1) 문장의 보어 역할을 하는 to prevent, to encourage가 이끄는 구가 and로 병렬 연결되었다. and 뒤의 삽입어구 by providing ~ their innovation에 주의한다.

구문 The aim of patent law is **to prevent disputes with others in advance** / and (by providing an inventor a time-limited monopoly (over commercial exploitation of their innovation)) **to encourage innovation**.

특허법의 목적은 상대와의 분쟁을 사전에 방지하는 것이다 / 그리고 (창작자에게 시간이 제한된 독점권을 줌으로써

(그들의 발명을 상업적으로 이용하는 것에 대한)) 발명을 장려하는 것이다.

▶ by가 이끄는 전명구에서 an inventor, a time-limited monopoly ~ their innovation은 각각 providing의 간접목적어, 직접목적어에 해당한다.

05 **(1)** seeing **(2)** (clearly separated from other social rules or norms), (only found in modern societies)

해설 (1) 문장의 동사는 have tended인데, 또 다른 접속사가 없으므로 ⓐ는 분사구문을 이끄는 준동사의 자리임을 알 수 있다. ⓐ 이하는 '정치 이론가들 (Political theorists)이 법(it)을 독특한 사회 기관(a distinctive social institution)으로 본다'라는 능동의 의미가 적절하므로 현재분사 seeing이 알맞다.
(2) 두 개의 과거분사구가 and로 연결되어 앞의 명사를 수식하는 형태이다.

구문 Political theorists have tended to understand law more specifically, / seeing it as a distinctive social institution (**clearly separated from other social rules or norms** / and **only found in modern societies**).

정치 이론가들은 법을 보다 명확하게 이해하는 경향이 있다 / 법을 독특한 사회 기관으로 보면서

(다른 사회 규칙이나 규범과 분명하게 분리된 / 그리고 현대 사회에서만 볼 수 있는).

06 TOPIC ① **(1)** obviously fraudulent, too much exaggerated **(2)** an article

해설 (1) 두 번째 문장의 that절에서 보어 역할을 하는 obviously fraudulent와 too much exaggerated가 or로 병렬 연결되었다.
(2) '기사'가 주요 제목이 말하기로 약속한 것을 말하지 않는다는 문맥이므로, it은 that절의 주어인 an article을 가리킨다.

구문 To stop the spread of fake news, / read stories // before you share them. You may discover // that an article [you were about to share] is **obviously fraudulent** or **too much exaggerated** / and that on close inspection / it doesn't really say / what the headline promises.

가짜 뉴스의 확산을 막으려면 / 읽어 보아라 // 그것을 공유하기 전에. 당신은 발견할지도 모른다 // 기사가

[당신이 공유하려 했던] 분명히 속이는 것이라거나 너무 많이 과장되었다는 것을 / 그리고 자세히 들여다보면 /

그것(기사)이 정말로 말하지 않는다는 것을 / 주요 제목이 (말하기로) 약속한 것을.

▶ 두 번째 문장에서 an article 다음에 목적격 관계대명사인 which[that]가 생략되었다.

▶ on close inspection: 자세히[가까이] 들여다보면

TOPIC ① 가짜 뉴스를 알아차리는 방법 ② 가짜 뉴스를 퍼뜨리는 방법

UNIT 29 비교구문 Review the Basics with longer sentences

01 (1) as (2) the nineteen- and twenty-year-old students

해설 (1) 원급 표현 〈as+형용사/부사+as〉는 '~만큼 …한[하게]'의 의미를 나타내므로 '열아홉과 스무 살의 학생들만큼'의 의미로 as가 알맞다.

(2) 문맥상 '열아홉과 스무 살의 학생들'에게 방법을 가르쳐준다는 의미이므로 them은 앞에 나온 the nineteen- and twenty-year-old students를 가리킨다.

구문 I know just **as little** about how to build a robot / **as** the nineteen- and twenty-year-old students [who are expectantly waiting for me to teach them how].

나는 로봇을 만드는 방법에 대해 거의 알지 못한다 / 열아홉과 스무 살의 학생들만큼

[내가 그들에게 방법을 가르쳐주기를 기대하며 기다리는].

▶ 마지막 how 뒤에는 to build a robot이 반복되어 생략되었다.

02 (1) as (2) the decision to work (3) 수입에 대한 나이 든 사람들의 욕구가 젊은 사람들의 욕구만큼 크지 않다는 것

해설 (1) 원급 표현 〈not as[so]+형용사/부사+as〉는 '~만큼 …하지 않은'의 의미를 나타내므로 '젊은 사람들의 일하고자 하는 결심만큼'과 '젊은 사람들의 소득에 대한 욕구만큼'의 의미로 as가 알맞다.

(2) 나이 든 사람들의 일하고자 하는 결심과 젊은 사람들의 '그것'을 비교하고 있으므로, that은 the decision to work를 가리킨다.

(3) a misunderstanding과 that 이하는 동격 관계이므로 이를 바르게 해석한다.

구문 It is sometimes argued // that for older people the decision to work is **not as important** / **as** that for younger people / because there is a misunderstanding [that their need for income is **not as great as** a younger people's].

때때로 주장된다 // 나이 든 사람들에게 일하고자 하는 결심이 중요하지 않다고 / 젊은 사람들의 그것(일하고자 하는 결심)만큼 /

오해가 있기 때문에 [소득에 대한 그들의 욕구가 젊은 사람들의 욕구만큼 크지 않다는].

▶ a younger people's 다음에는 need for income이 생략되었다.

03 (1) quickly

해설 (1) '가능한 한 ~하게'라는 의미의 〈as ~ as+S′+can〉 구문이 쓰였으며, ~ 자리의 어구는 동사구 do everything을 수식하므로 부사인 quickly가 알맞다.

구문 We are proud of both our products and our services, // and we will do everything **as quickly as we can** / to see that you get what you want / when you want it.

저희는 저희 제품과 서비스 모두를 자랑스럽게 생각합니다. // 그리고 가능한 한 빨리 모든 것을 할 것입니다 /

당신이 원하는 것을 얻는 것을 확인하기 위해 / 당신이 그것을 원하는 때에.

04 (1) 고래의 모유는 인간의 모유보다 열 배 많은 지방을 함유한다는 것

해설 (1) this fact는 앞 절 전체를 가리킨다. '…보다 몇 배 ~한'이라는 의미의 〈배수사(half, twice, three times ...)+as ~ as ...〉에 유의하여 해석한다.

구문 Whale milk contains around **10 times as much** fat / **as** human milk, // and this fact leads calves to achieve significant growth // — the average calf grows as much as 200 pounds per day / during its first year.

고래의 모유는 열 배 많은 지방을 함유한다 / 인간의 모유보다, // 그리고 이 사실은 새끼 고래들이 상당한 성장을 하도록 한다

// 일반 새끼 고래는 하루에 200파운드만큼 성장한다 / 그것의 첫해 동안.

05 TOPIC ① **(1)** greater **(2)** [that you'll maintain high cognitive functioning]

해설 (1) '~하면 할수록 더욱 …하다'라는 의미의 〈the+비교급 ~, the+비교급 …〉 구문에서, ⓐ 자리에는 the likelihood ~ is의 보어 역할이 필요하므로 형용사인 greater가 알맞다.

(2) the likelihood 뒤의 접속사 that이 동격절을 이끈다.

구문 **The better** educated you are (— and **the more** you continue to learn new things —) // **the greater** the likelihood [that you'll maintain high cognitive functioning] is.

교육을 더 잘 받을수록 (그리고 계속해서 새로운 것을 더 배울수록) // 가능성이 더 높아진다 [높은 인지 기능을 유지할].

▶ 〈the+비교급 ~, the+비교급 …〉 구문에서는 비교급 뒤에 나오는 be동사는 생략될 수 있다. 위 문장에서는 the greater가 이끄는 절의 동사 is가 생략 가능하다.

TOPIC ① 활발한 학습이 인지 능력에 미치는 영향 ② 평생 학습을 위한 전략

06 **(1)** the controversy

(2) there is no correlation, ~, between cell phone use and brain tumors, 휴대 전화 사용과 뇌종양 사이에 인과관계는커녕 상관관계가 없다는 것

해설 (1) 전명구 Despite the fact ~ tumors 이후에 주어, 동사가 나오는 형태이다.

(2) indicates는 접속사 that이 생략된 절 there is ~ tumors를 목적어로 취하며, 〈부정문, much less〉는 '~는커녕'으로 해석한다.

구문 Despite the fact [that the majority of evidence indicates // there is **no** correlation, (**much less** a cause-and-effect relationship), (between cell phone use and brain tumors)], / the controversy continues.

사실에도 불구하고 [대다수의 증거가 보여 준다는 // 상관관계가 없다는 것을, (인과관계는커녕), (휴대 전화 사용과 뇌종양 사이에)] / 논란은 계속된다.

↳ 다수의 증거가 휴대 전화 사용과 뇌종양 사이에 인과관계는커녕 아무 상관관계가 없음을 보여 주지만, 논란은 계속되고 있다.

▶ the fact와 that the majority ~ brain tumors는 동격을 이룬다.

07 **(1)** as **(2)** (to) offend

해설 (1) 최상급의 의미를 나타내는 〈부정어 ~ as[so] 원급 ~ as A〉 구문을 이루는 as가 알맞다.

(2) to offend others와 (to) hurt their feelings가 등위접속사 or로 병렬 연결되었다.

구문 I think // **no** one else is **so** much to be admired / **as** people [who communicate tactfully, / being careful not to offend others [or] hurt their feelings].

나는 생각한다 // 다른 어떤 사람도 그렇게 존경을 받지 말아야 한다고 / 사람들만큼 [요령 있게 의사소통하는, / 다른 사람을 불쾌하게 하거나 그들의 감정을 상하지 않게 하려고 주의하면서].

↳ 모든 사람 중에 가장 존경받아야 할 사람은 바로 다른 사람들의 감정이 상하지 않게 의사소통하는 사람들이라고 생각한다.

▶ being 이하는 동시동작을 나타내는 분사구문이며, people을 의미상 주어로 한다.

08 **(1)** the most intense clarity **(2)** conscience

해설 (1) 〈부정어 ~ 비교급 ~+than A〉 구문은 최상급의 의미를 나타낸다. 비교급 more intense clarity를 최상급 the most intense clarity로 바꾼다.

(2) 양심(conscience): 당신이 하는 어떤 것이 옳은지 그른지를 말해주는 감정

구문 The literature of an oppressed people reflects the conscience of man, // and **nowhere** is this seen with **more intense**
$\underbrace{\qquad}_{\text{부정어}}$ $\underbrace{\qquad}_{\substack{\text{S} \\ \text{V}}}$
clarity / **than** in the literature of African-Americans.

억압당한 민족의 문학은 인간의 양심을 반영한다 // 그리고 이것은 어디에서도 더 강렬한 명확성을 가지고 보이지 않는다 / 아프리카계 미국인들의 문학에서보다.

↳ 억압당한 민족의 문학은 인간의 양심을 반영하며, 이는 아프리카계 미국인들의 문학에서 가장 명확하게 드러난다.

▶ nowhere is this seen은 부정어인 nowhere가 앞으로 나가 〈be동사+주어〉 어순으로 도치된 형태이다.

09 **(1) than** **(2) fear of falling and fear of loud noises**

해설 (1) 〈A 비교급 ~ than any other 단수명사〉로 최상급의 의미를 나타낸다.

(2) 장소의 부사구인 among these instincts가 절 앞에 쓰여 〈there+S+V〉 어순에서 〈V+there+S〉 어순으로 도치가 일어난 형태이다.

구문 Human beings are born with **more** instincts / **than any other animal** on Earth, // and among these instincts are there

$\overline{\text{V}}$

fear of falling and fear of loud noises.

$\overline{\qquad\qquad\qquad\qquad}$
S

인간은 더 많은 본능을 가지고 태어난다 / 지구상의 다른 어떤 동물보다도 // 그리고 이 본능들 중

떨어지는 것에 대한 두려움과 큰 소리에 대한 두려움이 있다.

↳ 인간은 지구상의 동물 중 가장 많은 본능을 가지고 태어나며, 이 본능들에는 떨어지는 것에 대한 두려움과 큰 소리에 대한 두려움이 있다.

▶ = ~, and there are fear of falling and fear of loud noises among these instincts.

UNIT 30 as ~, than ~ 이하의 반복어구 생략

01 FILL-IN ② **(1) working hard**

해설 FILL-IN 성인이 된 자녀들의 아이를 조부모가 돌봐줄 수 없다고 했기 때문에, 아이를 맡기는 시설이 훨씬 '더 커질(larger)' 것이라는 것이 문맥상 알맞다.

(1) 원급 표현의 두 번째 as 뒤에는 반복되는 어구가 생략될 수 있다. 문맥상 '그들이 열심히 일하는' 만큼 그들의 부모도 열심히 일한다는 의미이므로, 앞 절에 반복되는 working hard가 생략되었다.

구문 Grown children can no longer count on their parents / to take care of their babies, / since their parents are working just **as hard as they are**, // which suggests / that the paid child care industry will grow even larger.

성인이 된 자녀들은 더는 그들의 부모에게 기대할 수 없다 / 그들의 아기를 돌봐주는 것을. / 그들의 부모도

그들만큼 열심히 일하고 있기 때문에, // 그리고 이것은 암시한다 / 보육 산업이 훨씬 더 커질 것을.

▶ which는 앞 문장 전체를 선행사로 한다. (= ~, and it suggests ~.)

---

02 **(1) ✔ 표시는 아래 [구문] 참고, clear**

해설 (1) 문맥상 광고의 메시지가 '명확한' 것처럼 당신의 마지막 말도 명확해야 한다는 의미가 되어야 하므로, 반복되는 clear가 생략된 것을 알 수 있다.

구문 When you make a presentation, // your final words should be **as clear** / **as** the message (on an advertisement in a national magazine) is ✔, / by communicating your idea concisely / instead of explaining it in detail.

발표를 할 때 // 당신의 마지막 말은 명확해야 한다 / 메시지처럼

(전국적인 잡지에 실린 광고의) / 당신의 생각을 간결하게 전달함으로써 / 상세하게 설명하는 것 대신에.

---

03 **(1) what's wrong with other people and ourselves** **(2) spend time**

해설 (1) identifying의 목적어는 명사절 what's wrong with other people and ourselves이다.

(2) 비교급 표현 than 이하에는 반복되는 어구가 생략될 수 있다. 우리가 무엇이 올바른지 확인하는 데에 '시간을 보낼 것보다'라는 문맥이 어울리므로 spend time이 생략된 것을 알 수 있다.

구문 With the wrong attitude, / we would **spend more time on identifying** / what's wrong with other people and ourselves // **than** we would on identifying // what's right.

잘못된 태도를 가진다면, / 우리는 확인하는 데에 더 많은 시간을 보낼 것이다 / 다른 사람과 우리 스스로의 무엇이 잘못됐는지 //

우리가 확인하는 (데에 시간을 보낼) 것보다 // 무엇이 올바른지.

04 **(1) they were sensitive**　　**(2) had shaped**　　**(3) sensitive**

해설 (1) 문맥상 '그들[미국 성인들]이 잘못 조율된 음조에 민감한 것보다'라는 의미이므로, than 이하에 주어-동사인 they[American adults] were sensitive가 생략되었다.

(2) because가 이끄는 절의 주어는 전명구 of ~ music의 수식을 받는 their years이고, 동사는 had shaped이다.

(3) 민감한(sensitive): 무언가에 빠르게 혹은 강하게 반응하는

구문 American adults were **less sensitive** to bad notes (in the unfamiliar musical system) / **than** to mistuned notes (in their native Western scale), // because their years (of experience with Western music) had shaped their perceptual skills.

미국 성인들은 잘못된 음조에 덜 민감했다 (익숙하지 않은 음악 체계의) / 잘못 조율된 음조보다

(그들이 태어난 곳인 서양의 음계의) // 그들이 (서양 음악을 경험한) 시간이 그들의 지각 능력을 형성해왔기 때문에.

---

05 **TOPIC** social perception　　**(1) [in which participants ~ a companion animal]**　　**(2) can be perceived**
(3) be perceived

해설 (1) 〈전치사+관계대명사〉가 이끄는 절 in which ~ animal이 주어를 수식한다.

(2) that절의 주어 people은 과거분사구 pictured with a cat의 수식을 받으며 동사는 can be perceived이다.

(3) 문맥상 동물 없이 찍은 사람들이 '인식될 수 있는 것보다'라는 의미이므로, than 이하에 반복되는 be perceived가 생략되었다.

구문 Experimental studies [in which participants are asked to assess photographs of people (with or without a companion
 　　　　　　　　　　　S
animal)] / have found // that people (pictured with a cat) can be perceived / as **happier, friendlier and more relaxed** /
 　　　　　　　V　　　　　　　　　S′　　　　　　　　　　　V′
than those (pictured without an animal present) can.

실험 연구 결과는 [실험 참가자들이 사람들의 사진을 평가하도록 요구된 (반려동물과 함께, 혹은 반려동물 없이 찍은)]

/ 발견했다 // 고양이와 함께 찍은 사람들은 인식될 수 있다는 것을 / 더 행복하고, 친근하며, 편안하다고 /

(동물 없이 찍은) 사람들보다.

TOPIC 반려동물을 기르는 것에 대한 사회적 인식

---

06 **(1) 자금 부족을 겪는 학교의 학생들은 그들의 또래들보다 직접 해 보는 과학 활동을 경험할 가능성이 훨씬 더 적다**　　**(2) (to) build**

해설 (1) 비교구문의 than 이하인 than their peers(그들의 또래들보다)가 앞으로 이동한 것에 유의하여 해석한다.

(2) making 이하는 분사구문이며, 분사구문에 쓰인 진목적어 to부정사구 to build early interest in science와 (to) gain mastery가 병렬을 이룬다.

구문 Students in underfunded schools are **much less likely** / **than** their peers / **to experience** hands-on activities in science, /
making it difficult to build early interest in science and gain mastery.
 　　　　　　　가목적어　　　　　　　　　　　진목적어
자금 부족을 겪는 학교의 학생들은 가능성이 훨씬 더 적다 / 그들의 또래들보다 / 직접 해 보는 과학 활동을 경험할. /

과학에서 초기의 관심을 쌓고 숙달하게 되는 것을 어렵게 한다.

UNIT 31 비교 대상의 생략

01 **(1)** contribute **(2)** will consume natural resources **(3)** 인도에서 태어난 아이가 환경에 오염을 일으킬 것보다

해설 (1) 동사구 will consume ~과 contribute ~가 등위접속사 and로 병렬 연결되었다.
(2) 인도에서 태어난 아이가 '평생 천연자원을 소비할 것보다'라는 비교 대상을 밝히지 않아도 명백한 경우이므로 will consume natural resources가 생략되었다.
(3) '인도에서 태어난 아기가 환경에 오염을 일으킬 것보다'라는 비교 대상이 앞서 밝혀진 경우이므로 as a child born in India will contribute pollution to the environment가 생략되었다.

구문 It has been estimated // that a child (born in the United States today) / will consume at least twenty times as many natural resources during his or her lifetime / as a child (born in India) / and contribute about **fifty times as** much pollution to the environment.
추정되었다 // (오늘날 미국에서 태어난) 아이는 / 평생 최소 20배 많은 천연자원을 소비할 것이라는 것이
/ (인도에서 태어난) 아이보다 / 그리고 환경에 50배나 많은 오염을 일으킬 것이라는 것이.

02 **(1)** the subjects **(2)** ✔ 표시는 아래 [구문] 참고, 혼자 있던 실험 대상자들의 2/3가 비상사태를 즉시 알아챘던 것만큼

해설 (1) '실험 대상자들'의 25%라는 의미로 those는 앞에 나온 the subjects를 가리킨다.
(2) 비교 대상을 밝히지 않아도 명백하므로 as two thirds of the subjects who were alone noticed the emergency immediately가 생략되었다.

구문 In the experiment, / two thirds of the subjects [who were alone] / noticed the emergency immediately, //
but only 25 percent of those in groups saw it **as** quickly ✔.
실험에서, / (혼자 있던) 실험 대상자들의 2/3는 / 비상사태를 즉시 알아챘다. //
그러나 집단에 있던 실험 대상자들의 겨우 25%만 그것을 그만큼 빨리 알아차렸다.

03 **(1)** Poetry **(2)** as prose says

해설 (1) 당신이 '시에 집중하지 않는다면'이라는 의미이므로 it은 앞에 나온 주어 Poetry를 가리킨다.
(2) 문맥상 '산문이 말하는 것에 비해' 절반만을 말하는 것처럼 보인다는 내용이며, 앞에서 이미 밝혀진 내용이므로 비교 대상인 as prose says가 생략되었다.

구문 Poetry has the virtue (of being able to say twice as much as prose / in half the time), / and the drawback,
(if you do not give it your full attention), (of seeming to say **half as** much / in twice the time).
시(詩)는 장점이 있다 (산문보다 두 배를 더 말할 수 있는 / 그 절반의 시간에). / 그리고 결점이 있다
(만약 당신이 그것(시)에 완전히 집중하지 않는다면), (절반만을 말하는 것처럼 보이는 / 그 두 배의 시간에).
↘ 시의 장점은 그것이 산문을 읽는 데 걸리는 시간의 반밖에 안 되는 시간 동안 두 배나 더 많은, 즉 훨씬 더 많은 의미를 전달할 수 있다는 것이고, 결점은 완전히 집중해서 읽지 않는다면, 함축된 의미를 놓치게 되어 산문을 읽는 것보다 더 많은 시간을 들이더라도 훨씬 적은 의미를 전달하는 것처럼 보인다는 것이다.
▶ the virtue와 the drawback 다음의 of가 이끄는 전명구는 각각의 명사와 동격 관계이다. 두 번째 if가 이끄는 전명구 앞에 if절이 삽입되었다.

04 **(1)** ②

해설 (1) 문맥상 비교 대상인 과거나 현재의 상태가 생략되어 있으므로 than before(이전보다)가 적절하다.

구문 As children grow, // their attention spans become **longer**, / they become **more selective** in what they attend to, /
and they are **better** able to plan and carry out systematic strategies (for using their senses to achieve goals).
아이들이 자라면서, // 그들의 집중 시간이 더 길어지고 / 그들은 주의를 기울이는 것에 더 선별적이게 된다. /
그리고 그들은 (목적을 달성하기 위해 그들의 감각을 사용하는 것에 대한) 체계적인 전략을 더 잘 계획하고 실천할 수 있다.

05 **(1)** were   **(2)** 각 학생들의 수준에 맞추어 가르치지 않는 교사보다

> 해설 (1) that절의 주어는 주격 관계대명사절 who adapt their teaching to the level of each student의 수식을 받는 teachers이므로 복수동사인 were가 알맞다.
> (2) 문맥상 각 학생들의 수준에 맞추어 가르치지 '않는' 교사와 비교하는데, 대조되는 비교 대상이 명백하므로 생략되었다.

> 구문 A researcher found // that teachers [who adapt their teaching to the level of each student] /
> were significantly **more** likely to provide support to students with personal difficulties.
> 연구자는 알아냈다 // 교사들이 [각 학생들의 수준에 맞추어 가르치는] /
> 개인적 어려움이 있는 학생들에게 도움을 제공할 가능성이 상당히 더 컸다는 것을.

---

06 **(1)** students   **(2)** 그들이 큰 그림을 보지 않고 현재 상황의 중압감에 짓눌리는 것을 피하지 않을 때보다

> 해설 (1) '~이라 할지라도'라는 의미의 granting that으로 시작하는 관용적 분사구문이 문장 앞에 왔고, 문장의 주어는 students이다.
> (2) 문맥상 when they see 이하와 대조되는 내용이 생략되었다.

> 구문 Granting that there is perhaps **no** period in life (quite as stressful as the last year of high school), / students can become
> 　　　S　　　V
> **more engaged** in what they are doing // when they see the big picture / and avoid being weighed down / by the strains
> of their present circumstances.
> 아마도 인생에서 (고등학교의 마지막 학년만큼 그렇게 스트레스 받는) 시기는 없긴 하더라도, / 학생들은
> 자신들이 하고 있는 것에 더 몰두하게 될 수 있다 // 큰 그림을 볼 때 / 그리고 짓눌리는 것을 피할 때 /
> 현재 상황의 중압감에.
> ↳ 아마도 인생에서 고등학교 3학년만큼 그렇게 스트레스 받는 시기가 없기는 하지만, 학생들은 큰 그림을 보고 현재 상황의 중압감에 짓눌리는 것을 피할 때 자신들이
> 　하는 일에 더 몰두할 수 있다.
> ▶ 분사구문이 양보의 의미로 쓰이는 경우는 주로 이 문장에서처럼 관용적인 표현(granting that ~)에 한해서이다.
> ▶ what이 이끄는 명사절 what they are doing이 전치사 in의 목적어로 쓰였다.

UNIT 32 유의해야 할 비교급 구문

01 **(1)** ②

> 해설 (1) 'A라기보다는 오히려 B'라는 의미의 〈not so much A as B〉가 사용되었으므로, B에 해당하는 the habits and attitudes ~를 더 중요하게
> 생각함을 알 수 있다.

> 구문 Employers, (at the point of graduation), may **not so much** treasure a student's grades /
> 　　　　S　　　　　　　　　　　　　　　　　　　　　　└──────V──────┘
> **as** the habits and attitudes [which those grades signify].
> 고용주들은, (졸업 시점에) 학생의 성적을 높이 평가하기보다는 /
> 오히려 [그러한 성적이 나타내는] 습관과 태도를 (높이 평가할지도 모른다).

---

02 **(1)** 당신이 통찰력이 없는 것처럼 친구들도 통찰력이 없다   **(2)** is

> 해설 (1) 'B가 아닌 것처럼 A도 ~ 아니다'라는 의미의 〈A no more ~ than B〉 구문에 유의하여 해석한다.
> (2) to find it out이 주어 The only rational way를 수식하며, 동사는 is이다.

> 구문 It makes no sense / to speculate or ask your friends about why people do certain things, // because friends have **no**
> **more** insight **than** you have. The only rational way (to find it out) / is to ask the person [who did it] why he or she did it.
> 　　　　　　　　　　　　　　　　　　　　　　S　　　　　　　　　　　　　V　　C
> 의미가 없다 / 사람들이 어떤 일을 왜 하는지를 추측하거나 당신의 친구들에게 묻는 것은, // 왜냐하면 당신이 통찰력이 없는 것처럼 친구들도 통찰력이 없기 때문이다.
> (그것을 알아내는) 유일한 합리적인 방법은 / [그 일을 한] 사람에게 그 사람이 왜 그 일을 했는지 물어보는 것이다.

03 **(1)** important   **(2)** as, as

해설 (1) 물질적 장려책이 다른 경제 활동을 장려하는 데 '중요한' 것처럼이라는 문맥으로, important가 반복되어 생략되었다.

(2) 'A는 꼭 B만큼 ~하다'라는 의미의 〈A no less ~ than B〉는 〈A just as ~ as B〉와 같은 의미이다.

구문 Material incentives are **no less** important in stimulating invention / **than** they are in encouraging other economic activities, // but they are far from the only drivers of innovation.

물질적 장려책은 발명을 촉진하는 데 중요하다 / 물질적 장려책이 다른 경제 활동들을 장려하는 데 중요한 것만큼,

// 그러나 그것은 결코 혁신의 유일한 동기는 아니다.

---

04 **FILL-IN** ①   **(1)** many

해설 **FILL-IN** 앞 문장에서는 근로자가 재교육이나 새 기술을 배울 필요가 있다고 했고, 빈칸 이후에서는 일부 일자리가 자동화될 것이라는 앞 문장의 '이유, 원인'이 나오므로 because가 알맞다.

(1) '~나 되는, ~만큼 많은'이라는 의미의 〈no less than ~〉은 〈as many[much] as ~〉로 바꿔 쓸 수 있다. 셀 수 있는 명사 workers를 수식하므로 many를 사용한다.

구문 In a report about future jobs, / **no less than** half of all workers are expected / to require significant reskilling or upskilling over the next three years, // because some jobs will become fully automated, / and other positions will require a unique blend of technology and human touch.

미래 일자리에 대한 보고서에서 / 전체 근로자의 절반이나 되는 사람들이 예상된다 / 향후 3년 동안 상당한 재교육이나 새로운 기술을 배우는 것을 필요로 할 것으로

// 일부 일자리는 완전히 자동화될 것이기 때문에 / 그리고 다른 일자리는 기술과 인간 손길의 독특한 조합을 요구할 것이기 때문에.

---

05 **(1)** only   **(2)** to make relatively precise measurements to 200,000 years

해설 (1) '겨우 ~인'이라는 의미의 〈no more than ~〉은 only로 바꾸어 쓸 수 있다.

(2) 〈enable+목적어+목적격보어(to-v)〉는 '~가 v하는 것을 가능하게 하다'라는 의미를 갖는데, 여기서 archaeologists가 목적어이며, to make 이하가 목적격보어이다.

구문 Radiocarbon dating is only accurate for dating objects [that are **no more than** about 50,000 years old], // while another dating method enables archaeologists / to make relatively precise measurements to 200,000 years.
  S′   V′   O′   C′

방사성 탄소 연대측정법은 대상의 연대를 추정할 때만 정확하다 [겨우 대략 5만 년 된] //

다른 연대측정 방식은 고고학자들을 가능하게 하는 반면 / 20만 년 전까지 비교적 정확한 측정을 하는 것을.

---

06 **(1)** might come   **(2)** 기껏해야 몇 백 명의 사람들

해설 (1) 문장의 주어는 the average human being이며 동사는 might come이다. 주어와 동사 사이의 삽입어구에 주의한다.

(2) 〈not more than ~〉은 '기껏해야, 많아야'라는 의미로 해석한다.

구문 Just a few hundred years ago, / the average human being, (isolated in rural villages and small walled towns), /
  S

might come in contact / with **not more than** a few hundred people in a lifetime.
  V

단지 몇 백 년 전만 하더라도, / 보통 사람은, (시골 동네와 벽으로 둘러싸인 작은 도시에 고립된) /

만날 수 있었다 / 평생 기껏해야 몇 백 명의 사람들과.

07 (1) insisted (2) ①

해설 (1) 두 개의 동사 lived, insisted가 등위접속사 and로 연결되어 병렬구조를 이룬다.

(2) 〈not less than ~〉은 '적어도'라는 의미로, at least로 바꾸어 쓸 수 있다.

구문 In America in the 1950s, / almost every parent lived in dread of extreme cold fronts (coming in from Canada), /
$\underset{S}{\underline{}}$ $\underset{V_1}{\underline{}}$

and therefore insisted // that their children wear winter clothing / for **not less than** seven months of the year.
$\underset{V_2}{\underline{}}$

1950년대 미국에서, / 거의 모든 부모는 (캐나다에서 불어오는) 극심한 한파 전선을 두려워하며 살았다. /

그래서 고집했다 // 자신들의 아이들이 겨울옷을 입어야 한다고 / 적어도 1년에 7개월 동안은.

▶ insisted의 목적어 역할을 하는 that절에는 '~해야 한다'라는 당위성을 나타내는 should가 생략되었다. (= that their children should wear ~.)

UNIT 33 대명사 it, they, this, that

01 **(1) a television** **(2) (distinguishing one family's ~ from another's)**

해설 (1) 가족이 함께 하는 시간을 지배하는 것은 문맥상 a television이다.

(2) 현재분사 distinguishing 이하가 능동의 의미로 앞의 명사구인 the special quality를 수식하고 있다.

구문 By **its** domination of the time (families spend together), / a television destroys the special quality

(distinguishing one family's rituals, games, recurrent jokes, familiar songs, and shared activities / from another's).

시간을 지배함으로써 (가족이 함께 보내는), / 텔레비전은 그 특성을 파괴한다

(한 가정의 의례, 놀이, 반복되는 농담, 친숙한 노래, 함께하는 활동들을 구별 짓는 / 다른 가족의 그것들과).

▶ another's = another family's rituals, games, recurrent jokes, familiar songs, and shared activities

02 **FILL-IN** ① **(1) ⓑ, the stronger party**

해설 **FILL-IN** 첫 문장에서 캐나다가 미국의 관심을 받는 것이 중요했다고 했으므로, 강대국의 관심 '부족(lack)'이 상대국을 중요하다고 여기지 않는다는 신호라는 문맥이 알맞다.

(1) ⓐ의 it은 가주어이고 to gain ~ leadership이 진주어이다. ⓑ의 it은 상대방이 특별히 강하거나 중요하다고 생각하지 않는 주체인 앞에 나온 the stronger party를 가리키는 지시대명사이다.

구문 As the case (on the Canada-US Free Trade Agreement) shows, // it was important / for Canada to gain the attention of US political leadership / to increase Canadian power in the negotiation. Lack of attention by the stronger party / is often a sign [that **it** does not consider the other side particularly powerful or significant].

(캐나다-미국 자유무역협정(FTA)의) 사례가 보여주듯이 // 중요했다 / 캐나다가 미국 정치 지도부의 주목을 받는 것은

/ 협상에서 캐나다의 힘을 키우기 위해서. 더 강한 관계국의 관심 부족은 /

종종 신호이다 [그것(더 강한 관계국)이 상대국을 특별히 강하거나 중요하다고 생각하지 않는다는].

▶ 마지막 부분의 that절은 a sign과 동격 관계이다.

03 **(1) candidates** **(2) togas** **(3) discard**

해설 (1) 부정한 일을 하지 않는(above any dirty work) 주체인 they는 앞의 candidates를 가리킨다.

(2) 선거 이후에 버려지는 것은 앞에 나온 togas이다.

(3) 버리다(discard): 더는 원하거나 필요로 하지 않는 것을 없애다

구문 In ancient Rome, / candidates wore pure white togas / to indicate that **they** were above any dirty work; // however, it is interesting to note // that those were discarded after elections.

고대 로마에서, / 후보자들은 순백색 토가를 입었다 / 그들이 어떤 부정한 일도 하지 않는다는 것을 나타내려고 //

하지만, 주목하는 것은 흥미롭다 // 선거 후에 그 토가가 버려졌다는 것을.

▶ above: ~을 하지 않는, ~을 초월한

▶ it은 가주어, to note 이하가 진주어이다.

04 interests　(1) [in which you have achieved your best scores]　(2) 여러분이 가장 좋은 성적을 받아 온 분야

해설 (1) 〈전치사+관계대명사〉절 in which ~ scores가 명사구 those areas를 수식한다.

(2) them은 those areas in which you have achieved your best scores를 가리킨다.

구문 In deciding on your future career, / it is no use concentrating on those areas [in which you have achieved your best scores], // unless you are interested in **them**.

미래의 직업을 결정함에 있어서, / 분야에 집중하는 것은 소용없다 [여러분이 가장 좋은 성적을 받아 온]

// 그것들에 흥미가 있는 게 아니라면.

▶ in v-ing: v함에 있어서, v할 때

▶ it is no use v-ing: v하는 것은 소용없다

SUMMARY 당신의 흥미에 맞는 직업을 선택하라.

05　(1) 최고의 책은 아직 써지지 않았다고 젊은이들에게 알려주자　(2) young people

해설 (1) tell 다음의 young people은 간접목적어이고, that이 생략된 명사절인 the best books are yet to be written이 직접목적어이다. '아직 v하지 않은'이라는 부정의 의미를 나타내는 yet to-v 표현에 유의하여 해석한다.

(2) 아직 이루어지지 않은 최고의 그림, 최고의 정부, 모든 최고의 것을 이룰 them은 young people을 가리킨다.

구문 Let's tell young people // the best books are yet to be written; // the best painting, the best government, and the best of everything / is yet to be done by **them**.

젊은이들에게 알려주자 // 최고의 책은 아직 써지지 않았다고 // 최고의 그림, 최고의 정부, 그리고

모든 최고의 것은 / 아직 그들에 의해 이루어지지 않았다고.

06　(1) debate　(2) democracy

해설 (1) '지난 몇 년간 많은 논쟁이 있었지만 거의 어느 것도(none of it) ~에 관한 것이 아니었다'라는 의미이므로 it은 debate를 가리킨다.

(2) '그것이 공격받고 있는 곳에서 어떻게 그것을 존속한 상태로 유지할지'라는 구절에서 공격받고 있으며 존속한 상태로 유지해야 하는 것은 앞에서 언급한 democracy(민주주의)이다.

구문 The past few years have seen a lot of debate (about how to spread democracy), // but almost none of **it** was about how to keep **it** alive / in places [where **it** is under attack].

지난 몇 년간 (어떻게 민주주의를 확산시킬지에 관한) 많은 논쟁이 있어 왔다. // 그러나 거의 어느 것도 어떻게

그것을 존속한 상태로 유지할지에 관한 것이 아니었다 / [그것이 공격받고 있는] 곳에서.

▶ keep+O+C: …을 ～한 상태로 유지하다

07　(1) the sun

해설 (1) 통념과는 달리 우리가 속한 은하의 조수에 함께 끌려가는 것으로 it은 the sun을 가리킨다.

구문 Due to the Copernican theory, / many people assume // that the sun is the center of the universe, / fixed in space. But in reality, / **it** is dragged along in the tides of our galaxy / and bounces up and down like a ship in the ocean.

코페르니쿠스의 학설(지동설)로, / 많은 사람은 생각한다 // 태양이 우주의 중심이라고, / 우주에 고정된.

하지만 실제로, / 태양은 우리 은하의 조수에 함께 끌려간다 / 그리고 바다 위의 배처럼 위아래로 흔들린다.

▶ fixed in space는 앞 절의 주어 the sun을 의미상의 주어로 하는 수동 분사구문이다.

UNIT 34 숨어 있는 가정법

01 **(1)** <u>In a company where people are constantly pressured with deadlines</u>　　**(2) to be creative**

> **해설** (1) 전명구 In a company where ~ a deadlines가 '지속적으로 압박을 받는다면'이라는 if절의 의미를 내포한다.
> (2) it은 가주어, to부정사구 to be creative가 진주어이다.

> **구문** In a company [where people are constantly pressured with deadlines], / it would be hard to be creative, //
> because they use so much energy / to put up with stress [that would disturb them in the performance of their jobs].
> [마감 기한으로 사람들이 끊임없이 압박받는] 회사에서라면, / 창의적이기 어려울 것이다 //
> 왜냐하면 그들은 너무 많은 에너지를 쓰기 때문에 / 스트레스를 참는 데 [그들의 일을 수행하는 데 있어 그들을 방해할].
> ▶ where people are constantly pressured with deadlines는 a company를 수식하는 관계부사절이다.

02 **(1) If there had been**

> **해설** (1) even a one-percent raise would have been adequate는 '1% 인상만으로도 충분했을 것이다'라는 의미이므로 '1%의 인상만 있었다면, 그것은 충분했을 것이다'로 풀이될 수 있다. 따라서 가정법 과거완료 If there had been even a one-percent raise ~로 바꿔 쓸 수 있다.

> **구문** The manager left his job // right after the company refused to provide even a small raise, / saying / **even a one-percent raise** would have been adequate / to show recognition and appreciation.
> 그 관리자는 직장을 그만두었다 // 회사가 약간의 임금 인상도 거부하자마자, / 말하면서 / 1% 인상만으로도
> 충분했을 것이라고 / 인정과 존중을 보이는 데.

03 **(1) [that other venues, ~ in our children]**　　**(2) If we paid**

> **해설** (1) the potential 뒤의 that절(that ~ in our children)은 목적격 관계대명사절로서 the potential을 수식한다.
> (2) 진주어로 쓰인 to부정사구 to pay attention 이하는 '관심을 기울인다면'이라는 if절의 의미를 내포하므로, 가정법 과거 If we paid ~로 바꿔 쓸 수 있다.

> **구문** While I think it a very good idea / to investigate the potential [that other venues, (such as the Internet), have ● /
> for fostering political and civic engagement in our children], // I think it would be harmful /
> **to pay attention only to these venues and ignore schools**.
> 나는 매우 좋은 의견이라고 생각하지만 / 가능성을 조사하는 것을 [(인터넷과 같은) 다른 장소가 가진, /
> 우리 아이들의 정치적, 시민적 참여 촉진에 대한] // 나는 해로울 것이라고 생각한다 /
> 이러한 장소에만 관심을 기울이고 학교를 무시하는 것은.
> ▶ While I think it a very good idea to investigate ~ children에서 it은 가목적어, to investigate 이하는 진목적어이다.
> ▶ ● 자리는 원래 목적어 the potential이 위치한 곳이다.
> ▶ I think it would be harmful to pay attention ~ schools에서 it은 가주어, to pay attention 이하는 진주어이다.

04 **(1) If you knew**　　**(2) supports**

> **해설** (1) 분사구문 knowing ~은 문맥상 '(당신이) 안다면'의 뜻이므로 가정법 과거 If you knew ~로 바꿔 쓸 수 있다.
> (2) 접속사 that이 생략된 knowing 다음의 명사절에서 현재분사구 helping ~ times의 수식을 받는 your donation이 주어이므로 단수동사 supports가 알맞다.

> **구문** You would get a great feeling / **knowing // your donation (helping students make it through hard times) /
> supports the formation of future leaders**.
> 당신은 기분이 몹시 좋을 것이다 / 안다면 // 당신의 기부가 (학생들이 힘든 시기를 이겨 내도록 도와주는) /
> 미래의 지도자 육성을 돕는다는 것을.
> ▶ help+O+C(동사원형[to-v]): ~가 v하는 것을 돕다

05 **(1)** not value **(2)** evoke

해설 (1) otherwise(그렇지 않으면)는 앞 절(You may even value a ticket)의 의미를 고려하면 '티켓을 소중히 여기지 않는다면'이라는 뜻이므로, 가정법 과거 if you did not value a ticket으로 바꿔 쓸 수 있다.

(2) 불러일으키다(evoke): 특정한 감정, 생각 혹은 기억을 일으키다

구문 You may even value a ticket [which might **otherwise** be just a piece of paper], // because it evokes memories (of going to see your favorite band in concert).

당신은 입장권마저 소중히 여길 수도 있다 [그렇지 않으면 단지 종잇조각에 불과할], // 왜냐하면 그것이 기억을 불러일으키기 때문에 (당신이 가장 좋아하는 밴드를 보러 콘서트에 가는).

▶ because 다음의 it은 앞 절의 a ticket을 가리킨다.

06 **(1)** leaving **(2)** [which would not otherwise have been there] **(3)** had not left

해설 (1) 의미상 주어인 we가 그곳에 쿠키를 '남겨두는' 능동의 의미이므로 현재분사 leaving이 알맞다.

(2) mice의 동사는 were attracted이며, 그 사이의 관계대명사절인 which would not otherwise have been there가 mice를 수식한다.

(3) otherwise(그렇지 않았다면)는 문맥상 앞 절의 내용 중 '약간의 쿠키를 그 안에 남겨두지 않았다면'의 뜻이므로 과거 사실의 반대를 가정하는 가정법 과거완료 if we had not left some cookies in the camping car로 바꿔 쓸 수 있다.

구문 We stored the camping car in our backyard all this winter, / leaving some cookies in there, // and mice [which would not **otherwise** have been there] were attracted by the food / and shredded all the curtains, screens, and cushions.

우리는 캠핑카를 이번 겨울 내내 뒷마당에 두었다 / 약간의 쿠키를 그 안에 남겨둔 채, // 그리고 쥐들이 [그렇지 않았다면 그곳에 없었을] 음식에 꼬였다 / 그리고 커튼, 스크린과 쿠션을 모두 갈기갈기 찢었다.

UNIT 35 부정구문

01 **(1)** ②

해설 (1) not always는 '항상 ~은 아니다'라는 의미의 부분부정으로 ⓐ는 '항상 이용 가능한 건 아니다'라는 뜻이다. 따라서 정답은 ② can be obtained sometimes(때로는 얻을 수 있다)이다.

구문 In nature, / optimal levels of resources for growth are **not always** available, // therefore plants have many different strategies (related to coping with water loss or excess / in various extremes).

자연에서, / 성장을 위한 최적 수준의 자원들은 항상 이용 가능한 것은 아니다 // 그러므로 식물들은 많은 다양한 전략을 가지고 있다 (수분 부족이나 과잉에 대처하는 것과 관련된 / 다양한 극한의 상황에서).

02 **FILL-IN** ② **(1)** ②

해설 **FILL-IN** 두 번째 문장에서 직업적으로 성공한 여러 사람의 예시를 들며 그들이 반드시 학창 시절에 반에서 가장 똑똑한 것은 아니었다고 하므로, 학업적 지능은 '직업적인(professional)' 성공을 이루기에 충분치 않다는 문맥이 알맞다.

(1) not necessarily는 '반드시 ~한 건 아니다'라는 뜻이므로 ⓐ는 '반드시 가장 똑똑한 사람이었던 것은 아니었다'로 풀이된다. 이는 ② '아마 가장 똑똑했겠지만 확실히 그렇지는 않다'라는 의미이다.

구문 Academic intelligence is **not enough** / to achieve professional success. Lawyers [who win more cases], / prestigious doctors [who service more patients], / and brilliant professors, successful businesspeople and managers [who achieve the best results], / were **not necessarily** the most intelligent in their classes at school.

학업적 지능은 충분하지 않다 / 직업적인 성공을 이루기에. 변호사들 [더 많은 재판에서 이기는] / 일류 의사들 [더 많은 환자를 진료하는] / 그리고 뛰어난 교수, 성공한 사업가들과 관리자들은 [최고의 성과를 달성하는] / 반드시 학창 시절 그들의 반에서 가장 똑똑한 사람이었던 것은 아니었다.

▶ who가 이끄는 세 개의 관계사절이 각각 Lawyers, prestigious doctors, brilliant professors, successful businesspeople and managers를 수식하여 주부를 이루며, 동사는 were가 쓰였다.

03 **(1) (over what constitutes a hero)**   **(2) ①**

해설 (1) 전명구 over what constitutes a hero가 앞의 명사 argument를 수식한다.

(2) ⓑ는 '영웅적 행위에 감탄하지 않는 사람은 우리 중에 거의 없다'라는 이중부정(few ~ fail ~)으로 강한 긍정의 의미이다. 따라서 정답은 ① '우리들 거의 모두가 영웅적 행위에 감탄한다'이다.

구문 Even though there is argument (over what constitutes a hero), // **few** among us **fail** to admire heroic acts.

비록 논쟁이 있지만 (무엇이 영웅이 되는 것으로 여겨지는가에 대한), // 영웅적 행위에 감탄하지 않는 사람은 우리 중에 거의 없다.

04 **(1) ②**   **(2) (of what matters most to you)**

해설 (1) 대시(─) 이하에서 삶의 목표가 당신을 이끌게 하라고 했으므로, 빈칸 뒤의 내용인 당신에게 중요한 것의 매우 개인적인 반영이 결코 아닌 것이 되도록 '하지 말라(Don't allow)'는 이중부정으로 긍정을 나타내는 문맥이 되어야 자연스럽다.

(2) 전명구 of what matters most to you가 deeply personal reflections를 수식한다. what matters most to you는 관계대명사 what이 이끄는 명사절로 전치사의 목적어 역할을 한다.

구문 Don't allow your life and expectations / to become **anything but** deeply personal reflections (of what matters most to you) // — let your life goals guide you.

당신의 삶과 기대가 (~하도록) 하지 마라 / (당신에게 가장 중요한 것의) 매우 개인적인 반영이 결코 아닌 것이 되도록

// 당신의 삶의 목표가 당신을 이끌게 하라.

▶ anything but: ~이 결코 아닌

▶ 대시(─) 다음이 let your life goals guide you는 〈let+O+C(동사원형)〉 형태로 쓰여 '~가 v하게 하다'라는 의미이다.

05 **(1) is**   **(2) ①**

해설 (1) 전명구 of gaining access to and accumulating social capital의 수식을 받는 The process가 주어이고, 동사는 is이다.

(2) far from은 '전혀 ~이 아닌'이라는 의미로 ⓐ는 '전혀 중립적이지 않다'는 뜻이다. 따라서 정답은 ① biased(편향된)이다.

구문 The process (of gaining access to and accumulating social capital) / is **far from** being neutral, // which discourages disadvantaged students / from securing important academic and occupational resources.

(사회적 자본에 접근하고 축적하는) 과정은 / 전혀 중립적이지 않다. // 그리고 이것은

사회적으로 혜택을 받지 못한 학생들이 ~하지 못하도록 막는다 / 중요한 학업적, 직업적 자원을 확보하지.

▶ which는 앞 절 전체를 선행사로 하여 보충 설명한다.

▶ discourage+O+from+v-ing: ~가 v하지 못하도록 막다[낙담시키다]

06 **(1) ②**   **(2) for the companies that want coverage**

해설 (1) ⓐ는 의문사로 시작하여 반어적 의미를 나타내는 의문문으로, '(~을) 아무도 말할 수 없다'라는 의미이다.

(2) to부정사의 의미상의 주어는 〈for+목적격〉 형태로 나타낸다. 의미상의 주어 for the companies는 관계사절 that want coverage의 수식을 받는다.

구문 **Who can say** // that the publication can survive without advertising? That is why it is absolutely acceptable / for the companies [that want coverage] / to contribute to the financial stability of the publication.

누가 말할 수 있겠는가 // 간행물이 광고 없이 생존할 수 있다고? 그것이 전적으로 받아들여지는 이유이다 /

[보도를 원하는] 회사들이 / 간행물의 재정적 안정에 기여하는 것이.

▶ 두 번째 문장의 it은 가주어이고 to contribute 이하가 진주어이다.

07 (1) ①

해설 (1) just[only] because ~ not …은 '~이라고 해서 …은 아니다'라는 의미이다. 따라서 '부부들이 문화적 차이가 전혀 문제 되지 않는다고 주장했다고 해서(Just because some couples insist ~ at all), 그것들이 문제가 아니었다는 것을 의미하지는 않는다(~ does not imply they were not issues)'의 의미를 가진 ①이 적절하다.

구문 **Just because** some couples insist / that cultural differences (between them) don't matter at all // does **not** imply / they were not issues. Probably they have somehow managed to overcome or resolve these areas of difference.

몇몇 부부들이 주장한다고 해서 / (그들 사이의) 문화적 차이는 전혀 문제가 되지 않는다고 // 의미하지는 않는다 /

그것들이 문제가 아니었다는 것을. 아마도 그들은 어떻게든 이러한 차이의 영역들을 가까스로 극복하거나 해결해왔을 것이다.

▶ not ~ at all: 전혀 ~ 아니다
▶ manage to-v: 가까스로[용케] v하다

UNIT 36 인과/선후를 나타내는 수동태 표현

01 (1) became   (2) ⓒ, ⓑ

해설 (1) 주어는 The hypothesis of Charles Darwin이고 that evolution ~ the struggle for existence는 이를 부연 설명하는 동격절이며, 문장의 동사는 그 뒤의 became이다.

(2) A be caused by B는 'A가 B에 의해 유발되다'의 뜻이므로 A가 결과, B가 원인에 해당한다. 따라서 원인은 ⓒ이고 결과는 ⓑ이다.

구문 The hypothesis of Charles Darwin [that evolution **is caused by** the survival of the fittest / in the struggle for existence] / became a topic of discussion for the rest of the century.

찰스 다윈의 가설은 [진화는 적자생존에 의해 유발된다는 / 생존을 위한 투쟁 속에서] /

나머지 세기 동안 토론의 주제가 되었다.

▶ the survival of the fittest에서 fittest는 형용사 fit(꼭 맞다, 적합하다)의 최상급으로, 관사 the와 함께 쓰여 '가장 잘 맞는 사람' 즉 '적자'의 의미가 되었다.

---

02 (1) overlap   (2) ⓒ, ⓑ   (3) mobility

해설 (1) 주어는 전명구 of ~ school mobility의 수식을 받는 The concepts이므로 복수동사 overlap이 알맞다.

(2) A be brought about by B는 'A가 B에 의해 야기되다'의 뜻이므로 A가 결과, B가 원인에 해당한다. 따라서 원인은 ⓒ이고 결과는 ⓑ이다.

(3) 이동성(mobility): 장소, 직업, 혹은 사회적 계층 사이를 이동할 수 있음

구문 The concepts (of residential mobility and school mobility) / overlap significantly / in the context of concern about lowering students' welfare, // in part because frequent school mobility **is** often **brought about** / **by** family residential mobility.

주거 이동성과 학교 이동성의 개념은 / 상당히 겹친다 / 학생들의 행복을 떨어뜨리는 것에 대한 우려의 맥락에서,

// 부분적으로는 빈번한 학교 이동은 종종 야기되기 때문이다 / 가족 주거 이동성에 의해.

---

03 SUMMARY ▶ neglected   (1) ⓒ, ⓐ   (2) subjects clearly based on reasoning

해설 (1) A be accounted for by B는 'A는 B로 설명된다[때문이다]'라는 뜻으로 A는 결과, B는 원인에 해당한다. 따라서 원인은 ⓒ, 결과는 ⓐ이다.

(2) 미술(the arts)은 than 이하의 명확히 추론에 기반을 둔 과목들(subjects clearly based on reasoning)과 비교되고 있다.

구문 The fact [that the arts are regarded as less important in education / than subjects (clearly based on reasoning)] / can largely **be accounted for** / **by** the belief [that emotions get in the way of reason's proper workings].

사실은 [미술이 교육에서 덜 중요한 과목으로 여겨지는 / (명확히 추론에 기반을 둔) 과목보다] /

대체로 설명될 수 있다 / 생각으로 [감정이 이성의 올바른 작용을 방해한다는].

SUMMARY ▶ 미술이 추론에 영향을 준다는 생각은 미술을 다른 과목보다 더 <u>무시받게</u> 한다.

04 (1) ① (2) is attributed

해설 (1) is attributed to 이하에는 앞 내용에 대한 '원인'이 제시될 것이므로 is attributed to the fact 이하의 내용을 살핀다. 아이들이 스스로 생각하는 데 더 많은 시간을 쓴다는 내용으로 보아, 설명을 해주는 부모와 있을 때보다 '혼자(alone)' 있을 때 훨씬 더 많이 이해한다고 추론할 수 있다.

(2) 문장의 주어는 The reason이고, 이는 전명구 for children ~ to them의 수식을 받는다. 이어지는 is attributed가 동사이다. 전명구 안에 포함된 if절과 their parents를 보충 설명하는 관계사절(who explain ~ to them)에 주의한다.

구문 The reason (for children comprehending far more // if they are watching TV alone / than they do with their parents,
　　　S
[who explain new words and ideas to them]), / **is attributed to** the fact [that when TV requires thought, //
　　　　　　　　　　　　　　　　　　　　　　　V
they spend more time thinking for themselves].

이유는 (아이들이 훨씬 더 많이 이해하는 // 그들이 혼자 TV를 볼 때 / 부모들과 볼 때보다,
[새로운 단어와 생각을 그들에게 설명해주는]), / 사실 때문이다 [TV가 생각을 요구할 때, //
그들은 스스로 생각하는 데 더 많은 시간을 쓴다는].

▶ A be attributed to B: A는 B 때문이다. A의 원인은 B에 있다
▶ for oneself: 스스로, 혼자 힘으로

05 (1) ⓐ, ⓑ, ⓒ

해설 (1) ⓐ는 ⓑ를 유도한다(induce)고 했으므로 ⓐ는 ⓑ보다 먼저 일어난다. A be followed by B는 'A에 뒤이어 B가 오다'라는 뜻이므로 ⓑ가 ⓒ에 선행한다. 따라서 ⓐ, ⓑ, ⓒ 순으로 일어난다.

구문 Preconscious, automatic thoughts normally precede and induce emotions, // which **are** then **followed** /
by conscious thoughts (about how to deal with the situation, / including whether to express the emotion /
and, if so, in what manner).

의식보다 앞선, 자동적인 생각이 보통 선행하고 감정을 유도한다. // 그리고 이것들에 뒤이어 온다 /
의식적인 생각들이 (어떻게 상황을 처리할지에 관한 / 감정을 표현할지를 포함하여 /
그리고, 그렇다면 어떤 방식으로 표현할지를 포함하여).

▶ whether와 if가 이끄는 명사절이 전치사 including의 목적어로 쓰였다.

06 (1) ⓑ (2) consensus

해설 (1) A be preceded by B는 'A에 앞서 B가 오다'라는 뜻이므로 ⓐ와 ⓑ 중 먼저 일어나야 하는 일은 ⓑ이다.

(2) 합의(consensus): 관련된 모든 사람들 간의 의견 일치

구문 Organizational innovation, (if it is to be successful and useful), should **be preceded** / **by** participatory discussion,
listening and more listening, attempts (to define opposing points of view), and the seeking of a consensus.

조직적인 혁신은, (그것이 성공적이고 유용하려면), 선행되어야 한다 / 참여형 토론,
귀 기울이고 또 귀 기울임, (반대의 관점을 밝히려는) 시도, 그리고 합의의 추구가.

▶ 삽입된 if절에는 '~하려면'이라는 뜻의 의도를 나타내는 be to-v 용법이 쓰였다. be to-v 용법은 '예정', '의무', '가능' 등으로 주로 쓰이지만, if절에서는 '의도'의 의미로 자주 쓰인다.

CHAPTER　1　0　　**과감히 건너뛰고 적극적으로 예측하라**

UNIT 37 부연 설명은 건너뛰어라　Review the Basics with longer sentences

01　**(1) caring for elderly parents**

> 해설 (1) 콤마(,) 뒤에 이어지는 caring for elderly parents가 filial piety(효도)를 동격으로 부연 설명한다.

> 구문 The value of caring for children is widely shared in other cultures, // but Confucianism places special emphasis on filial piety, / caring for elderly parents.
>
> 자녀들을 돌보는 것의 가치는 다른 문화에서도 널리 공유된다. // 그러나 유교는 효도를 특별히 강조한다.
> / 나이 드신 부모님을 섬기는.

02　**(1) 성공을 가져오는 것과 꿈을 실현하는 것**

> 해설 (1) 대시(—) 뒤에 이어지는 the bringing 이하가 two great advantages(두 가지 대단한 이점들)를 동격으로 부연 설명한다.

> 구문 Positive thinking has, (as an important part of our life), two great advantages / — the bringing of success and the realizing of dreams.
>
> 긍정적인 사고는, (우리 삶의 중요한 한 부분으로서), 두 가지 큰 이점을 갖는다 / 성공을 가져오는 것과 꿈을 실현하는.
> ▶ '~로서'라는 의미로 쓰인 as가 이끄는 전명구가 동사와 목적어 사이에 삽입되었다.

03　**(1) The basic three-part structure of the advertising industry in Britain**　**(2) (selling space ~ the advertisers)**

> 해설 (1) 콜론(:)은 '즉'의 의미로 앞의 어구를 부연 설명한다. 콜론 뒤에 이어지는 세 항목(advertisers, media, agencies)에 해당하는 것은 The basic three-part structure of the advertising industry in Britain이다.
> (2) 현재분사구 selling ~ media와 creating ~ advertisers가 and로 연결되어 앞의 명사를 수식한다.

> 구문 The basic three-part structure of the advertising industry in Britain (— later to spread throughout the world —) / was established: / advertisers, // who bought space for their advertisements; / media, // who sold the space; / and agencies, // who were middlemen (selling space on behalf of the media / and creating advertisements for the advertisers).
>
> 영국에서 광고 산업의 기본적인 세 부분으로 나뉜 구조가 (후에는 전 세계로 퍼져나갔는데) /
> 확립되었다 / 광고주, // 이들은 광고하기 위한 공간을 샀다, / 매체, // 이들은 그 공간을 팔았다. /
> 그리고 대행사, // 이들은 중간 상인이었다 (매체를 대신해서 공간을 판매하는 / 그리고 광고주를 위한 광고를 만들어내는).
> ▶ 대시(—)가 앞뒤에 쓰인 later to ~ world는 삽입된 정보로 부연 설명을 한다.
> ▶ 병렬구조로 연결된 advertisers, media, agencies에 각각 계속적 용법의 관계대명사절이 이어져 부연 설명하고 있다.

04　**(1) makes**　**(2) ①**　**(3) essence**

> 해설 (1) 주어는 Everyone이므로 단수동사 makes가 알맞다. 주어와 동사 사이에 삽입된 even the truly good among us에 주의한다.
> (2) 세미콜론(;) 앞은 모든 사람이 실수를 한다는 내용이고, 뒤는 친구가 당신에게 상처를 주었다면 알아채지 못했던 것처럼 행동하라는 내용이다.
> 앞 내용이 뒤의 근거가 되므로 세미콜론(;)은 therefore로 바꿔 쓸 수 있다.
> (3) 핵심(essence): 어떤 것의 가장 중요한 부분

구문 Everyone, (even the truly good among us), makes mistakes; // if a close friend injured you, // pretend as though you had not noticed it // — that's the essence of forgiveness and what good friends do.

모든 사람은 (우리 중 진실로 선한 사람들이라도) 실수를 한다 // 친한 친구가 네게 상처를 주었다면, // 마치 당신이
그것을 알아채지 못했던 것처럼 행동하라 // 그것이 용서의 핵심이고, 좋은 친구가 하는 일이다.

▶ the truly good: 진실로 선한 사람들 (the+형용사: ~한 사람들)

---

05 **(1) 어제 성공적이지 못했다면, 오늘 성공적일 수 없다는 것   (2) [many of us have]**

해설 (1) 대시(—)가 앞뒤에 쓰인 that if ~ today가 A severely limiting belief를 동격으로 부연 설명한다.
(2) many of us have는 앞에 목적격 관계대명사 which[that]가 생략되어 A severely limiting belief를 수식한다.

구문 A severely limiting belief [many of us have] (— that if we weren't successful yesterday, // we can't be successful today —) keeps us tied to our past mistakes and limitations.

심하게 제한시키는 믿음은 [우리 중 다수가 가지고 있는], (어제 성공적이지 못했다면 // 오늘 성공적일 수 없다는)
우리를 과거의 실수와 한계에 계속 얽매이게 한다.

▶ keep+O+C(p.p.): ~를 계속 …하게 하다

---

06 **(1) — few people make a living out of reading books —**
(2) [who lived before us], [who were like us and unlike us], [with whom ~ divergent humanity]   (3) divergent

해설 (1) ⓐ 다음의 대시(—) 안의 어구가 ⓐ를 부연 설명한다.
(2) ⓑ 뒤의 세 개의 관계사절이 and로 연결되어 병렬구조를 이루며 people을 수식한다.
(3) 서로 다른(divergent): 다른 상태이거나, 다른 방향으로 전개되는 경향이 있는

구문 Although literary study may seem impractical in one sense (— few people make a living out of reading books —) //
in another, it is vital and necessary. Literature records and embodies centuries of human thought and feeling, /
preserving the lives of people [who lived before us], [who were like us and unlike us], [and] [with whom we can compare our common and divergent humanity].

비록 문학 공부가 어떤 점에서는 비실용적으로 보일지도 모르지만 (책을 읽어서 생계를 꾸리는 사람은 거의 없기 때문에) //
또 다른 점에서는, 그것은 중대하고 필수적이다. 문학은 수 세기에 걸친 인간의 생각과 감정을 기록하고 구체화한다 /
그리하여 사람들의 삶을 보존한다 [우리 이전에 산], [우리와 닮았거나 닮지 않은], 그리고 [우리의 공통적이거나 서로 다른 인간성을 비교할 수 있는].

▶ in another는 in another sense(또 다른 점에서)의 의미로, 앞서 나온 sense가 생략된 형태이다.

---

07 **FILL-IN ②   (1) (— the division between a largely communist Eastern Europe and a capitalist West —)**

해설 **FILL-IN** ▶ 첫 번째 문장에서 제2차 세계대전이 동유럽, 서유럽의 관광업 지형도에 뚜렷한 경계를 만들었다고 했고, 빈칸 앞에서 서유럽에는 급속한 관광업의 발전이 있었다고 했으므로 동유럽에서는 상대적으로 '적은 국제 관광(little international travel)'이 있었음을 알 수 있다.
(1) The one significant divide를 수식하는 관계사절 that ~ War로 인해 대시(—)가 앞뒤에 쓰인 동격을 이루는 부분이 서로 떨어진 문장이다.
부연 설명은 설명하고자 하는 어구 바로 뒤에 오는 것이 보통이지만 서로 떨어져 있는 경우도 종종 있다.

구문 The one significant divide [that did arise from the Second World War] (— the division between a largely communist Eastern Europe and a capitalist West —) actually produced a clear boundary in the geography of tourism. There was rapid tourism development in the West / and relatively little international travel in the East, // which had low political stability.

하나의 중대한 경계선은 [제2차 세계대전으로부터 정말로 유발된] (대체로 공산주의 체제의
동유럽과 자본주의 체제의 서유럽 간의 분할인데) 실제로 관광업의 지형도에 뚜렷한 경계를 만들었다.
서유럽에서는 급속한 관광업의 발전이 있었고 / 동유럽에서는 상대적으로 적은 국제 관광이 있었다. // 이는(동유럽) 낮은 정치적 안정성을 가졌다.

▶ did arise에서 did는 조동사 do의 강조용법으로 '정말로'라는 뜻을 더한다.
▶ the division between A and B: A와 B 간의 분할

01 **(1) targeting**   **(2) ②**

> 해설 (1) 분사구문 〈with+O+v-ing[p.p.]〉에서 분사의 형태를 고르는 문제이다. 분사 뒤의 목적어 each edition과 분사가 '각각의 판이 겨냥한다'라는 능동의 관계이므로, 현재분사 targeting이 알맞다.
>
> (2) 앞부분에서 많은 잡지가 특정 층을 겨냥하여 다양한 판을 출판한다고 하고, 뒷부분에서 〈Time〉지가 특정 층을 겨냥하여 350개가 넘는 다른 판을 출판한다는 예시가 나오므로, ⓑ에는 For instance(예를 들어)가 알맞다.

> 구문 Many popular magazines are now published in a range of editions, / with each edition targeting a specific readership or interest group. **For instance,** / *Time* is published in more than 350 different editions, / including one for doctors, one for teachers, and another for college students.
> 많은 인기 있는 잡지는 현재 다양한 판(版)으로 출판된다 / 각각의 판이 특정한 독자층이나 이익 집단을 겨냥하면서.
> 예를 들어, 〈Time〉지는 350개가 넘는 각기 다른 판으로 출판된다. / 의사를 위한 것,
> 교사를 위한 것, 그리고 대학생을 위한 것을 포함하여.

02 **(1) water, coal, petroleum**

> 해설 (1) e.g.는 '예를 들어'라는 뜻이므로 e.g. 다음에 natural resources에 대한 예시가 제시된다.

> 구문 Ever since cave dwellers used fire for heat and light, // our quest for well-being has depended largely on our ability (to utilize natural resources (**e.g.,** water, coal, petroleum)).
> 동굴 거주자들이 난방과 빛을 위해 불을 사용한 이래로 줄곧 // 우리의 행복 추구는 우리의 능력에 주로 의존해왔다
> (천연자원을 활용하는 (예를 들어, 물, 석탄, 석유와 같은)).
> ▶ ever since: ~한 이래로 줄곧

03 FILL-IN ①   **(1) 심리적인 친근감을 예로 들어보자**

> 해설 FILL-IN 세 번째 문장에서 가족 중 누군가가 암에 걸린다면 암의 연구를 위한 돈을 모금할 마음이 생길 수도 있다며 심리적 친근감의 예시를 든다. 따라서 우리의 감정적 편향은 가깝고, 독특하며 생생한 사건에 '호의를 보이는(favor)' 것이라는 문맥이 알맞다.
> (1) Take는 '예를 들다'의 뜻으로 쓰였다.

> 구문 Our emotional biases [that favor nearby, singular, vivid events] / can stir us to action in a broader sense. **Take** the psychological feeling of closeness. If someone in our family develops cancer, // we may be inspired to raise money / for research on that particular disease.
> 우리의 감정적인 편향은 [가깝고, 독특하고, 생생한 사건에 호의를 보이는] / 우리를 더 넓은 관념에서 행동하도록 자극할 수 있다.
> 심리적 친근감을 예로 들어 보자. 만약 우리 가족 중 누군가가 암에 걸린다면, // 우리는 돈을 모금할 마음이 생길 수도 있다 /
> 그 특정 질병에 대한 연구를 위해.

04 **(1) the extraction of ~ toxic substances**

> 해설 (1) especially는 중요한 예시를 나타내는 신호어이다. especially regarding 다음에 ⓐ의 '매우 장기적이거나 바람직하지 않은 결과' 중에서도 특별히 중요한 예시가 제시되었다.

> 구문 Technological decisions often have extremely long-term or undesirable consequences, / **especially** regarding the extraction (of non-renewable resources) and the depositing (of toxic substances).
> 기술적인 결정은 종종 매우 장기적이거나 바람직하지 않은 결과를 갖는다. /
> 특히 (재생 불가능한 자원의) 추출과 (독성 물질들의) 침전에 관해서.

05 FILL-IN ① (1) the source (2) (— the matter of intellectual property —)

해설 FILL-IN 어떤 생각이나 어구의 원천을 판단하는 것이 어렵다고 했으므로, 지적 재산의 문제는 보일 수 있는 것만큼 '간단하지(straightforward)' 않다는 것을 추론할 수 있다.

(1) 접속사 or가 the source와 "owner"의 동격 관계를 나타낸다.

(2) 대시(—) 안의 어구가 ⓑ를 부연 설명한다.

구문 As it is difficult to determine the source, **or "owner"**, (of an idea or a phrase), // the ownership of intellectual work

(— the matter of intellectual property —) is not as straightforward as it might seem.

(어떤 생각이나 어구의) 원천, 즉 '소유자'를 판단하는 것이 어렵기 때문에 // 지적 작업물의 소유권은

(지적 재산의 문제는) 보일 수 있는 것만큼 간단하지 않다.

▶ As 다음의 it은 가주어, to determine ~ a phrase가 진주어이다.

---

06 (1) pursuing the goals of others (2) (to make smart decisions and accomplish what you want in life)

해설 (1) 전치사 of가 the trap과 pursuing the goals of others의 동격 관계를 나타낸다.

(2) 명사 your effort 뒤의 to부정사구인 to make smart decisions and accomplish what you want in life가 동격을 이룬다.

구문 If you are unsure of what you want to accomplish, // it can be easy to fall into the trap **of pursuing the goals of others**, /

which can interfere with your effort (**to make smart decisions** / and accomplish what you want in life**).

자신이 무엇을 성취하고 싶은지에 대한 확신이 없다면 // 다른 사람의 목표를 추구하는 것의 덫에 빠지기 쉬울 수 있다 /

그리고 이는 노력을 방해할 수 있다 (현명한 결정을 내리고 / 인생에서 원하는 것을 성취하려는).

---

07 (1) [that a major part ~ of citizens] (2) acknowledge

해설 (1) the fact 다음의 that절이 동격을 이룬다.

(2) acknowledge(인정하다): 무언가가 존재한다고, 참이라고, 혹은 진짜라고 받아들이거나 시인하다

구문 In spite of the fact [**that a major part of being a homemaker** / consists of the nurturance and socialization of the

next generation of citizens], / it is frequently not even acknowledged as work or as productive, / either at the personal

or at the policy level.

사실에도 불구하고 [주부가 되는 것의 중요한 부분이 / 다음 세대 시민들의 양육과 사회화로 구성되어 있다는]

/ 그것은 흔히 일이나 생산적인 것으로 인정조차 받지 못한다 / 개인적인 차원에서든 정책적인 차원에서든.

▶ either A or B: A든 B든

---

08 (1) 무언가에 관해 좋은 토론을 하기 위해 반대의 관점을 취하는 것 (2) (— the power of which cannot be understated —)

해설 (1) i.e.는 '즉'이라는 뜻이므로 i.e. 다음에 동격 어구가 제시된다.

(2) 대시(—) 안의 내용이 ⓑ를 부연 설명한다.

구문 Playing devil's advocate about a subject (**i.e., taking the opposing side's point of view** / **in order to have a good

discussion about something**) / gives you credibility (— the power of which cannot be understated —) / by showing

counterparts // that you have considered other points of view / before taking your stance.

한 주제에 대해 일부러 반대 의견을 말하는 것은 (즉, 반대편의 관점을 취하는 것은 / 무언가에 관해 좋은 토론을 하기 위해)

/ 당신에게 신뢰성을 준다 (그것의 힘은 축소해서 말할 수 없다) / 상대방에게 보여줌으로써

// 당신이 다른 관점들도 고려했다는 것을 / 당신의 입장을 취하기 전에.

▶ 주어가 동명사구 Playing devil's advocate about a subject이므로, 단수동사 gives가 쓰였다.

▶ 대시(—) 안의 절에서 which는 credibility를 가리킨다.

01 **(1) ②**

[해설] (1) 세미콜론(;) 이하에서 'B뿐만 아니라 A도'라는 의미의 〈A as well as B〉 구문이 쓰여 외래종(they)은 생태계 구조와 기능의 파괴(B)뿐만 아니라 생물 종의 멸종(A)을 일으킬 수 있다고 언급한다. 외래종의 '생태학적인' 영향을 부연 설명하는 것이므로 빈칸에는 ecological(생태학적인)이 알맞다.

[구문] The list of ecological consequences (of invasive species on their host environment) / is lengthy; // they can cause local or global extinction of species / **as well as** complete disruption of an ecosystem's structure and function.

생태학적인 영향의 목록은 (외래종이 기존의 환경에 미치는) / 매우 길다 // 그것들은

생물 종의 지역적 혹은 세계적 멸종도 일으킬 수 있다 / 생태계 구조와 기능의 완전한 파괴뿐만 아니라.

▶ consequence of A on B: A가 B에 미치는 영향

02 **(1) have been found** **(2) ①**

[해설] (1) 주어는 Identical twins이고 관계대명사절 who ~ in very different situations가 이를 수식하며, 동사는 have been found이다.

(2) 첫 번째 문장에서 일란성 쌍둥이들은 성격적 특성을 공유한다고 했으므로, In addition(게다가)으로 이어지는 다음 문장에서는 쌍둥이들이 '비슷한(similar)' 직업을 가졌다는 내용이 알맞다.

[구문] Identical twins [who are separated at birth / and raised apart in very different situations] / have been found to share personality traits. **In addition**, / the twins held similar jobs, // as they share job preferences.

일란성 쌍둥이들은 [태어났을 때 떨어져서 / 매우 다른 환경에서 양육되는] / 성격적 특성을 공유한다는 것이 밝혀졌다.

게다가 / 쌍둥이들은 비슷한 직업을 가졌다 // 그들이 직업 선호도를 공유하기 때문에.

▶ 여기서 as는 '~ 때문에'라는 의미의 접속사로 쓰였다.

03 **(1) seem** **(2) ①** **(3) Accidental contacts**

[해설] (1) 주어는 관계대명사절 they do have의 수식을 받는 Accidental contacts이므로 복수동사 seem이 알맞다.

(2) 첫 번째 문장에서 많은 사람이 더 많은 사생활을 추구한다고 했으므로, furthermore(게다가)로 이어지는 다음 문장에서는 우연한 만남을 '더 거슬리는(more intrusive)' 것으로 본다는 내용이 알맞다.

(3) '추구되지 않을 뿐만 아니라 궁극적으로 사람들의 신뢰를 받을 수 없는' they는 문맥상 Accidental contacts를 가리킨다.

[구문] Many people today seek more and more privacy. Accidental contacts [they do have], **furthermore**, / seem more intrusive, // not only because they are unsought // but because they ultimately cannot be trusted by people.

오늘날 많은 사람이 더욱 더 많은 사생활을 추구한다. 게다가 [그들이 정말 갖는] 우연한 만남도 / 더 거슬리는 것처럼 보인다

// 그런 만남이 추구되지 않아서일 뿐만 아니라 // 궁극적으로 그런 만남은 사람들의 신뢰를 받을 수 없기 때문이다.

▶ 두 번째 문장의 they do have는 목적격 관계대명사 that[which]이 생략된 관계사절로 Accidental contacts를 수식한다.

04 **(1) ②**

[해설] (1) 경제가 이민자들의 존재로 얻는 이득은 because 이하의 절에 설명되어 있다. immigrants on average pay considerably more in taxes와 as additional consumers, ~ 이하의 내용으로 보아 ①, ③의 내용은 언급되었지만 ②는 언급되지 않은 내용이다.

[구문] The economy benefits from the presence of immigrant, // because immigrants on average pay considerably more in taxes during their lives / than they receive in government benefits, / and as additional consumers, / they increase demand for the products and services **as well**.

경제는 이민자들의 존재로부터 이득을 얻는다. // 이민자들이 대체로 사는 동안 상당히 더 많은 세금을 내기 때문에

/ 그들이 정부 보조금으로 받는 것보다. / 그리고 추가적인 소비자로서, /

그들은 또한 제품과 서비스의 수요를 증가시키기 때문에.

▶ as well: 또한

05 **(1)** 지금 가지고 있는 노트북 컴퓨터는 고장 나고 있으며, 게다가 들고 다니기에 무겁기 때문에

해설 (1) 밑줄 친 @에 대한 이유는 because 이하의 절에서 제시되고 있다. '게다가'라는 의미의 besides에 유의하여 두 가지 이유를 바르게 해석한다.

구문 I'd really like, (if I ever get some extra cash), to buy a new laptop computer, // because the one [I have now] is breaking down and, / **besides**, it's too heavy to carry around.

(내게 여윳돈이 생긴다면) 나는 새 노트북 컴퓨터를 정말 사고 싶다. // [내가 지금 가진] 노트북 컴퓨터는 고장 나고 있기 때문에,
/ 게다가 들고 다니기에 너무 무겁기 때문에.

▶ I have now는 the one을 수식하는 목적격 관계대명사 that[which]이 생략된 관계사절이다.

---

06 **SUMMARY** change **(1)** ⓑ, ⓒ

해설 (1) in fact는 추가되는 사항을 앞선 내용보다 더 강조하는 표현이므로, 강조로 적절한 것은 ⓑ이다. 두 번째 문장의 '앉아서 책을 읽는 그 순간에도, 당신의 세포는 성장하고, 소멸하고, 증식하고, 분열하고 있다'는 @에 대한 예시이다.

구문 You are not the same person [you were a few years ago], // **in fact**, / you aren't the same person [you were a few seconds ago]. Even as you sit here reading, // your cells are growing, dying, multiplying, and dividing.

당신은 [몇 년 전의 당신과] 같은 사람이 아니다 // 사실, / 당신은 [몇 초 전의 당신과] 같은 사람이 아니다.
당신이 여기 앉아서 책을 읽는 그 순간에도, // 당신의 세포는 성장하고, 소멸하고, 증식하고, 분열하고 있다.

▶ you were a few years ago, you were a few seconds ago는 각각 the same person을 선행사로 하는 주격 관계대명사절이다. 주격 관계대명사는 원래 생략할 수 없지만, 선행사가 관계사절 내에서 보어 역할을 하는 경우에는 이처럼 생략 가능하다.

SUMMARY 당신은 지속적인 <u>변화</u>의 상태에 있다.

---

07 **(1)** ②

해설 (1) 첫 번째 문장에서 정부가 단순한 보조금보다는 더 적극적인 재난 구호를 해주기를 바란다고 했으며, 추가되는 사항을 강조하는 연결어 As a matter of fact(사실은)로 보아 금전적인 관점에서 자연재해로 인한 손실을 계산하기 '불가능하다(impossible)'는 것을 추론할 수 있다.

구문 Many individuals and communities come to want // that governments step in and provide more active and immediate disaster relief / to those affected / rather than that they just grant financial subsidies. **As a matter of fact**, / many losses (caused by natural hazards) / are impossible to calculate in monetary terms.

많은 개인과 공동체들은 원하게 된다 // 정부가 개입해서 더 적극적이고 즉각적인 재난 구호를 제공하기를
/ 영향을 받은 사람들에게 / 그들이 단순히 재정적인 보조금만 주기보다는. 사실은, /
(자연재해로 인한) 많은 손실은 / 금전적인 관점에서 계산하는 것이 불가능하다.

▶ A rather than B: B라기보다는 오히려 A

---

08 **(1)** (이 음식들은) 포만감을 제공한다 **(2)** satiety

해설 (1) 추가되는 사항을 앞선 내용보다 더 강조하는 어구 actually로 시작하는 두 번째 문장에서 '(이 음식들은) 포만감을 제공한다((these foods) provide satiety)'는 밑줄 친 부분을 부연 설명한다.
(2) which의 선행사는 satiety이며, 대시(—) 안의 어구가 satiety를 부연 설명하는 구조이다.

구문 The fish, chicken, or yogurt [you enjoy] / is a natural appetite suppressant, / one [that is safe and works effectively]. **Actually**, / these foods provide satiety (— the nice feeling of being satisfied after a meal —) // which may reduce your desire (to overeat at the next meal).

[당신이 즐기는] 생선, 닭고기, 또는 요거트는 / 천연 식욕 억제제이다 / [안전하고 효과적으로 작용하는] 것인.
사실, / 이 음식들은 포만감(즉, 식사 후의 만족스러운 좋은 느낌)을 제공한다 // 그리고 이것은
(다음 식사에서 과식하려는) 당신의 욕구를 감소시킬 수도 있다.

▶ you enjoy는 목적격 관계대명사 that[which]이 생략된 관계사절로 The fish, chicken, or yogurt를 수식한다.

01 **(1) Objective description**   **(2) ②**

> **해설** (1) It은 '사물들을 있는 그대로 묘사하려 하는 것'으로, 앞에 나온 Objective description(객관적인 묘사)을 가리킨다.
> (2) 두 번째 문장에서 객관적인 묘사는 작가의 개인적 인식이나 감정을 배제한다고 했으므로, 마지막 문장의 on the contrary(대조적으로)라는 연결어를 고려하면 인상주의적 묘사는 작가의 인식과 감정을 '강조한다(emphasizes)'는 것을 추론할 수 있다.

> **구문** Objective description is an attempt (to tell only the bare facts about a subject). It tries to describe things // as they are, / without any interference (from the writer's personal perceptions or feelings). Impressionistic description, **on the contrary**, / emphasizes the writer's perceptions and feelings.
> 객관적인 묘사는 시도이다 (한 대상에 관해 오직 있는 그대로의 사실만을 말하려는). 그것은 사물들을 묘사하려 한다 // 있는 그대로,
> 어떤 간섭도 없이 (작가의 개인적인 인식이나 감정으로부터). 인상주의적 묘사는, 대조적으로, /
> 작가의 인식과 감정을 강조한다.

02 **TOPIC** independence   **(1) [that you select a red ball from an opaque box]**   **(2) ①**

> **해설** (1) The probability 다음의 that절은 동격절이다.
> (2) 첫 번째 문장은 상자에서 빨간색 공을 고를 확률은 이전 사건의 영향을 받지 않는다는 내용이고, 두 번째 문장은 특정한 성별의 아기를 가질 확률은 이전 출산의 영향을 받지 않는다는 첫 번째 문장과 유사한 내용이므로 빈칸에는 Similarly(마찬가지로)가 알맞다.

> **구문** The probability [that you select a red ball from an opaque box] / is not affected / by how many times a black ball has previously been selected. **Similarly**, / the probability (of having a baby of a certain gender) / has nothing to do with earlier births.
> 확률은 [당신이 불투명한 상자에서 빨간색 공을 고를] / 영향받지 않는다 / 이전에 검은 공이 얼마나 많이 골라졌는지에.
> 마찬가지로, / (특정한 성별의 아기를 가질) 확률은 / 이전의 출산과는 아무런 관련이 없다.

> **TOPIC** 개별 사건 발생의 <u>독립</u>성

03 **SUMMARY** quickly   **(1) has**   **(2) ②**

> **해설** (1) 과거분사구 assembled two weeks ago는 주어 a device를 수식하며 동사는 has이다.
> (2) 첫 번째 문장은 '2주 전에 조립된 장치에 문제가 있다는 것을 알게 된다면, 그 당시의 상황을 기억해내지 못할 것이다'라는 내용이고, 두 번째 문장은 '피드백이 그 다음날이나 당일에 주어지면 조치를 취할 수 있다'는 대조적인 내용이므로 빈칸에는 On the other hand(반면에)가 알맞다.

> **구문** If production workers find out / that a device (assembled two weeks ago) has a problem with it, // they almost certainly won't recall the circumstances (surrounding the operation at that time) / in order to assess / why the error might have occurred. **On the other hand**, / if the feedback is received the next day or, (better yet), the same day, // immediate corrective action can be taken.
> 생산직 근로자들이 알게 된다면 / (2주 전에 조립된) 장치에 문제가 있다는 것을, // 그들은 거의 확실하게
> (그 당시에 그 공정을 둘러싼) 상황을 기억해내지 못할 것이다 / 평가하기 위해서 / 왜 그 오류가
> 발생했을 수 있는지를. 반면에, / 만약 피드백이 그 다음날이나, (더 좋게는) 당일에 주어진다면, // 즉각적인
> 시정 조치가 취해질 수 있다.

> **SUMMARY** 문제를 <u>빠르게</u> 파악하는 것이 중요하다.

04 **(1) [who are exposed to dirt and germs]**   **(2) ①**

> **해설** (1) 주어 Children의 동사는 are이며, 그 사이의 주격 관계사절 who are exposed to dirt and germs가 Children을 수식한다.
> (2) 첫 번째 문장은 '먼지나 세균에 노출되는 아이들은 나중에 알레르기, 천식의 가능성이 낮다'는 내용이고, 두 번째 문장은 '갈등을 겪을수록, 관계의 면역 체계를 형성한다'는 첫 번째 문장과 유사한 내용이므로 빈칸에는 In the same way(마찬가지로)가 알맞다.

구문 Children [who are exposed to dirt and germs] are less likely / to have allergies and asthma later in life. **In the same way**, / as couples continue to have conflicts, // they build up the immune system of their relationship.

[먼지나 세균에 노출되는] 아이들이 가능성이 더 적다 / 살아가면서 나중에 알레르기나 천식을 앓게 될. 마찬가지로, / 연인들이 계속해서 갈등을 겪을수록, // 그들은 관계의 면역 체계를 강화한다.

---

05 **(1)** ① **(2)** [who experienced ~ evacuations], [they got]

해설 (1) 대조를 나타내는 though(~이지만)를 고려하면, '비행 전 간결한 안전 교육이 도움이 됐지만(helpful), 더 생생하고 실용적인 주의가 있었기를 바랐다'는 내용이 적절하므로 빈칸에는 helpful이 알맞다.

(2) 주격 관계대명사절 who experienced ~ evacuations는 457 passengers를 수식하며, they got은 목적격 관계대명사 which[that]가 생략된 관계대명사절로 the one을 수식한다.

구문 According to a survey of 457 passengers [who experienced serious airplane evacuations], / **though** the preflight safety briefing was helpful, // the respondents wished / there had been a more vivid and practical warning / than the one [they got].

[심각한 항공기 대피를 겪었던] 457명의 승객들을 대상으로 한 조사에 따르면, / 비행 전 간결한 안전 교육이 도움이 됐지만 // 응답자들은 바랐다 / 더 생생하고 실용적인 주의가 있었더라면 하고 / [그들이 받았던] 것보다.

▶ 〈S+wish〉 가정법에서 소망하는 시점보다 소망 내용이 앞선 시점이면, 가정법 종속절에 〈had p.p.〉 또는 〈조동사 과거형+have p.p.〉를 쓴다. 이 경우, 소망하는 당시(wished)보다 더 과거에 있길 바랐던(had been a more vivid ~ warning) 의미를 나타낸다.

▶ the one = the warning

---

06 **(1)** ② **(2)** the field of memory and recollection

해설 (1) 첫 번째 문장은 '컴퓨터가 조언하거나 중요한 문제를 판단할 수 있다고 생각하는 것은 중대한 실수이다'라는 내용이고, 두 번째 문장은 '컴퓨터가 우리보다 더 잘 수행할 한 분야가 있다'는 첫 번째 문장과 대조적인 내용이므로 빈칸에는 however가 알맞다.

(2) 콜론(:)은 구체적인 설명을 제시하는 문장 부호이므로 one field를 부연 설명하는 어구는 콜론(:) 다음에 나오는 the field of memory and recollection, 즉 '기억과 회상 영역'이다.

구문 It is a grave mistake / to think that a computer might be able to give advice / [or] provide a judgment on an important issue [for which we ourselves have no clear guidelines]. There is, **however**, one field [in which computers will always perform infinitely better than us]: / the field of memory and recollection.

중대한 실수이다 / 컴퓨터가 조언을 줄 수 있을지도 모른다고 생각하는 것은 / 혹은 중요한 문제에 관한 판단을 줄 수 있을지도 모른다고 [우리 스스로도 뚜렷한 지침을 가지고 있지 않은]. 하지만, 한 영역이 있다 [컴퓨터가 항상 우리보다 엄청나게 더 잘 수행할] / 즉, 기억과 회상 영역.

▶ 첫 번째 문장의 It은 가주어이며, to think ~ have no clear guidelines가 진주어이다.

▶ for which we ourselves have no clear guidelines는 〈전치사+관계대명사〉절로 an important issue를 수식한다.

---

07 **(1)** ② **(2)** ✔ 표시는 아래 [구문] 참고

해설 (1) 첫 번째 문장은 '더 많은 노력이 더 좋은 글쓰기로 이어진다고 생각하는 사람이 있다'는 내용이고, 두 번째 문장은 '글쓰기에 대해 지나치게 많이 생각할 때, 무관한 생각과 적절하지 않은 수식어를 도입할 가능성이 높다'는 첫 번째 문장과 반대되는 내용이므로 빈칸에는 In fact(사실)가 알맞다. in fact는 반대되는 내용을 강조할 때에 쓰인다.

(2) Some people believe는 〈S+V〉 형태이고 more work may produce ~ 또한 〈S+V〉 형태이므로 그 사이에 접속사 that이 생략되었다.

구문 Some people believe // ✔ more work may produce better writing. **In fact**, / when we excessively think about a writing task, // we are more likely to introduce irrelevant considerations [and] inappropriate modifiers.

몇몇 사람들은 믿는다 // 더 많은 노력이 더 좋은 글을 만들어 낼지도 모른다고. 사실, / 우리가 지나치게 글쓰기 업무에 대해 생각할 때, // 우리는 무관한 생각과 부적절한 수식어를 도입할 가능성이 더 높다.

UNIT 41 it ~ to-v[that]

01 **(1) to expect nothing, to take every experience, ~ on the path, to proceed**

해설 (1) It은 가주어이며 to부정사구인 to expect nothing, to take every experience ~ path, to proceed가 진주어이다.

구문 **It** is important / **to expect** nothing, / **to take** every experience, (including the negative ones), / as merely steps on the path, /
S(가주어)　　　　　　　　S′₁(진주어)　　　　　　S′₂(진주어)

and **to proceed**.
S′₃(진주어)

(~이) 중요하다 / 아무것도 기대하지 않는 것이 / (부정적인 것을 포함해) 모든 경험을 간주하는 것이 / 그저 길의 과정으로, /

그리고 나아가는 것이.

▶ the negative ones는 the negative experiences를 의미한다.

02 **(1) learning   (2) to support**

해설 (1) it은 가주어이고 동명사 learning 이하가 진주어이다.

(2) 〈not A but B〉는 'A가 아니라 B'의 뜻으로 A와 B가 병렬구조를 이룬다. ⓐ는 A에 해당하며 B에 해당하는 것은 to support이다.

구문 For adults, / **it** may be difficult / **learning** not to interfere with but rather to support / a child's desire for freedom and
S(가주어)　　　　　　　　S′(진주어)

autonomy.

어른들에게, / (~은) 어려울 수도 있다 / 방해하는 것이 아니라 지지하는 것을 배우는 것은 / 자유와 자율성에 대한 아이의 욕구를.

▶ to interfere with와 to support는 a child's desire for freedom and autonomy를 공통 목적어로 갖는다.

03 **(1) ⓐ   (2) to phenomena**

해설 (1) ⓑ와 ⓒ는 앞의 명사를 수식하는 관계대명사이다. ⓐ가 진주어를 이끄는 접속사이다.

(2) 전명구 형태인 to phenomena와 to new phenomena는 등위접속사 or로 병렬 연결되었다.

구문 **It** is well known // **that** attention is often attracted to phenomena [that are familiar to the observer // but that turn up in
S(가주어)　　　　　　　　S′(진주어)

an unusual environment], / or to new phenomena (in a familiar environment).

(~은) 잘 알려져 있다 // [보는 사람에게 친숙하지만 // 생소한 환경에서 나타나는] 현상들에 흔히 관심이 쏠린다는 것은.

/ 또는 (친숙한 환경의) 새로운 현상에 (관심이 쏠린다는 것은).

04 **(1) to conserve the environment   (2) conserve**

해설 (1) 〈owe A to B〉는 'B를 위해[에게] A 할 의무가 있다'라는 뜻인데 A의 위치에 가목적어인 it이 있다. B에 해당하는 to ourselves ~ generation 뒤에 진목적어 to conserve the environment가 쓰였다.

(2) 보존하다(conserve): 천연자원이 손상되거나 파괴되는 것을 막다

구문 We owe **it** to ourselves and to the next generation / **to conserve** the environment //
O(가목적어)　　　　　　　　　　　　　　O′(진목적어)

so that we can bequeath our children a sustainable world [that benefits all].

우리는 우리 자신과 다음 세대를 위해 (~을) 할 의무가 있다 / 환경 보호를 //

[모두에게 유익한] 지속 가능한 세상을 우리 후손들에게 물려줄 수 있도록.

▶ so that: ~하도록, ~하기 위하여

05 `TOPIC` ② **(1) that their success ~ mental practice**

해설 (1) ⟨find+목적어+목적격보어⟩는 '…가 ~하다는 것을 알게 되다'라는 뜻인데 목적어의 위치에 가목적어인 it이 쓰였으며, 목적격 보어 natural 뒤에 나오는 that이 이끄는 명사절 진목적어이다.

구문 Professional football players described / imagining each of their plays again and again / the night before a game; // they found **it** natural // **that** their success on the field the next day / was closely related to the vividness of their mental
       O(가목적어)   O'(진목적어)
practice.
프로 축구 선수들은 묘사했다 / 자신들의 동작 하나하나를 계속 상상하는 것을 / 경기 전날 밤에 //
그들은 (~이) 당연하다는 것을 알았다 // 다음 날 경기장에서의 성공이 / 그들의 정신 훈련의 생생함과 밀접하게 관련된다는 것.

`TOPIC` ① 동기부여가 스포츠 성과에 미치는 영향   ② 이미지 트레이닝이 스포츠 성과에 미치는 영향

---

06 **(1) not until the mid-eighteenth century in England**   **(2) to be grown ~ population**

해설 (1) 강조구문 ⟨it is ~ that …⟩은 '…은 바로 ~이다'라는 뜻이며 it is와 that 사이에 강조되는 어구가 위치한다. 따라서 강조되는 어구는 not until the mid-eighteenth century in England이다.
(2) made 뒤의 it은 가목적어이고 possible은 목적격보어, for more food는 to부정사의 의미상 주어이며, to be grown 이하가 it이 대신하는 진목적어이다.

구문 **It was** *not until the mid-eighteenth century in England* // **that** agricultural improvements made **it** possible /
                                                   O'(가목적어)
for more food **to be grown** to meet the demands of a growing population.
              O"(진목적어)
바로 영국에서 18세기 중엽이 되고 나서였다 // 농업의 발달이 (~을) 가능하게 한 것은 /
더 많은 식량이 재배되어서 늘어나는 인구의 수요를 충족시키는 것을.
↳ 영국에서는 18세기 중엽이 되어서야 비로소 더 많은 식량을 재배하여 늘어나는 인구의 수요를 충족시킬 만큼 농업 기술이 발달했다.
▶ to meet 이하는 to be grown에 대한 결과를 나타내는 부사적 용법의 to부정사구이다.

---

07 **(1) the idle**   **(2) ✔ 표시는 아래 [구문] 참고**   **(3) 부족한 것은 바로 시간이 아니라 의지이다**

해설 (1) 강조구문 ⟨it is ~ who …⟩는 '~한 사람은 바로 …이다'라는 뜻이며 it is[was]와 who 사이에 강조되는 어구가 위치한다. 따라서 첫 번째 문장에서 강조되는 어구는 the idle이다.
(2) complain 다음에 complain의 목적어 역할을 하는 명사절을 이끄는 접속사 that이 생략되었다.
(3) 강조구문 ⟨it is ~ that …⟩에서 not the time but the will이 강조되었다. ⟨not A but B (A가 아니라 B)⟩ 구문에 유의하여 해석한다.

구문 **It is** generally *the idle* // **who** complain ✔ they cannot find time (to do what they wish to do).
In truth, / people can generally find time (enough for their work); // **it is** *not the time but the will* // **that** is lacking.
일반적으로 바로 게으른 사람들이다 // 시간을 낼 수 없다고 불평하는 사람들은 (자신들이 하고 싶어 하는 것을 할).
사실, / 사람들은 대개 (자신들의 일을 하기에 충분한) 시간을 낼 수 있다 // 바로 시간이 아니라 의지이다 // 부족한 것은.
▶ the idle: 게으른 사람들 (⟨the+형용사⟩: ~한 사람들)

---

08 **(1) the memories and ~ working with others**

해설 (1) 첫 번째 that은 the memories ~ and success를 수식하는 관계대명사이다. 이 관계대명사절(that come ~ others)을 포함한 It is와 두 번째 that 사이의 어구가 문장에서 강조되고 있다.

구문 **It is** *the memories and the feelings of accomplishment and success* [*that come from working with others*] //
that create many of the positive values or impressions of sports.
바로 [다른 사람과 함께 일하는 것으로부터 오는] 성취와 성공의 기억과 감정들이다 //
스포츠의 많은 긍정적인 가치나 인상을 만들어 내는 것.
▶ 수식어구를 제외한 강조되는 어구는 the memories and the feelings이므로 강조구문을 이루는 that절에 복수동사 create가 쓰였다.

01 **(1) their makers, the supporters of their makers**

해설 (1) 〈either A or B〉는 'A와 B 둘 중 하나'라는 뜻이며 A, B는 병렬구조를 이룬다. A에 해당하는 것은 명사구 their makers이고 이와 대응되는 B의 명사구는 the supporters of their makers이다. B 앞의 삽입어구 more probably에 주의한다.

구문 However unnoticeably, / maps reflect the world views (of either their makers or , (more probably), the supporters of their makers), / in addition to the political and social conditions [under which they were made].

아무리 눈에 띄지 않는다 할지라도, / 지도는 세계관을 반영한다 (지도 제작자 혹은, (더 가능성이 있는 것으로서),

제작자의 후원자의) / [그것들이 만들어진] 정치적, 사회적 환경뿐만 아니라.

▶ However+형용사/부사: 아무리 ～하더라도

02 **(1) ① (2) diplomacy**

해설 (1) 〈not A but B〉는 'A가 아니라 B'라는 뜻이므로, B 자리에 쓰인 distant cousinship(먼 친척)이 중세 외교에 영향을 미쳤음을 알 수 있다.
(2) 외교(diplomacy): 국가 간의 친밀한 관계를 형성하는 기술

구문 In medieval diplomacy, / the relations of countries and rulers depended / not at all on common borders or natural interest / but on dynastic connections and distant cousinships.

중세 외교에서, / 국가 간의 관계와 통치자 간의 관계는 달려 있었다 / 공동 국경이나 자연적인 이해관계가 전혀 아니라

/ 왕조의 연줄과 먼 친척들에게.

▶ not 뒤의 at all은 not을 강조하여 '전혀 ～ 아니다'라는 의미를 이룬다.

03 **(1) that the burden ~ richest countries**
(2) 돈을 지불하기에 가장 좋은 위치에 있을 뿐만 아니라 역사적으로, 그 문제의 주요 원인이기도 한

해설 (1) agree의 목적어 역할을 하는 that절에서 it은 가주어이고, that절이 진주어이다.
(2) 'A뿐만 아니라 B도'라는 뜻의 〈not only A but also B〉 구문에 유의하여 해석한다.

구문 Most analysts agree // that it is fair / that the burden (of payment of the greenhouse problem) should fall most heavily on the world's richest countries, / which are not only in the best position to pay / but have also been, historically, the main cause of the problem.

대부분의 분석가들은 동의한다 // (～이) 공평하다는 것에 / (온실가스 문제의 비용에 대한) 부담이

세계에서 가장 부유한 국가들에게 가장 많이 돌려져야 하는 것이, / 그 국가들은 돈을 지불하기에 가장 좋은 위치에 있을 뿐만 아니라 / 역사적으로,

그 문제의 주요 원인이기도 했다.

▶ 보충 설명하는 관계사절 which 이하는 앞에 나온 the world's richest countries를 보충 설명한다.

04 **(1) ① (2) to ignore anything that might not conform to their limited view of life**

해설 (1) '아주 ～해서 …한'이라는 의미의 〈so+형용사[부사]+that ...〉 구문이 쓰였다. 따라서 자신의 방식에 아주 '단호하기(firm)' 때문에 자신의 인생관과 일치하지 않는 것을 무시하는 것이 쉽다고 생각한다는 문맥이 자연스럽다.
(2) it은 가목적어이고, 뒤에 나오는 to부정사구 진목적어를 대신한다.

구문 Perhaps intolerant people are so firm in their ways // that they find it easier / to ignore anything [that might not conform to their limited view of life].

아마도 편협한 사람들은 자신의 방식에 아주 단호하여 // 그들은 (～을) 더 쉽다고 생각한다 / 무엇이든 무시하는 것을

[자신들의 제한된 인생관에 일치하지 않을지도 모르는].

▶ so+형용사[부사]+that ...: 아주 ～해서 …한

05   **(1) ②**

해설 (1) 사전이 매 10년보다는 6년에서 8년마다 나와야 하는 것은 단어들이 '빠른 속도(a fast rate)'로 생기고 있기 때문일 것이다.

구문 New words are forming at `such` a fast rate // `that` dictionaries are going to have to come out every six to eight years rather than every ten / to keep up with the new vocabulary.

새로운 단어들이 빠른 속도로 생기고 있다 // 사전들이 매 10년보다는 6년에서 8년마다 나와야 할 정도로
/ 새로운 단어들에 뒤처지지 않기 위해.

▶ such(+a/an)(+형용사)+명사+that ...: …할 정도로 ~한
▶ A rather than B: B라기보다는 오히려 A

06   **(1) ①**

해설 (1) 〈no sooner ~ than ...〉 구문이 사용되어 '~하자마자 …하다'라는 의미를 나타낸다.

구문 Leaves were falling from the trees throughout the day // and `no sooner` had we swept a path through the leaves / `than` more were blown along.

나뭇잎들이 하루 종일 나무에서 떨어지고 있었다 // 그리고 우리가 길에서 잎들을 쓸자마자 /
더 많은 잎들이 흩날렸다.

▶ throughout the day: 하루 종일
▶ no sooner had we swept는 부정어 no가 앞으로 나와서 〈조동사+주어+동사〉 순으로 도치된 형태이다.

07   **(1) [day-to-day survival did not occupy every hour of every day]**   **(2) ①, ②**

해설 (1) the point 바로 뒤에 이어지는 day-to-day ~ of every day는 상황 등을 나타내는 관계부사 where[that]가 생략된 관계부사절로 the point 를 수식한다.
(2) 〈Hardly ~ when ...〉은 '~하자마자 …하다'라는 뜻이므로 as soon as(~하자마자)를 이용하여 바꿔 쓸 수 있다. as soon as가 이끄는 절에 는 day-to-day survival을 넣어, '나날의 생존 문제가 해결되자마자'라는 의미를 완성한다. 그리고 주절에는 thinking about fellow humans를 넣어 '동료 인간들에 관해 생각하는 것이 우리의 조상들에게 중요해졌다'라는 의미를 완성한다.

구문 `Hardly` did civilization develop to the point [day-to-day survival did not occupy every hour of every day] //
`when` our ancestors began to spend time / thinking about fellow humans.

문명이 [나날의 생존이 매일 매시간을 차지하지 않는] 지점까지 발전하자마자 //
우리의 조상들은 시간을 쓰기 시작했다 / 동료 인간에 대해 생각하는 데.

▶ Hardly did civilization develop는 부정어(Hardly)가 앞으로 나와서 〈조동사+주어+동사〉 순으로 도치된 형태이다.
▶ spend+시간(+in)+v-ing: v하는 데 (시간)을 쓰다

08   **(1) [you disagree with], [you agree with]**
        (2) 반대하는 의견들을 단순히 반박하는 것을 피하는 것, 동의하는 의견들을 단순히 그대로 따르는 것보다 더 많은 것을 하는 것

해설 (1) you disagree with와 you agree with는 목적격 관계대명사 which[that]가 생략된 관계사절로 각각 앞의 명사 views를 수식한다.
(2) these habits는 〈just as ~, so ... (꼭 ~인 것처럼, …하다)〉에 연결된 두 가지 행위, 즉 '반대하는 의견을 단순히 반박하는 것을 피하는 것'과 '동의하는 의견들을 단순히 그대로 따르는 것보다 더 많은 것을 하는 것'을 가리킨다.

구문 `Just as` you need to avoid / simply contradicting views [you disagree with], // `so` you also need to do more / than simply echo views [you agree with] / — these habits will enable you to have balanced opinions.

꼭 당신이 피해야 하는 것처럼 / [당신이 반대하는] 의견들을 단순히 반박하는 것을, // 당신은 또한 더 많은 것을 해야 한다 /
[당신이 동의하는] 의견들을 단순히 그대로 따르는 것보다 / 이 습관들은 당신이 균형 잡힌 견해를 가질 수 있게 할 것이다.

▶ (just) as ~, so ...: (꼭) ~인 것처럼 …하다
▶ enable+O+to-v: ~가 v할 수 있게 하다

UNIT 43 짝을 이루는 대명사 · 부사

01 **(1) others**

해설 (1) Some people과 others는 '어떤 사람들'과 '다른 사람들'이라는 뜻으로 짝을 이룬다.

구문 **Some people** make a decision about buying a new car / primarily on the basis of considerations (like cost and consumer ratings), // while **others** are more strongly influenced / by preferences for styling and color.

어떤 사람들은 새 차를 사는 것에 대해 결정한다 / 주로 (비용과 소비자 평가 같은) 고려 사항을 근거로,
// 다른 사람들은 더 강하게 영향을 받는 반면 / 스타일과 색상에 대한 선호에.

▶ on the basis of: ~을 근거로

02 **(1) ①**

해설 (1) 가면을 무기한으로 착용할 수 없는 것은 너무 무겁기 때문이라는 문맥이 자연스러우므로, 빈칸에는 '너무 ~해서 v할 수 없는'이라는 의미의 〈too ~ to-v〉 구문을 완성하는 too heavy가 알맞다. 〈~ enough to-v〉는 'v하기에 충분히 ~한'이라는 의미이다.

구문 Masks are │too│ heavy │to wear│ indefinitely, // and no matter how well (you believe) you are disguising yourself, / others always know.

가면은 너무 무거워서 무기한으로 착용할 수 없다 // 그리고 (당신이 생각하기에) 아무리 잘 변장하고 있다고 하더라도, /
다른 사람들은 항상 안다.

▶ no matter how: 아무리 ~하더라도

03 **(1) 그것[독서]이 당신의 하루 일과의 한 부분이 되게 할 만큼 인생에서 충분히 일찍**

해설 (1) 'v할 만큼[하기에] 충분히 ~한'이라는 의미의 〈~ enough to-v〉 구문에 유의하여 해석한다. 사역동사 have를 이용한 〈have+목적어(it)+목적격보어(become ~ routine)〉는 '~가 v하게 하다'의 의미이다.

구문 You have to be exposed to reading / early **enough** in life **to have** it become a part of your daily routine, /
                                               V' O'   C'
like washing your face or breathing.

당신은 독서에 노출되어야 한다 / 그것이 당신의 하루 일과의 한 부분이 되게 할 만큼 인생에서 충분히 일찍 /
세수하거나 숨을 쉬는 것처럼.

04 **(1) that**   **(2) food**

해설 (1) 〈so ~ as to-v〉는 '(매우) ~해서 v하다'라는 뜻으로 〈so ~ that ...〉 구문으로 바꿔 쓸 수 있다.
(2) 준부정어 Only가 이끄는 어구가 문장 맨 앞에 나와 〈조동사(has)+주어(food)+동사(become)〉의 어순으로 도치된 형태이다.

구문 Only in the last few decades, (primarily in the industrially developed economies), / has food become │so│ plentiful and easy
                                                                    조동사 S   V
to obtain / │as to│ cause weight-related health problems.

불과 지난 수십 년 사이에, (주로 산업적으로 발전한 경제국에서) / 식량이 풍부해지고 구하기 쉬워져서
/ 체중과 관련된 건강 문제를 야기했다.

05 **(1) the image someone shows in public, what is revealed in a more private environment**

> 해설 (1) ⟨between A and B⟩는 'A와 B 사이의'라는 뜻으로 and를 기준으로 A, B는 병렬구조를 이룬다. A에 해당하는 부분은 the image someone shows in public이고 B는 what is revealed in a more private environment이다.

> 구문 Any disparity (between the image [someone shows in public] / and what is revealed in a more private environment) / can be an eye-opener.
> 어떤 차이도 ([누군가가 공공장소에서 보이는] 이미지와 / 더 사적인 환경에서 드러나는 것 사이의) /
> 눈이 휘둥그레질 만한 것이 될 수 있다.
> ▶ 주어는 전명구의 수식을 받는 Any disparity이고 동사는 can be이다.

06 **(1) (from the nuts ~ to animal welfare ~ issues) (2) representative**

> 해설 (1) 전명구 ⟨from A to B⟩가 everything을 수식하고 있다.
> (2) 대표(representative): 다른 사람이나 집단을 대변하는 사람

> 구문 I visited an animal farm / and talked with the farm representatives about everything (from the nuts and bolts of how the farms operate / to animal welfare and environmental issues).
> 나는 동물 농장을 방문했고 / 모든 것에 대해 농장 대표들과 이야기했다 (농장이 어떻게 운영되는지에 대한 기본적인 사항에서부터
> / 동물의 복지와 환경 문제까지).

07 **(1) understanding (2) (before they learn ~ through experience)**

> 해설 (1) 'v하는 데 어려움을 겪다'라는 뜻은 have difficulty (in)+v-ing로 나타낸다. 따라서 경험으로 배우기 전에는 옷이 적절하지 않거나 불건전하다는 것을 '이해하는 데(understanding)' 어려움을 겪는다는 문맥을 완성한다.
> (2) before가 이끄는 절이 understanding과 understanding의 목적어 역할을 하는 that절 사이에 삽입되었다.

> 구문 Occasionally, / there are children [who **have difficulty understanding**, (before they learn // some clothing may not be the best option for a specific situations / through experience), // that their clothing choice is inappropriate or even unhealthy].
> 때때로, / 아이들이 있다 [이해하는 데 어려움을 겪는 (그들이 배우기 전에는 // 특정한 상황에 어떤 옷은
> 최선의 선택이 아니라는 것을 / 경험을 통해,) // 그들이 선택한 옷이 적절하지 않거나 심지어 불건전하다는 것을].
> ▶ 관계사절 who ~ inappropriate or even unhealthy가 children을 수식하고, 그 안에 before가 이끄는 절이 삽입된 형태이다.
> ▶ before가 이끄는 절에서 they learn 뒤에 목적어 역할을 하는 명사절을 이끄는 접속사 that이 생략되었다.

UNIT 44 특정 전명구를 동반하는 동사

01 **(1) as (2) outspoken**

> 해설 (1) 문맥상 'A를 B로 여기다'라는 의미의 ⟨look upon A as B⟩가 적절하므로 빈칸에 as를 쓴다.
> (2) 거침없이 말하는(outspoken): 말이나 표현에 있어서 직접적이고 숨김없는

> 구문 Without the influence of minorities, / we would have no innovation, no social change. We now **look upon** many of the things [which were originally due to the influence of an outspoken minority] / **as** 'major' social movements (e.g. Christianity, trade unionism or feminism).
> 소수의 영향이 없었다면, / 우리는 혁신도 사회 변화도 갖지 못했을 것이다. 우리는 이제
> [거침없이 말하는 소수의 영향에서 본래 비롯된] 많은 것들을 여긴다 / '주요' 사회 운동이라고
> (예를 들어, 기독교, 노동조합 운동 또는 페미니즘 같은).

02 (1) for

[해설] (1) 문맥상 'A를 B의 이유로 비난하다'라는 의미의 〈blame A for B〉가 적절하므로 빈칸에 for를 쓴다. A에는 〈either A or B (A와 B 둘 중 하나)〉 구문이 쓰였다.

[구문] When things go wrong, // it is so tempting to **blame** [either] yourself [or] other people **for** the failure; // but failure is almost always a process error, / not a human error.

일이 잘못될 때, // 자기 자신 혹은 다른 사람들을 실패의 이유로 비난하는 것이 아주 유혹적이다 // 그러나 실패는 거의

항상 과정의 잘못이다 / 사람의 잘못이 아니라.

▶ 첫 번째 문장의 it이 가주어이고, to blame ~ for the failure가 진주어이다.

03 (1) is   (2) ①

[해설] (1) 주어는 전명구 of ~ islands의 수식을 받는 The technique이므로 단수동사인 is가 알맞다.

(2) 'A가 v하지 못하게 하다'라는 의미의 〈prevent A from v-ing〉에 유의하여, 멸종 위기종이 '멸종되지' 못하게 한다는 의미가 되어야 하므로 extinct가 알맞다.

[구문] The technique (of isolating species on predator-free islands) / is a vital tool (to **prevent** species in danger **from** becoming extinct).

(종들을 포식자가 없는 섬에 격리하는) 기술은 / (멸종 위기종이 멸종되지 못하게 하는) 필수적인 도구이다.

▶ -free: ~이 없는

04 (1) makes   (2) from

[해설] (1) 동명사구 Typing words in all capital letters가 주어이고 makes가 동사이다.

(2) 문맥상 'A를 B와 구별하다'라는 의미의 〈distinguish A from B〉가 적절하므로 빈칸에 from을 쓴다.

[구문] Typing words in all capital letters makes it difficult / to **distinguish** primary information [you want to deliver] **from** the rest of the text. A line or two of them, (perhaps even a short paragraph), is fine // when you want to emphasize an idea [or] express a warning.

글자를 모두 대문자로 타자를 치는 것은 어렵게 만든다 / 글의 나머지 부분들과 [당신이 전달하고자 하는] 주된 정보를 구별하는 것을.

대문자의 한두 줄은 (아마도 짧은 문단까지) 괜찮다 // 당신이 어떤 생각을 강조하거나 경고를 나타내고 싶을 때.

▶ 첫 번째 문장의 it은 가목적어이고 to distinguish 이하가 진목적어이다.

05 (1) ②

[해설] (1) 문맥상 'A에게 B를 알리다'라는 의미의 〈inform A of B〉가 적절하므로 빈칸에 of를 쓴다.

[구문] In order to be properly served / while on this tour, / vegetarians or people (with other needs) should **inform** the tour guide / **of** any food allergies or special dietary requirements.

음식을 제대로 제공받기 위해서 / 이 투어를 하는 동안, / 채식주의자나 (다른 요구사항이 있는) 사람들은 반드시 투어 가이드에게 알려야 합니다

/ 음식 알레르기나 특수한 식사의 요구사항을.

▶ while과 on this tour 사이에 〈주어+be동사〉인 vegetarians or people with other needs[they] are가 생략된 것으로 볼 수 있다.

06 (1) ①

[해설] (1) 문맥상 일식과 같은 자연 현상을 이해하지 못하고 이를 신의 극심한 분노의 탓으로 돌렸다는 의미가 자연스러우므로 attributed가 알맞다. 〈attribute A to B〉는 'A를 B의 탓으로 돌리다'라는 뜻이다.

[구문] Early humans did not understand natural phenomena; // instead, / they **attributed** natural events (such as solar eclipses) / **to** the extreme anger of the gods.

초기 인류는 자연 현상을 이해하지 못했다 // 대신, / 그들은 (일식과 같은) 자연의 사건들을 탓으로 돌렸다

/ 신의 극심한 분노(의 탓으로).

07 **(1) to** **(2) their grief**

해설 (1) 'B보다 A를 선호하다'라는 의미는 prefer와 전치사 to를 이용하여 〈prefer A to B〉로 쓴다.

(2) 자신의 슬픔에 도움이 될 것들을 찾을 때, 몇몇 사람들은 혼자 그것을 처리하는 것보다 친구 등에게 의지하는 것을 선호한다는 내용이므로 '그것(it)'이 가리키는 것은 their grief이다.

구문 In searching for things to help with their grief, / some **prefer** turning to friends and counselors for compassion and understanding / **to** dealing with it alone.

자신의 슬픔에 도움이 될 것들을 찾을 때, / 몇몇 사람들은 연민과 이해를 받으려고 친구와 상담가에게 의지하는 것을 선호한다

/ 혼자 그것을 처리하는 것보다.

▶ deal with: 처리하다, 다루다

08 **(1) provide** **(2) ②**

해설 (1) 과거분사구 made through shared musical passions의 수식을 받는 The connections가 주어이고 동사는 provide이다.

(2) provide 뒤에 사람을 나타내는 어구 people who ~ passions가 쓰였으므로, 'A에게 B를 제공하다'라는 의미의 〈provide A with B〉를 완성하는 with가 알맞다. 〈provide A for B〉는 'A를 B에게 제공하다'라는 뜻이다.

구문 The connections (made through shared musical passions) / **provide** people [who share these passions] **with** a sense of safety and security // in that it can give them / the feeling [that there is a community of similar people (sharing that passion)].

(공유된 음악적 열정을 통해 형성된) 유대감은 / [그러한 열정을 공유하는] 사람들에게 안전감과 안정감을 제공한다

// 그것이 그들에게 줄 수 있다는 점에서 / [(그 열정을 공유하는) 비슷한 사람들의 집단이 있다는] 느낌을.

09 **(1) ②**

해설 (1) 〈substitute A for B (A로 B를 대체[대신]하다)〉가 변환된 〈the substitution of A for B〉는 'B를 A로 대체하는 것'이라는 뜻을 나타내므로 for가 알맞다.

구문 As interest (in the **substitution** of environmentally-friendly chemicals **for** harmful chemicals) continues to grow, //
NGOs and the public sector are seeking safer alternatives.

(유해 화학물질을 친환경적 화학 물질로 대체하는 것의) 관심이 계속 높아지면서, //

비정부 기구와 공공 부문은 보다 안전한 대안을 찾고 있다.

▶ As가 이끄는 절의 주어는 전명구 in the ~ harmful chemicals의 수식을 받는 interest이고 동사는 continues이다.

UNIT 45 관계사절이 여러 개 들어간 복잡한 문장

01 **(1)** beneficial mutations, [that do occur rarely], evolutionary adaptations, [that improve ~ its environment]
(2) evolutionary

해설 (1) 관계대명사 that이 이끄는 주격 관계대명사절이 각각 앞의 명사구 beneficial mutations와 evolutionary adaptations를 수식한다.
(2) 진화의(evolutionary): 식물과 동물이 장기간에 걸쳐 점차 발달하고 변화하는 방식과 관련된

구문 Mutations are in general harmful to an organism; // but *beneficial mutations* [that do occur rarely] /

can form the basis for *evolutionary adaptations* [that improve the fitness of an organism to its environment].

돌연변이는 일반적으로 생물에 유해하다 // 그러나 [드물게 정말로 발생하는] 이로운 돌연변이는 /

진화적 적응을 위한 기반을 형성할 수 있다 [자신의 환경에 대한 생물의 적합성을 향상시키는].

↳ 돌연변이란 일반적으로 생물에게 유해하다. 그러나 드물게 발생하는 이로운 돌연변이는 생물의 환경 적합성을 향상시키는 진화적 적응을 위한 기반을 형성할 수 있다.

▶ do occur에서 do는 동사를 강조하여, '정말로'의 뜻을 더한다.

02 **(1)** the importance, [that most people ~ these days], the amazing things, [that they can do], machines, [that follow our instructions]
(2) 컴퓨터는 단지 우리의 지시를 따르는 기계에 불과하다

해설 (1) 목적격 관계대명사절 that most ~ these days, that they can do와 주격 관계대명사절 that follow our instructions는 모두 각각 앞의 명사(구)를 선행사로 한다.
(2) think는 that computers ~ our instructions를 목적어로 취하므로 이를 바르게 해석한다. nothing more than은 '단지 ~에 불과한'이라는 뜻이다.

구문 Despite *the importance* [that most people place on computers these days] / and *the amazing things* [that they can

do], / some people think // that computers are nothing more than *machines* [that follow our instructions].

[오늘날 대부분 사람들이 컴퓨터에 두는] 중요성에도 불구하고 / 그리고 [그것들이 할 수 있는] 놀라운 것들에도 (불구하고),

/ 일부 사람들은 생각한다 // 컴퓨터는 단지 기계에 불과하다고 [우리의 지시를 따르는].

▶ '~에도 불구하고'라는 의미의 전치사 Despite의 목적어인 the importance ~ these days와 the amazing things ~ can do가 and로 병렬 연결되었다.

03 **(1)** found **(2)** were

해설 (1) 주어는 전명구의 수식을 받는 Studies이고, 동사는 found이다.
(2) found 다음의 that절에서 주어는 관계사절 who suffered the most loss of comfort의 수식을 받는 those people이므로, 복수동사 were가 알맞다.

구문 Studies of *people* [who survived traumatic events, / such as natural disasters [that destroyed their homes]], /

found // that *those people* [who suffered the most loss of comfort] were actually calmer and more resolute /

than *the people* [who had suffered inconvenience but minimal loss].

[정신적 충격이 큰 사건에서 살아남은 / [자신들의 가정을 파괴한] 자연재해와 같은] 사람들에 대한 연구들은, /

밝혀냈다 // [안락함의 상실을 가장 많이 겪은] 사람들이 사실은 더 침착하고 더 의연하다는 것을 /

[불편을 겪었지만 아주 적은 상실을 겪은] 사람들보다.

04 SUMMARY education　　(1) the society, [in which it plays its role], the philosophy, [which governs ~ the community]
(2) education

해설 (1) 〈전치사+관계대명사〉절인 in which it plays its role과 주격 관계대명사절 which governs ~ community는 각각 앞의 명사 the society, the philosophy를 선행사로 한다.
(2) 교육의 기능은 '그것'이 자신의 역할을 수행하는 사회의 성격에 달려 있다고 했으므로 it은 문맥상 교육(education)을 가리킨다.

구문 The function of education depends on the nature of *the society* [in which it plays its role] / and

is determined by *the philosophy* [which governs relations (between the individual and the community)].

교육의 기능은 [교육이 자신의 역할을 수행하는] 사회의 성격에 달려 있다 / 그리고
[(개인과 공동체 간의) 관계를 좌우하는] 철학에 의해서 결정된다.

SUMMARY 한 사회의 교육은 사회의 특성과 개인과 공동체의 관계에 영향받는다.

---

05 (1) are　　(2) ✔ 표시는 아래 [구문] 참고, which[that]

해설 (1) 문장의 주어는 who get on in this world의 수식을 받는 The people이고 동사는 are이다.
(2) 목적격 관계대명사 which[that]가 생략된 they want가 the circumstances를 수식한다.

구문 *The people* [who get on in this world] / are *the people* [who get up and look for *the circumstances* [✔ they want], /
　　S　　　　　　　　　　　　　　　　　　　　V　　C　　　　　　　V'1　　　　　V'2

and (if they cannot find them), make them].
　　　　　　　　　　　　　　　　V'3

[이 세상에서 성공하는] 사람들은 / 사람들이다 [자리에서 일어나 [그들이 원하는] 환경을 찾는, /
그리고 (그 환경을 찾을 수 없다면), 그것을 만드는].

▶ if they cannot find them, make them의 them은 모두 the circumstances they want를 가리킨다.

---

06 FILL-IN ②　　(1) experiences　　(2) [which unites him ~ as he does]

해설 FILL-IN 두 번째 문장에서 어떤 사람이 다른 사람의 작품을 감상한 뒤 그 사람과 자신을 결속시키거나, 그 작품을 자신과 같은 방식으로 이해하는 다른 사람들과 결속시키는 상태를 경험한다면 그 작품은 예술품이라고 했으므로, 예술의 특징은 '전염성(infectiousness)'임을 추론할 수 있다.
(1) Suppose가 이끄는 절의 주어 a man과 동사 사이에 전명구(without ~ situation)와 분사구문(having ~ another)이 삽입되었다. 동사는 experiences이다.
(2) ⓑ 다음의 which ~ does가 ⓑ를 선행사로 하는 관계사절이며, 그 안에 others를 수식하는 또 다른 관계대명사 who ~ does가 포함된 구조이다.

구문 *One indisputable sign* [that distinguishes true art from counterfeit] / is the infectiousness of art. Suppose a man,
　　S'

(without any effort on his part / and without any change in his situation), / (having read, heard or seen the artwork of

another), / experiences *a state of mind* [which unites him with this man / and with *others* [who perceive the object in
　　　　　　　　V'

the same way [as he does]]], // then *the object* [which calls up such a state] is an object of art.

[진짜 예술과 가짜 예술을 구분하는] 하나의 확실한 특징은 / 예술의 전염성이다. 만약 어떤 사람이,
(자기 쪽에서 아무런 노력 없이 / 그리고 자기 상황의 어떠한 변화도 없는 채로), / (다른 사람의 작품을 읽거나, 듣거나, 보고서)
/ 정신 상태를 경험한다면 [자신을 이 사람과 결속시키는 / 그리고 [그 작품을 [자신이 이해하는 것과 같은] 방식으로 이해하는]
다른 사람들과 (결속시키는)], // 그렇다면 [그러한 상태를 불러일으키는] 그 작품은 예술품이다.

▶ 두 번째 문장의 Suppose는 '만약 ~라면'이라는 의미로 가정법 if절을 대신하는 표현이다.
▶ in the same way as he does에서 as는 '~와 같은'이라는 의미로 앞의 명사 the same way를 한정하여 수식하는 유사관계대명사 역할을 한다. does는 대동사로 perceives를 대신하여 쓰였다.

01 (1) ① (2) comprehensive

해설 (1) 〈A is not as fun as B (A는 B만큼 재미있지 않다, B가 A보다 재미있다)〉 구조이므로 정답은 ①이다.
(2) 포괄적인(comprehensive): 어떤 것의 많은 세부사항이나 측면을 포함하는

구문 In writing, / the editing phase [which follows an act of creation] / is **not as much** fun for me **as** the creative part // because it requires me to get down to fundamental details and make deletions. But it is also deeply rewarding, // since I see the final work come into a clear and comprehensive form.
　　　　　　V'　　O'　　　　　　　　C'
작문에서, / [창작 후에 오는] 편집 단계는 / 나에게 창작의 부분만큼 재미있지 않다 //
왜냐하면 그것은 내게 핵심적인 세부사항에 주의를 기울이고 삭제를 하도록 요구하기 때문이다. 하지만 그것은 또한 굉장히 보람 있다. //
내가 최종 작품이 명확하고 포괄적인 형태로 나오는 것을 보기 때문에.

02 (1) decisions (2) 미래의 사람들도 오늘날 살고 있는 사람들처럼 깨끗한 지구를 가질 권리가 있을 것이다

해설 (1) 깨끗한 지구를 가지는 데 오늘날의 사람들 못지않게 미래의 사람들에게도 권리가 있을 것이라는 원칙에 대한 존중을 필요로 하는 것은 앞부분에 나온 '재생 불가능한 자원과 유독성 물질의 추출에 관한 결정'이므로 they는 decisions (regarding ~ generations)를 가리킨다.
(2) the principle 뒤에 나오는 that절은 동격절로 the principle을 구체적으로 설명한다. 'B가 ~인 것처럼 A도 그렇다'라는 〈A no less ~ than B〉 구문에 유의하여 해석한다.

구문 There are concerns with decisions (regarding the extraction of non-renewable resources and toxic substances / for future generations), // and they require respect for the principle [that future persons will have **no less** claim on having
　　　　　　　　　　　　　　　　　　　　　　　　　　　　　└─────── = ───────┘
a clean Earth / **than** those living today].
결정에 대한 우려가 있다 (재생 불가능한 자원과 유독성 물질의 추출에 관해서 /
미래 세대를 위한) // 그리고 그것들은 원칙에 대한 존중을 필요로 한다 [미래의 사람들도 깨끗한 지구를 가질 권리가 있을 것이라는
/ 오늘날 살고 있는 사람들처럼].

03 (1) when presented with a positive name, when presented with a neutral or negative name

해설 (1) when이 이끄는 두 개의 절 즉, '긍정적인 이름으로 제시되었을 때'와 '중립적이거나 부정적인 이름으로 제시되었을 때'를 비교하고 있다.

구문 In a study, / subjects reported the same odors **more** pleasant / when presented with a positive name // **than** when presented with a neutral or negative name.
한 연구에서, / 피실험자들은 동일한 냄새를 더 기분 좋은 것으로 보고했다 / 긍정적인 이름으로 제시되었을 때 //
중립적이거나 부정적인 이름으로 제시되었을 때보다.
▶ 두 개의 when presented는 모두 when 다음에 the odors[they] were가 생략된 형태이다.

04 (1) more

해설 (1) 〈the+비교급 ~, the+비교급 ...〉은 '~하면 할수록 더 ...하다'의 뜻이다. 당신이 자신의 불안과 결점을 인지하지 못하고, 인정하지 못하고, 노력하지 않을수록, 당신이 지도자 역할의 종말을 보게 될 것이 '더 분명해진다'는 문맥이 자연스러우므로 more가 알맞다.

구문 When you're a leader in your organization, // **the more** you don't recognize, acknowledge, and work with your insecurities and faults, / **the more** obviously you will face the death of your leadership role.
당신이 조직의 지도자일 때, // 당신이 당신의 불안과 결점을 인지하고, 인정하고 노력하지 않을수록,
/ 당신의 지도자 역할의 끝을 맞게 될 것은 더 분명해진다.
▶ your insecurities and faults는 recognize, acknowledge, work with의 공통 목적어이다.

05   **(1) ②**

해설 (1) 〈not so much A as B〉는 'A라기보다는 오히려 B인'이라는 뜻이므로, B 자리에 제시된 excessive multitasking이 스트레스의 원인임을 알 수 있다.

구문 Stress is **not so much** the product of hard work, / **as** the result of excessive multitasking

[that switches attention from one task to the other / without having any control over the process].

스트레스는 힘든 업무의 결과물이라기보다는, / 오히려 과도한 멀티태스킹의 결과이다

[주의를 한 업무에서 다른 것들로 전환시키는 / 과정에 대한 어떤 통제력도 갖지 않은 채로].

---

06   **(1) so important, so difficult   (2) Dating their finds**

해설 (1) 보어 역할을 하는 so important, so helpful ~ societies, so difficult가 and로 연결되어 병렬구조를 이룬다.

(2) 〈No A is so 원급 as B〉는 '어떠한 A도 B만큼 ~하지 않다'라는 최상급 의미의 표현이므로 B에 해당하는 dating their finds를 주어로 하는 최상급 문장으로 바꿔 쓴다.

구문 **No** task of archaeologists is **so** important, / **so** helpful to understanding the growth of early societies, / and **so** difficult /
⎯⎯   V   C₁   C₂   and   C₃

as dating their finds.

고고학자들의 어떠한 업무도 중요하지 않다, / 초기 사회의 성장을 이해하는 데에 도움이 되지 않는다, / 그리고 어렵지 않다 /

그들이 발견한 것의 연대를 추정하는 것보다.

↳ 고고학자의 업무들 중 발견물의 연대를 추정하는 것만큼 중요하거나, 초기 사회의 성장을 이해하는 데 도움이 되거나, 어려운 것은 없다.

---

07   **(1) most significant, most urgent**

해설 (1) 〈There is no 비교급 than ...〉은 '…보다 더 ~한 것은 없다'라는 최상급 의미의 표현이므로 비교급인 more significant와 more urgent를 최상급인 the most significant와 the most urgent로 바꿔 쓴다.

구문 **There is** perhaps **no more significant and more urgent** problem (facing our world today) / **than** climate change, //

which is causing higher temperatures, sea level rise, and more extreme weather.

아마도 (오늘날 우리 세계가 직면하는) 더 중요하고 긴급한 문제는 없을 것이다 / 기후 변화보다, //

이것은 더 높아진 기온, 해수면 상승, 그리고 더 극단적인 날씨를 유발하고 있다.

UNIT 47 특수구문과 결합한 복잡한 절

01   **(1) create   (2) the people who focus ~ and the *how*****

해설 (1) that절의 주어는 who work with their brains의 수식을 받는 people이므로 복수동사 create가 알맞다.

(2) 〈it is ~ who ...〉 강조구문은 '…한 사람은 바로 ~이다'라는 뜻으로 이 문장에서는 it's와 두 번째 who 사이에 강조되는 어구가 위치해 있다. 첫 번째 who는 the people을 수식하는 관계대명사임에 유의한다.

구문 While there's plenty of research [that shows // that people [who work with their brains] create all kinds of stresses for themselves], // it's the people [who focus on the why of their jobs / as opposed to the what and the how] /

who can manage the day-to-day problems more efficiently / than those [who do not].

많은 연구가 있는 반면 [보여 주는 // [두뇌로 일하는] 사람들(지적 노동자들)이 그들 스스로에게 온갖 스트레스를 유발한다는 것을],

// 바로 사람들이다 [자신의 일을 '왜 하는지'에 집중하는 / '무엇을 하는지'와 '어떻게 하는지'가 아니라] /

매일의 문제를 더 효율적으로 다루는 사람들은 / [그렇지 않은] 사람들보다.

02 (1) the student　(2) insight

해설 (1) 준부정어 only가 이끄는 어구가 문장의 맨 앞으로 나가면 《(조)동사+주어》 어순으로 도치된다. Only ~ actual problem solving 다음에 《조동사(does)+주어(the student)+동사(begin)》 어순으로 도치가 일어났다.
(2) 통찰력(insight): 사람이나 상황에 대해 많은 것을 알아차리고 이해하는 능력

구문 **Only** after some time and struggle (learning philosophical logic / through the use of examples and actual problem solving), / **does the student begin** to develop the insights [that enable him to understand the logic thoroughly].
　　　　　　조동사　　S　　V
얼마간의 시간과 노력을 들인 후에야 (철학적 논리를 학습하는 데에 / 실례의 사용과 실질적인 문제 해결을 통해), /
학생은 통찰력을 기르기 시작한다 [자신이 논리를 완전히 이해할 수 있게 하는].
▶ enable+O+C(to-v): ~가 v할 수 있게 하다

03 (1) (regardless of the individual's behavior)　(2) ©

해설 (1) 콤마(,) 사이에 전명구 regardless of the individual's behavior가 삽입되었다.
(2) ⓑ, ⓓ는 모두 ⓐ의 people을 가리키고, ©는 someone을 가리킨다.

구문 When people expect to see someone again, // they are more likely to find that person attractive,
　　　　　　　　　　　　　　　　　　　　　　　　　　　　　　V′　　O′　　C′
(regardless of the individual's behavior), / than if they do not have expectations of future interaction.
사람들이 누군가를 다시 만나리라 예상할 때, // 그들은 그 사람이 매력적이라고 생각할 가능성이 더 높다
(그 개인의 행동과 상관없이), / 그들이 미래의 상호 작용에 관한 예상을 하고 있지 않을 때보다.

04 (1) [that concrete ~ abstract ones], [that the shortest ~ the best]　(2) words

해설 (1) the general principle 다음의 두 개의 that절이 동격절이며, 등위접속사 and로 병렬 연결되었다.
(2) 구체적인 '단어'(concrete words)가 추상적인(abstract) 단어보다 낫다는 의미이므로 ones는 words를 가리킨다.

구문 In writing or speaking English, / there is **the general principle** [that concrete words are better than abstract ones],
and [that the shortest way of saying anything / is always the best].
영어를 쓰거나 말하는 데 있어서, / 일반적인 원칙이 있다 [구체적인 단어가 추상적인 단어보다 낫다는].
그리고 [무엇이든 가장 짧게 말하는 방법이 / 항상 가장 좋다는].

05 (1) (a world in which ~ mathematical relationships)

해설 (1) 콤마 다음의 어구(a world in which ~ relationships)는 ⓐ의 인간 지성이 도달할 수 있는 '순수하고 더럽혀지지 않은 세계'를 동격으로 부연 설명한다.

구문 The Pythagoreans delighted in **the certainty of mathematical demonstration, (the sense of a pure and unsullied world (accessible to the human intellect)), (a world [in which the sides of right triangles perfectly obey simple mathematical relationships])**.
피타고라스학파는 수학적 논증의 확실성을 즐겼다 즉, ((인간 지성이 도달할 수 있는) 순수하고 더럽혀지지 않은 세계의 감각인),
(즉, [직각삼각형의 변이 단순한 수학적 관계에 완벽히 따르는] 세계인).
▶ 형용사구 accessible to the human intellect는 앞의 명사구 a pure and unsullied world를 수식한다.

06 (1) the detection, prevention (2) be used

해설 (1) the detection, prevention은 공통으로 전명구 @의 수식을 받는다.

(2) 법정에서 사건의 기소에 '사용될' 수 있는 증거라는 의미로 수동태 be used가 알맞다.

구문 Some of the basic roles of the police are ensuring / the detection and prevention **of illegal behavior in our community**, / and the collection of evidence [that can be used in the prosecution of cases in court].

경찰의 기본적인 역할 중 일부는 확실히 하는 것이다 / 우리 지역사회에서의 불법 행위 적발과 예방을

/ 그리고 [법정에서 사건의 기소에 사용될 수 있는] 증거의 수집을.

07 (1) how you ~ a point, whether you ~ for a test (2) ②

해설 (1) 문맥상 전치사 in의 목적어 역할을 하는 how가 이끄는 절과 whether가 이끄는 절이 병렬구조를 이룬다. 둘 사이의 삽입절에 주의한다.

(2) 교수는 인문학 강좌가 복잡한 생각의 이해와 분석을 강조하기 '때문에' 당신이 정보를 사용하는 방식에 관심이 있을 것이므로 여기서 as는 '~ 때문에'의 뜻으로 쓰였다.

구문 Your professor will be primarily interested / in how you use the information to persuasively argue a point, /

(as courses in the humanities emphasize comprehension and analysis of complex ideas), /

not whether you can just recall information for a test.

여러분의 교수는 주로 관심이 있을 것이다 / 여러분이 설득력 있게 요점을 주장하기 위해 정보를 어떻게 사용하는지에. /

(인문학 과목들은 복잡한 사상의 이해와 분석을 강조하기 때문에.) /

여러분이 시험을 위해 단지 정보를 기억해낼 수 있는지가 아니라.

UNIT 48 50단어 내외의 긴 기출 문장

01 (1) has consumed, is, does not require, decides

해설 (1) who부터 문장 끝까지가 anyone을 수식한다. who가 이끄는 관계사절에서 동사 has consumed, is, does not require, decides가 and와 but으로 연결되어 있다.

구문 The recovery of appetite or the motivation to eat / is apparent to anyone [who has consumed a large meal and is quite

(S₁) (S₂) (V) (V'₁) (V'₂)

full, / and does not require additional energy or nutrients to meet their daily needs, / but decides to consume additional

(V'₃) (V'₄)

calories / after seeing the dessert cart].

식욕의 회복이나 먹고자 하는 동기는 / 누구에게나 분명하다 [많이 먹었고 상당히 배부른,

/ 그리고 그들의 하루 필요량을 충족시키기 위한 추가적인 에너지나 영양분이 필요하지 않은, / 그러나 더 많은 칼로리를 섭취하기로 결심한

/ 디저트 카트를 본 후에].

↳ 많이 먹어서 배가 부르고, 더 이상 에너지나 영양분이 필요하지 않지만 디저트를 본 뒤에 더 많은 칼로리를 먹고자 하는 누구에게나 식욕의 회복과 동기는 명백히 있다.

02 (1) help (2) develop

해설 (1) in order to make ~ tools와 (in order to) help them ~ freedoms가 and로 연결되어 병렬구조를 이룬다.

(2) help의 목적격보어 acquire or reinforce 이하와 develop 이하가 〈not only A but also B〉로 연결되어 병렬구조를 이룬다.

구문 In the context of SNS, / media literacy has been argued to be especially important / "in order to make the users aware of their rights when using SNS tools, / and also help them not only acquire or reinforce human rights values / but also develop the behavior (necessary to respect other people's rights and freedoms)".

SNS 환경에서, / 미디어 리터러시는 특히 중요하다고 주장되어왔다 / '사용자들이

SNS 도구를 사용할 때 그들의 권리에 대해 알 수 있게 하기 위해. / 또한 그들이 인권의 가치를 배우거나 강화하도록 돕는 것 뿐만 아니라 /

(타인의 권리와 자유를 존중하는 데에 필요한) 행동을 발달시키는 것도 (돕기 위해).

03 **FILL-IN** ② **(1) indicates**

해설 **FILL-IN** 앞선 절에서 요리와 식탁에서 나누는 이야기가 공동체 문화의 훈련장에서 중대한 위치를 차지한다고 했다. 따라서 먹고, 요리하고, 요리에 대해서 이야기하는 것은 공동체의 완전함과 지속에 '매우 중요하다(vital)'는 것을 추론할 수 있다. trivial은 '사소한, 하찮은'이라는 의미로 알맞지 않다.

(1) between ~ identification은 The strong connection을 수식하는 전명구이며, 그 뒤의 indicates가 동사이다.

구문 The strong connection (between food and national or ethnic identification) / clearly indicates the fact [that cuisine
　　　　　S　　　　　　　　　　　　　　　　　　　　　　　　　　　　　　　　　　　　　V　　　　O₁
and table narrative occupy a significant place in the training grounds of a community and its civilization], /
and thus, eating, cooking, and talking about one's cuisine are vital to a community's wholeness and continuation.
　　　　　　　　　　　　　　　　　　　　　　　　　　　O₂
(음식과 국가 혹은 민족과의 동일시 사이의) 강한 연관성은 / 사실을 분명히 나타낸다 [요리와
식탁에서 나누는 이야기가 한 공동체와 그 공동체 문화의 훈련장에서 중대한 위치를 차지한다는] /
따라서 먹고, 요리하고, 요리에 대해서 이야기하는 것이 한 공동체의 완전함과 지속에 매우 중요하다는 것을.

▶ eating, cooking, and talking ~은 주어, 동사를 갖춘 완전한 절로 앞에 등장하는 the fact의 동격절로 볼 수도 있으나, 접속사 and thus(따라서)를 고려할 때 문맥상 indicates의 목적어 역할을 하는 명사절로 보는 것이 자연스럽다.

04 **SUMMARY** living **(1) 예를 들어, 주위 환경이 치명적인 것으로 밝혀진다면, 당신이 알아챘을 때쯤에는 너무 늦었을지도 모른다**
(2) Assessing the survivability of an environment

해설 (1) 예시로 제시된 문장은 for instance가 포함된 괄호 안의 문장이다.
(2) 문맥상 두 번째 문장의 주어인 '주위의 상황에서 살아남을 가능성을 평가하는' 기능을 의미한다.

구문 Choosing similar friends can have a rationale. Assessing the survivability of an environment can be risky (if an environment
　　　　　　　　　　　　　　　　　　　　　　　　S　　　　　　　　　　　　　　　　　　　　V　　C
turns out to be deadly, for instance, // it might be too late by the time you found out), // so humans
have evolved the desire (to associate with similar individuals) / as a way (to perform this function efficiently).
비슷한 친구를 사귀는 것에는 근거가 있을 수 있다. 주위 환경에서의 생존 가능성을 평가하는 것은 모험적일 수 있다
(예를 들어, 주위 환경이 치명적인 것으로 밝혀진다면, // 당신이 알아챘을 때쯤에는 너무 늦었을지도 모른다) // 그래서 사람들은
(비슷한 사람들과 어울리려는) 욕구를 진화시켰다 / (이런 기능을 효율적으로 수행하는) 방법으로서.

▶ by the time: ~할 때쯤에
SUMMARY 인간은 자신의 생존 가능성을 높이기 위해 비슷한 친구들을 선택하는 것으로 진화했다.

05 **(1) outbreaks of disease, fecal-contaminated water supplies** **(2) created, built**

해설 (1) 'A와 B 간의'라는 의미의 〈between A and B〉에서 and로 연결된 A, B가 병렬을 이룬다.
(2) 주절의 주어는 most cities in the developed world이며, 동사 created와 built가 and로 병렬 연결되었다.

구문 Although it took time / to establish the link (between outbreaks of disease and fecal-contaminated water supplies), //
most cities (in the developed world) created extensive water supply systems from reservoirs / and
　　　S　　　　　　　　　　　　　　　　　　V₁　　　　　　　　　O₁
built separate sewer systems (to take the flow from the increasing number of toilets in buildings), /
V₂　　O₂
which led to the development of sewage treatment systems (to filter out the harmful material).
시간이 걸렸음에도 불구하고 / (질병의 발생과 배설물로 오염된 물의 공급 간의) 연관성을 밝히는 데에. //
선진국의 대부분의 도시들은 저수지로부터 대규모의 물 공급 시스템을 만들어냈다 / 그리고
(점점 더 늘어나는 건물 화장실로 인한 물의 흐름을 처리하는) 독립된 하수도를 만들었다. /
이것은 (해로운 물질을 걸러내는) 하수 처리 시스템의 발달로 이어졌다.

▶ it takes time to-v: v하는 데 시간이 걸리다

06 (1) [that the universe ~ else], [that the world ~ creator], [that we ~ universe], [that our emotional ~ creatures], [that our souls ~ bodies]　(2) ①　(3) ②

해설 (1) The realization 다음에 연이어 나오는 다섯 개의 that절이 동격을 나타낸다.

(2) 〈A no more ~ than B〉는 'B가 아닌 것처럼 A도 ~하지 않다'라는 뜻이므로, 밑줄 친 부분은 '우리의 감정적인 삶은 우리의 육체적인 삶과 다를(distinct) 것이 없다'로 해석한다.

(3) 빈칸 앞 문장에서 인간 세상의 덧없음에 대한 깨달음이 절망의 원인이 아니라고 했으므로 '그와는 반대로(On the contrary)', 실제에 대한 이해가 행복의 중요 단계라고 하는 것이 자연스럽다.

구문 The realization [that the universe consists of atoms and void and nothing else], [that the world was not made for us by a providential creator], [that we are not the center of the universe], [that our emotional lives are **no more** distinct **than** our physical lives / from those of all other creatures], [that our souls are **as material** and **as mortal as our bodies**] // — all these things are not the cause for despair. On the contrary, / grasping the way [things really are] is / the crucial step toward happiness.

깨달음 [우주는 원자, 진공 그리고 그 외에 아무것도 없이 구성되어 있다는], [세상은 우리를 위해 신의 창조주에 의해 만들어진 게 아니라는],
[우리가 우주의 중심이 아니라는], [우리의 감정적인 삶은 우리의 육체적인 삶과 다를 것이 없다는
/ 다른 모든 창조물에 비해], [우리의 영혼은 우리의 몸만큼이나 물질적이고 죽을 운명이라는] //
이 모든 것들은 절망의 원인이 아니다. 그와는 반대로, / 방식을 이해하는 것은 [상황이 실제로 존재하는] 행복을 향한 중요한 단계이다.

▶ as material과 as mortal은 원급 구문(as ~ as)을 이루는 병렬구조이다.

500 SENTENCES **MASTER**

✳ ◉ ◼

천일문 완성 문제집

영문법 학습의 올바른 시작과 완성은 문법이 제대로 표현된 문장을 통해서만 얻어질 수 있다고 생각합니다. 심혈을 기울여 엄선한 문장으로 각 문법의 실제 쓰임새를 정확히 보여주는 천일문은 마치 어두운 동굴을 비추는 밝은 횃불과 같습니다. 만약 제가 다시 학생으로 돌아간다면, 주저하지 않고 선택할 첫 번째 교재입니다. '학습에는 왕도가 없다'라는 말이 있지요. 천일문은 그럴싸해 보이는 왕도나 허울만 좋은 지름길 대신, 멀리 돌아가지 않는 바른길을 제시합니다. 영어를 영어답게 접근하는 방법, 바로 천일문에 해답이 있습니다.

황성현 | 서문여자고등학교

변화하는 시대의 학습 트렌드에 맞춘 고급 문장들과 정성스러운 해설서 천일비급, 빵빵한 부가 학습자료들로 더욱 업그레이드되어 돌아온, 천일문 개정판의 출시를 진심으로 축하드립니다. 전체 구성뿐만 아니라 구문별로 꼼꼼하게 선별된 문장 하나하나에서 최고의 교재를 만들기 위한 연구진들의 고민 흔적이 보입니다. 내신과 수능, 공시 등 어떤 시험을 준비하더라도 흔들리지 않을 탄탄한 구문 실력을 갖추길 원하는 학습자들에게 이 교재를 강력히 추천합니다.

김지연 | 송도탑영어학원

그동안 천일문과 함께 한지도 어느새 10년이 훌쩍 넘었습니다. 천일문은 학생들의 영어교육 커리큘럼에 필수 교재로 자리매김하였고, 항상 1,000문장이 끝나면 학생들과 함께 자축 파티를 하던 때가 생각납니다. 그리고 특히 이번 천일문은 개정 작업에 참여하게 되어 개인적으로 더욱 의미가 있습니다. 교육 현장의 의견을 적극적으로 반영하고 참신한 구성과 문장으로 새롭게 변신한 천일문은 대한민국 영어교육의 한 획을 그을 교재가 될 것이라 확신합니다.

황승휘 | 에버스쿨 영어학원

문법을 자신의 것으로 만드는 방법은 어렵지 않습니다. 좋은 교재로 반복하고 연습하면 어제와 내일의 영어성적은 달라져 있을 겁니다. 저에게 진짜 좋은 책 한 권, 100권의 문법책보다 더 강력한 천일문 완성과 함께 서술형에도 강한 영어 실력자가 되길 바랍니다.

민승규 | 민승규영어학원

저는 본래 모험을 두려워하는 성향입니다. 하지만 제가 전공인 해운업계를 떠나서 영어교육에 뛰어드는 결정을 내릴 수 있었던 것은 바로 이 문장 덕분입니다.

"Life is a journey, not a guided tour." 인생은 여정이다, 안내를 받는 관광이 아니라.
- 천일문 기본편 461번 문장

이제 전 확실히 알고 있습니다. 천일문은 영어 실력만 올려주는 책이 아니라, 영어라는 도구를 넘어 수많은 지혜와 통찰을 안겨주는 책이라는 것을요. 10대 시절 영어를 싫어하던 제가 내신과 수능 영어를 모두 1등급 받을 수 있었던 것, 20대 중반 유학 경험이 없는 제가 항해사로서 오대양을 누비며 외국 해운회사를 상대로 온갖 의사전달을 할 수 있었던 것, 20대 후반 인생에 고난이 찾아온 시기 깊은 절망감을 딛고 재기할 수 있었던 것, 30대 초반 온갖 도전을 헤치며 힘차게 학원을 운영해 나가고 있는 것 모두 천일문에서 배운 것들 덕분입니다. 이 책을 학습하시는 모든 분들이, 저처럼 천일문의 막강한 위력을 경험하시면 좋겠습니다.

한재혁 | 현수학영어학원

최고의 문장과 완벽한 구성의 "본 교재"와 학생들의 자기주도 학습을 돕는 "천일비급"은 기본! 학습한 것을 꼼꼼히 점검할 수 있게 구성된 여러 단계(해석, 영작, 어법 수정, 문장구조 파악 등)의 연습문제까지! 대한민국 최고의 구문교재가 또 한 번 업그레이드를 했네요! "모든 영어 구문 학습은 천일문으로 통한다!" 라는 말을 다시 한번 실감하게 되네요! 메타인지를 통한 완벽한 학습! 새로운 천일문과 함께 하십시오.

이헌승 | 스탠다드학원

"천일문"은 단지 수능과 내신 영어를 위한 교재가 아니라, 언어의 기준이 되는 올바른 영어의 틀을 형성하고, 의미 단위의 구문들을 어떻게 다루면 좋을지를 스스로 배워 볼 수 있도록 해주는 교재라고 생각합니다. 단순히 독해를 위한 구문 및 어휘를 배우는 것 이상으로, (어디로나 뻗어나갈 수 있는) 탄탄한 기본기를 형성을 위한 매일 훈련용 문장으로 이보다 더 좋은 시리즈가 있을까요. 학생들이 어떤 목표를 정하고 그곳으로 가고자 할 때, 이 천일문 교재를 통해 탄탄하게 형성된 영어의 기반이 그 길을 더욱 수월하게 열어줄 것이라고 꼭 믿습니다.

박혜진 | 박혜진영어연구소

최근 학습에 있어 가장 핫한 키워드는 문해력이 아닌가 싶습니다. 영어 문해력을 기르기 위한 기본은 구문 분석이라 생각합니다. 다년간 천일문의 모든 버전을 가르쳐본 결과 기초가 부족한 학생들, 구문 학습이 잘 되어 있는데 심화 학습을 원하는 학생들 모두에게 적격인 교재입니다. 천일문 교재를 통한 영어 문장 구문 학습은 문장 단위에서 시작하여 더 나아가 글을 분석적으로 읽을 수 있어 영어 문해력에 도움이 되어 자신 있게 추천합니다.

아이린 | 광주광역시 서구

고등 내신에도, 수능에도 가장 기본은 정확하고 빠른 문장 파악! 문법 구조에 따라 달라지는 문장의 의미를 어려움 없이 이해할 수 있게 도와주는 구문 독해서! 추천합니다!

안미영 | 스카이플러스학원

쎄듀 초등 커리큘럼

	예비초	초1	초2	초3	초4	초5	초6
구문				초등코치 천일문 SENTENCE 1001개 통문장 암기로 완성하는 초등 영어의 기초			
문법				초등코치 천일문 GRAMMAR 1001개 예문으로 배우는 초등 영문법			
			신간 왓츠 Grammar Start 시리즈 초등 기초 영문법 입문				
					신간 왓츠 Grammar Plus 시리즈 초등 필수 영문법 마무리		
독해				신간 왓츠 리딩 70 / 80 / 90 / 100 A / B 쉽고 재미있게 완성되는 영어 독해력			
어휘				초등코치 천일문 VOCA & STORY 1001개의 초등 필수 어휘와 짧은 스토리			
	패턴으로 말하는 초등 필수 영단어 1 / 2 문장 패턴으로 완성하는 초등 필수 영단어						
ELT	신간 Oh! My PHONICS 1 / 2 / 3 / 4 유·초등학생을 위한 첫 영어 파닉스						
		Oh! My SPEAKING 1 / 2 / 3 / 4 / 5 / 6 핵심 문장 패턴으로 더욱 쉬운 영어 말하기					
		신간 Oh! My GRAMMAR 1 / 2 / 3 쓰기로 완성하는 첫 초등 영문법					

쎄듀 중등 커리큘럼

	예비중	중1	중2	중3
구문			천일문 기초 1 / 2	문법 중심 구문
문법	천일문 GRAMMAR LEVEL 1 / 2 / 3			예문 중심 문법 기본서
	GRAMMAR Q Starter 1, 2 / Intermediate 1, 2 / Advanced 1, 2			학기별 문법 기본서
	잘 풀리는 영문법 1 / 2 / 3			문제 중심 문법 적용서
	GRAMMAR PIC 1 / 2 / 3 / 4			이해가 쉬운 도식화된 문법서
			1센치 영문법	1권으로 핵심 문법 정리
문법+어법			첫단추 BASIC 문법·어법편 1 / 2	문법·어법의 기초
문법+쓰기	EGU 영단어&품사 / 문장 형식 / 동사 써먹기 / 문법 써먹기 / 구문 써먹기			서술형 기초 세우기와 문법 다지기
			올씀 1 기본 문장 PATTERN	내신 서술형 기본 문장학습
쓰기	거침없이 Writing LEVEL 1 / 2 / 3			중등 교과서 내신 기출 서술형
		중학영어 쓰작 1 / 2 / 3		중등 교과서 패턴 드릴 서술형
어휘	어휘끝 중학 필수편	중학 필수어휘 1000개	어휘끝 중학 마스터편	고난도 중학어휘 +고등기초 어휘 1000개
독해	Reading Relay Starter 1, 2 / Challenger 1, 2 / Master 1, 2			타교과 연계 배경 지식 독해
	READING Q Starter 1, 2 / Intermediate 1, 2 / Advanced 1, 2			예측/추론/요약 사고력 독해
독해전략			리딩 플랫폼 1 / 2 / 3	논픽션 지문 독해
독해유형			Reading 16 LEVEL 1 / 2 / 3	수능 유형 맛보기 + 내신 대비
			첫단추 BASIC 독해편 1 / 2	수능 유형 독해 입문
듣기	Listening Q 유형편 / 1 / 2 / 3			유형별 듣기 전략 및 실전 대비
		쎄듀 빠르게 중학영어듣기 모의고사 1 / 2 / 3		교육청 듣기평가 대비